セイバーメトリクスの落とし穴

マネー・ボール を超える野球論

お股ニキ (@omatacom)

光文社新書

はじめに

忘れもしない2015年9月23日、私はMLBのテキサス・レンジャーズに所属（当時）していたダルビッシュ有選手に関して、ツイッターで何気なくこうつぶやいた。

「やたら意識が高いとか理論的とか言われるが、196㎝とかいうMLBでもデカいフィジカルを持ってるんだし、むしろ多少技術がなくても補えるのだが。肘の故障を避けるために去年後半休んだくせに結局翌年のキャンプで断裂しているし、そこまで過剰に持ち上げるのもどうなのかとはいつも思っている」（2015年9月23日 原文ママ）

今思えば大変無礼なツイートだが、この頃はまさか自分の発言がプロの選手に直接伝わるとは微塵《みじん》も思っておらず、ダルビッシュ選手のこともフォローしていなかった。完全に内輪へ向けた発言だったので、選手に見られることなど全く意識していなかった。

ところがどういうわけか、これがダルビッシュ選手の目に入ったようで、リプライが飛んできた。

「ツイートが流れてきたので一言いいですか。昨夏は肘の故障を避けるためではなくすでに靭帯はやっていたので治すために時間をかけたまでです。あと身長はもともと高いですが筋量はなく今の身体にするには相当な労力と時間をかけてきました。あと身長とフィジカルは関係ありません。」（2015年9月23日 原文ママ）

ダルビッシュ選手はツイッター上で素人とも論争をしていると聞いていただけに、最初は恐怖と申しわけなさしかなかった。そこで、「過酷なトレーニングをされているアスリートの方に素人が事情も知らず憶測でわかったような口を聞いたり、決めつけてすみませんでした。復帰を楽しみに待っているので頑張ってください。」と答えた。

すると返信が来た。

「フォローしてもらえますか？ DMのほうがいいかと。」

これがきっかけで、あのダルビッシュ選手とダイレクトメッセージでやりとりをすることになった。最初はとても緊張したが、そもそも彼は全く怒っておらず、この後3時間近く野球談義をした。体作りの大変さだけは理解してほしいとのことだった。MLBの好きな選手やピッチングについて語ったり、私が野球を幅広く見ていることを褒めてもらったりもした。これからもいつでもメールください、と快く挨拶してくれた。

私の運命はここから変わったと言っても過言ではない。ダルビッシュ選手の登板を応援しながら、色々と野球の話を教えてもらったり、ミゲル・カブレラ*選手のバットやユニフォームをいただいたりした。WBSCプレミア12の開催中に、私のことをわざわざ「ツイッターで興味深いことを言っているファンのお股ニキさん」と紹介してくれた。

*ミゲル・カブレラ　デトロイト・タイガース所属、2012年にはア・リーグ三冠王を獲得した最強打者。筆者の最も好きな選手。第8章にてその魅力を詳述。

ダルビッシュ選手は勉強熱心で、私にもアドバイスを求めてくることがあった。

2017年7月末、ロサンゼルス・ドジャースにトレードでやってきたダルビッシュ選手は、プレーオフに向けて大胆なフォーム改造や配球変更を行っていた。器用なダルビッシュ投手とはいえ、シーズン半ばでの突貫工事ですぐに結果には繋がっていなかったが、手応えは感じられていた。そんな中、彼から「自分のツーシームの回転の角度や変化は他の一流投手と比べてどう違うか」と質問されたので、無料公開されている投球データサイトで調べ、「今は少し縦回転が強くなっているから、横の変化が小さくて縦に落ちている。回転の角度を横回転にすればもっと曲がる」と答えた。

すると次回の登板、ダルビッシュ選手は初回から絶好調だった。この日はストレートのスピードも変化球のキレも申し分なく、7回88球1失点と、シーズン最高に近い内容だった。そしてこの試合の5回、私がアドバイスした「横回転のツーシーム」が実際に投じられた。156・8キロのスピードでホームベースの左端から右端まで大きくシュートしていくようなすさまじい変化。放送席の実況と解説、打席で空振りした左バッターみんなが驚き、笑いすら出てくるようなボールだった。

この光景は試合後のインタビューでも話題になり、スポーツニュースの記事では「ネットの友人のアドバイスでツーシームを改良した」と取り上げられ、ヤフーニュースにも掲載された。さらに、ダルビッシュ選手本人がツイッターで「記事に出て来る『ネット友達』はお股ニキさんです。」と紹介までしてくれた。これをニュースで見た知人が「ダルビッシュがネットの友人のアドバイスで変化球を改良したんだって」と言ってきたりもした。彼はまさか、私がそのお股ニキ本人だとは思っていないだろう。

余談だが、このツーシームを「お股ツーシーム」と呼んで自慢していたら「さすがにそれはなんだ」「お前がすごいのではないぞ」といった声が飛んできた。それを見たダルビッシュ選手は「お股ツーシームはダルビッシュ公認です。使っていいですよ」と言ってくれた。この男、本当に情に厚いのである。

また、ダルビッシュ選手は２０１６年の終盤、思うようにスライダーが曲がらずに打たれていた。この時も、リリースポイントの位置と高さを見て、投球フォームがインステップとなり腕の角度が上がっているためにボールの曲がりが悪くなっていると、理由を推定して伝えた。すると早速、次の試合ではスライダーのキレが回復し、多くの三振を奪った。

一人の野球ファンとして、これ以上の幸せはないのではないか。私は、自分では実際にできもしないのに、ああでもないこうでもない、俺ならこうすると語っている一介のファンにすぎない。そんな素人の夢が叶ったのである。夢と希望をくれたダルビッシュ選手には本当に感謝の気持ちしかない。しかし、ちょっと角度を変えれば良くなると言ったらそれをすぐに実現できてしまう技術レベルの高さには、改めて驚かされる。さすがは日本史上最高の投手である。プロの選手はこうした微調整が可能だからこそ、色々なボールを狙って投げ分けられるのだなと思う。

私は当然プロ野球選手でもなければ、学者や専門家でもない。高いレベルでの野球経験を持たない、しがない一般人である。しかし、だからこそ野球を「自然に」「普通に」見て考えることができるのかもしれない。野球界に蔓延《まんえん》する過度な思い込みや、固定観念に囚《とら》われた価値観とは無縁である。そうした立場だからこそ伝えられる野球の見方があると思う。経験がなければ一切技術を語ってはいけないという声も、ファンはデータだけで語らねばいけないという考えも明らかにおかしい。大半のファンは少年野球や草野球、部活程度の経験しか持たない一般人ではないだろうか。

韓国のサムスン・ライオンズでは一般の野球フリークが数字などを見て、韓国球界にフィットしそうで契約可能な選手をスクリーニング（ふるいにかけて選び出すこと）しており、その候補の中からスカウトが実際に視察したり会って人柄を確かめたりして獲得に繋げているという。このような、良い意味での素人の活用や連携は効果的ではないだろうか。アメリカではファングラフスなどの野球データサイトでデータ分析を公開していたデータマニアが、球団に採用されるケースもある。なぜ日本ではそこまで未経験者や素人を（むしろ素人ほど）認めないのか、私自身が素人だからというわけではないが疑問だ。ただし、実際にプレーしないとわからない感覚まで「データ上ありえない」と否定するのもまた良くないことである。どこまでいっても人間がやる競技である以上、様々な要素の上位概念として「直感」があることを忘れてはならない。

私の考えは独特だとよく言われる。お股ニキというふざけた名前だし、プレーヤーとしては素人だから、疑われるのも当然だ。だが、私としてはありのままの印象を率直に語っているだけだ。素人だって自分の目線で考えることはできる。色々な試合をフラットに見れば、理解できることもある。野球界の「内側」にいないからこそ、余計なバイアスがかかっていない。そこで、これまでネット上で膨大につぶやいてきた話をまとめてみることにした。

日本の野球はあまりにも固定観念や先入観、形やイメージに支配されすぎている。大げさかもしれないが、**野球は日本社会全体の縮図であるとも言えるし、衰退国家の現状をよく表**

しているとも言える。それを様々な観点から明らかにするとともに、野球がいかに奥深く面白い競技であるかを知ってもらいたい。現代野球は日々進化しており、この一冊だけで全てを理解することは到底できないが、より多様な視点から野球を本質的に見られるきっかけになれたら一人の野球ファンとして本当に嬉しい。

用語の説明や具体的な選手の評価などは脚注に記した。本文以上に私見が入っているが、楽しく書かせてもらった。あわせて読んでもらえると嬉しい。

また、おそらくピッチングやバッティング、キャッチングなどの具体的なプレーの話は文章だけだと理解しづらい側面もあるだろう。私のツイッターアカウント（@omatacom）で簡単ではあるが動画をまとめてあるので、それを見てもらえるとより一層、深く理解してもらえると思う。

なお、本文や脚注に登場する選手の所属先や成績などの情報は全て２０１９年2月20日現在のものである。

最後になるが、本書の内容は全て私の個人的な見解、評論で、私と関わりを持ついかなる組織や個人からも独立したものである。

セイバーメトリクスの落とし穴

目次

第1章

野球を再定義する

まずは野球という競技をどう捉えれば良いのか、その前提となるような話をしたい。本章はやや抽象的な話になるが、これをおさえた上で2章以降の具体的な話を読むと、私の言っていることの意味をよりスムーズに理解してもらえると思う。

◆「最適バランス」を探るすごろく

改めて考えてみると、野球は極めて独特なスポーツである。他の主要な球技は大抵、相手の陣地（ゴール）までボールを運び、落とすか入れることで得点となり、その数を競い合う。サッカーやバスケットボール、バレーボールなどをイメージするとわかりやすい。

しかし野球は違う。野球の得点は、走者がホームベースを踏むことで入り、ここではボールは関係ない。**「3アウトになるまでに塁を4つ進むと得点できるイニングを9回繰り返す」、すごろくやボードゲームの要素が強い競技なのだ。**これが野球を考える原点になる。

野球というゲームで勝利するために望ましい選手は、攻撃ではより得点を増やし、投球・守備では失点を減らすことのできる選手である。主観を排除して統計・数値でこれを突き詰めたのがセイバーメトリクス*であると言える。

具体的には、打者はアウトにならないほど良く、長打でマス（塁）を稼げるとなお良い。

アウトにならなければ半永久的に攻撃を続けられるが、チャンスの時でも３つめのアウトになれば攻撃は終了してしまう。出塁率が重要な理由は、アウトにならない率と等しいからである。ホームランとは「四塁打」であり、それだけで確実に得点となるし、二塁打や三塁打も走者をホームに生還させられる上、自身が塁に残ってさらなる得点機会を作り出せる。ＯＰＳ*は出塁率と長打率の合計というかなり簡易な計算方法だが、こうした野球の本質を捉えているからこそ重宝されるのだろう。その点、打率はシングルヒットもホームランも同じ価値で計算している分、得点との相関は長打率と比べて劣る。

誰だってホームランを打てるものなら打ちたい。最高のチームバッティングとはホームランを打つことである。しかし、全打席ホームランを打つのはまるで現実的でないし、そればかりを狙ってバットを振り回せば、投手は簡単に空振りを取れる。当然のことだが、このバランスが野球の難しさである。９回に同点や僅差の場面、得点圏でイチローを迎えるのは、

＊セイバーメトリクス　野球においてデータを統計学的見地から客観的に分析し、選手の評価や戦略を考える分析手法。１９７０年代にアメリカで考案され、当初は懐疑的な声が多かったが今では当然の考え方となっている。
＊ＯＰＳ　On-base Plus Slugging の略で、打者を評価する指標のひとつ。出塁率と長打率を足し合わせた値で、一般的に .900 以上の打者は超一流とされる。

三振が多いホームランバッターよりもはるかに怖い。

セイバーメトリクスのはしりとなった名著『マネー・ボール』*（ランダムハウス講談社）の中で「三振を恐れるな。しかし三振するな」という言葉が出てくるのだが、これが実に本質を突いている。三振を恐れてコツコツと当てにいく打撃だけでは、投手は恐怖を感じないし、野手は前に出やすいのでヒットコースも狭まってしまう。四球を選ぼうとしてボールを見すぎると、ストライクを投げられて追い込まれる。一方で本当に三振すれば、ほぼ確実にアウトとなってしまう。**野球というスポーツはこのように、相反する要素の両立が多くの場面で必要とされる。０か１００かの二元論からなるべく脱却し、最適なバランスを探っていくことが求められるのだ。１００パーセントまでは振りきらず、80〜90パーセントの意識を持つことが最適バランスである場合が多いが、局所的には０か１００に振りきれるべき場面もあるので、それも含めたバランス感覚を磨かねばならず、臨機応変に判断、実行できることが重要だ。**次章以降のより具体的な話も、ほとんどがこの視点にもとづいている。

◆田中角栄に学ぶ相対思考

ここでひとつ、田中角栄の名言を紹介したい。

「この世に絶対的な価値などはない。ものはすべて比較だ。外国人は物事を白か黒かと割り切ろうとするが、娑婆《しゃば》はそれほど単純じゃない。黒と白との間に灰色がある。どっちともいえない。真理は中間にある」

（『乱世を生き抜いた知恵　岸信介、甘粕正彦、田中角栄』太田尚樹著　ＫＫベストセラーズ）

さすがは天下を取り、戦後の日本を作り上げた男だなと思わせる言葉である。

外国人か日本人かという意味では逆になるが、最近の日本はあまりにも迷信的、非合理的な精神論が蔓延したり、反対に過度なエビデンス主義に陥《おちい》ったりしているように思う。田中角栄が言ったような「白黒つかないバランス感覚」を失ってはいないだろうか。

２０１７年、世界一に輝いたヒューストン・アストロズは確かにフライボールレボリューション（ＦＢＲ）*を実行していた。しかも、この言葉が流行するよりずっと前から。しかし

＊『マネー・ボール』　ＭＬＢの弱小貧乏球団であるオークランド・アスレチックスがＧＭのビリー・ビーンの下、セイバーメトリクスを用いて強豪チームに変わっていく様子を描いた本。２００３年に米国で発売され、ベストセラーになった。２０１１年にはブラッド・ピット主演で映画化。

彼らは同時に、元々は非常に多かった三振数をリーグ最少にした。選手たちの成熟とともにスイングを変化させ、「三振を恐れないが三振をしない」打線になったのだ。ワールドシリーズで対決したロサンゼルス・ドジャースのクローザー、ケンリー・ジャンセンのカッターに対してはその独特な軌道（第3章で詳述）に合わせるため、スイング軌道を明らかに変えていた。こうした臨機応変な対応と、それを可能にする技術こそが一流である。

どのスポーツでも究極的には同様だが、**野球は物理的かつ相対的なものである。**「ミスター・ジャイアンツ」こと長嶋茂雄が、その最たる例だ。彼は投高打低だった1960年代、周りの選手の多くが打率2割台の中で打率3割台、30本塁打と打ちまくっていた。近年では、埼玉西武ライオンズの「おかわり君」こと中村剛也が2011年に「飛ばない統一球」で48本塁打を放ち、千葉ロッテマリーンズのチームホームラン数を1人で上回った。かなりの打高投低シーズンだった2001年に大阪近鉄バファローズ（当時）のタフィ・ローズが記録した55本塁打よりも、傑出度は高い。**野球においては、こうした相対評価の視点が重要だ。平均点が70点のテストで80点を取るよりも、平均点が30点のテストで70点を取る方がすごいのは当然だろう。**例えば平均防御率が3・70ほどのNPBと4点台のMLBでは、同じ防御率4点台の投手でも少し評価が異なる。NPBで4点台だとイマイチな選手として評価されるが、ＭＬＢだと普通程度の選手として評価されるイメージである。

こうした相対思考を持ち始めると、誰もが力を入れており差がつきにくいところでは勝負せず、誰も気づいていない、あるいは重視していない面で出し抜いていく発想に繋がっていく。相対評価によって選手の能力をより的確に見極めようとするのがＷＡＲ*などの総合指標のコンセプトだが、こうした「相対的な能力差」は新たな指標でさらにわかりやすく評価されていく時代になるかもしれない。

◆高速化する現代野球

ＭＬＢのフォーシーム（ストレート）の平均球速はここ10年間、毎年のように上昇しており、２０１３年には時速93マイル（約１４９・７キロ）を超えた。**恐ろしいのは「平均で」ほぼ１**

＊フライボールレボリューション（ＦＢＲ）　ゴロではなく積極的にフライを打つことで長打率を向上させ、それにより多くの得点を狙う理論。統計分析をもとに考案され、ＭＬＢの多くの球団が取り組んでいる。

＊ＷＡＲ　Wins Above Replacement の略で、セイバーメトリクスによる評価指標のひとつ。「そのポジションの代替可能選手（Replacement）に比べてどれだけ勝利数を上積みしたか」を表す指標。ＷＡＲ０・０の選手のみで構成されたチームは年間52勝１１０敗する計算となっており、そこから個人の力量でどれだけ勝利を上積みできたかを表す。その功罪については第７章で詳述。

50キロというところで、150キロは投げて当たり前の世界になっているのだ。

ロサンゼルス・ドジャースの前田健太（フォーシームの平均球速91・9マイル）が「自分の球、こっちだと遅いんですよ」と発言していたが、これは謙遜《けんそん》でも何でもなく、（多少自虐も含んだ）本音なのだろう。

MLBと同様にNPBの平均球速も上昇しており、2018年は平均144キロほどだった。右投手なら145キロくらいは投げられないと、そもそも1軍で登板できない時代になってきている。これは選手のフィジカル向上やトレーニングの進化、メカニクス分析の発展などが要因にあげられる。

「いくら速いボールでも打たれたら意味がない」「球が速いのに打たれる投手がいる」という意見を聞くが、球速が速ければホームプレートまでの到達時間は物理的に短くなり、打者が厄介に感じるのは容易に想像できる。データ上でも、速いボールの方が打たれにくい傾向が現れている。つまり、その投手は球が速いから打たれているわけではなく、制球が悪い、球種が少ない、タイミングが取りやすいなど他の理由が絡んで打たれているのである。より打たれにくくするためには、単純ながら球速アップは不可欠だ。こうしたストレートの質については、第3章で詳述する。

一方で打者に目を移すと、ホームラン数も急増している。２０１７年のＭＬＢは過去最多のホームラン６１０５本が乱れ飛び、翌18年も５５８５本のホームランが生まれた。ボールが飛びやすくなった（とされる）のも無関係ではないだろうが、試合を見ている感覚としては明らかに以前よりボールが飛んでいるし、現場の選手たちも口を揃《そろ》えてそう語っている。野手もフィジカルが向上し、長打の打ち方も物理的に解明されてきているため、下位打線や小柄な選手でもホームランを打てるようになっている。手っ取り早く得点に繋がること、投手のレベルが向上しており連打を狙うのが難しいことなどから、三振を恐れず長打を狙う風潮が強まっていることも大きい。ちなみに、バスケットボールでも統計データをベースに似たような戦術が広がり、一回で３点入るスリーポイントの試投数が増えているそうだ。

そうした「ホームランか三振か」の野球を象徴していたのが、２０１８年のＭＬＢオールスターゲームだ。両軍あわせて史上最多の10本のホームランが乱れ飛び、一方で三振も25個あった。投手は最も遅かったロス・ストリップリング（ドジャース）ですら94・４マイル（約１５１・９キロ）を記録し、全員が１５０キロ台半ば以上の速球と、鋭い変化球を投げ込んでいた。90年代中盤から00年代初頭のいわゆるステロイド時代*とも異なる、打高投低とも投高打低とも言い難《がた》い、スピードとパワーをベースにした「投高打高」の新時代となっているの

図表1-1　2018年MLBオールスターに登板した各投手が記録した最高球速

選手名	球速
クリス・セール	101・5マイル（約163・3キロ）
フェリペ・バスケス	100・5マイル（約161・7キロ）
エドウィン・ディアズ	100・1マイル（約161・1キロ）
マイク・フォルタネビッチ	99・6マイル（約160・3キロ）
ルイス・セベリーノ	99・5マイル（約160・1キロ）
ジェイコブ・デグロム	99・5マイル（約160・1キロ）
マックス・シャーザー	99・1マイル（約159・5キロ）
ブレイク・スネル	99・0マイル（約159・3キロ）
ブレイク・トライネン	98・9マイル（約159・1キロ）
ジェレミー・ジェフレス	98・8マイル（約159・0キロ）
チャーリー・モートン	98・3マイル（約158・2キロ）
ジョー・ヒメネス	98・1マイル（約157・9キロ）
ジョシュ・ヘイダー	97・8マイル（約157・4キロ）
ホセ・ベリオス	97・5マイル（約156・9キロ）
アーロン・ノラ	96・9マイル（約155・9キロ）
ブラッド・ハンド	95・2マイル（約153・2キロ）
J・A・ハップ	95・0マイル（約152・9キロ）
ロス・ストリップリング	94・4マイル（約151・9キロ）

出典：筆者作成

だ。

２０１４年頃までは投手の球速上昇と守備シフトの発達が猛威を振るい「投高打低」の傾向が強まり、試合がつまらないので対策が必要と言われていたが、ボールの変更はもちろん、打者が急激に対応し始めたことで状況は一変した。そして２０１８年はホームランが増加する一方で投手もそれを防ごうと投球を変化させ、再び三振に仕留められるようになったため、得点はそれほど増えていない。こうした投手と野手のせめぎ合いも野球の楽しさではあるが、ファンが本当に「ホームランか三振か」の野球だけを求めているのかは賛否が分かれるところだ。

レベルが極限まで向上すると、投手は三振を狙って三振を奪い、打者はホームランを狙ってホームランを打ち、野手はボールが上空を通過していくのを見るだけになる。現実に一部ではこうなりつつある。テレビの放映権収入で莫大な利益をあげているＭＬＢではあるが、こうした大味な試合展開や戦力差の拡大などによって、球場の観客数は減少している。**データをもとに最も効率的な野球を展開するのはマネジメント・経営サイドとしては当然だが、本当にファンが求めている野球とは何なのか、エンターテインメントと結果重視のバランスを再考する段階に来ている。**選手からも不満の声が漏れているようである。

◆正解のコモディティ化

理論的にリスクを抑えて効率の良いプレーを追求しだすと、どの選手もやることが似てくる。ＭＬＢの打者には、頭や耳の近くにバットのグリップ（手元の部分）を置き、少しオープ

＊ステロイド時代　マーク・マグワイアやバリー・ボンズなどのホームラン記録更新にアメリカ中が沸く一方、球界を代表する多くの選手が、運動能力を向上させる禁止薬物のステロイドなどを使用していた疑惑で名誉が汚された。２００５年にＭＬＢはステロイド使用を禁止し、厳しい検査と罰則を設け始めた。

ンスタンス（身体を開いた姿勢）で鋭い身体の回転を利用してスイングする選手が非常に多い。実際に見ればよくわかるが、ソフトボールの打ち方とよく似ている。ソフトボールの体感速度は野球の約1・5倍と言われ、その中で無駄な動作や必要以上に大きな動作を入れていたら打つのに間に合わないため、あのようなコンパクトな打ち方に収束していくのだろう。必要以上に振り回す必要はなく、8割程度の力で当てれば打球は飛んでいく。投手の平均球速が上昇しているMLBでも、ソフトボールと同様の現象が起きていると言える。

投手も球速が上昇し、似たような投げ方で似たような軌道の、似たような球種を投げるようになっている。また、ワインドアップ（腕をふりかぶる投げ方）とセットポジション（腕をふりかぶらない投げ方）でスピードやコントロールに差が出ると問題なので、ダルビッシュのように常時セットポジションで投げる投手も増えてきている。「先発投手ならワインドアップで豪快に投げてほしい」というファンの気持ちもわかるが、現実的にはブレを減らし再現性を保つために同じ動きとなっていく。

選手個人に限らず、各球団の采配もある程度似てきてしまう。攻撃はあまり監督が介入せず自然に打たせ、バントや盗塁などは減らす。投手は球数を気にせずに飛ばして早めにリリーフ投手をつぎこむ。それが昨今《さっこん》の「ホームランか三振か」という風潮に拍車をかける。

補強に関しても、大金をかけて大物を獲るよりドラフトやトレードを使ってプロスペクト（若くて将来が期待される選手のこと）を集めるようになる。野球の高速化に伴い30歳を過ぎた選手は動体視力やスピード、瞬発力の面で適応が難しくなってきているのと同時に、環境が整備されノウハウも蓄積された結果、若くて身体能力の高い選手を比較的確実に育成できるようになっている。かつてのように「メジャーの壁」に阻《はば》まれず、いきなり大活躍するプロスペクトが増えたように感じている。代表的な例がニューヨーク・ヤンキースのアーロン・ジャッジ*や、大谷翔平と新人王を争ったミゲル・アンドゥハーやグレイバー・トーレス、アトランタ・ブレーブスのアクーニャ・ジュニアやワシントン・ナショナルズのファアン・ソトらで、大谷もここに加えていいだろう。日本でも１５０キロを投げる高校生が珍しくなくなったが、一昔前ならもっと騒がれていたはずだ。

こうして様々な側面で野球が洗練されてくると、理論的なゴールは似たものになってしまう。マーケティングでよく言われる「正解のコモディティ化」である。最終的には誰もが同

＊アーロン・ジャッジ　２０１７年に52本塁打を放ちア・リーグ新人王と本塁打王を獲得した、新生ヤンキースの象徴。２０１センチ１２８キロの巨体から圧倒的な打球速度を誇る。「三振か四球かホームランか」という、現代野球の申し子的存在。人柄もできている。

じようなことをやる中での厳しい競争となるから、最近の選手たちは真剣にトレーニングに取り組む。昔のように「二日酔いでホームランを打った」といった武勇伝を聞くことはもうないだろう。今のＭＬＢでは、真面目にトレーニングをしないと周りから白い目で見られるそうだ。

正解のコモディティ化が進むと、他の部分で差をつけようと目論《もくろ》む者がまた出てくるだろう。どの選手にも求められる最低限のプレーはこなせないとまず話にならないが、その上で相対的に抜け出すために、今は重視されていないプレーを磨き出す選手が現れる。それがかつてのフレーミング（第5章で詳述）であったし、マネーボールの考えでもあった。今日も世界の各球団に優秀な頭脳が集結し、新たなアイデアに頭を巡らせていることだろう。球界のトレンドはこうしてまた変遷《へんせん》していく。

球速の上昇も、そろそろ止まるかもしれない。人間の肉体的な限界もあるのだろう、球速上昇のペースは鈍化している。全力で１００マイルを投げるよりも8割の力で93〜95マイルで安定させ、球質やコントロールを追求した方が、故障を抑えつつトータルでの成績最大化に繋がるのはマックス・シャーザー*やクレイトン・カーショウ*、コーリー・クルーバー*といった一流投手たちが証明している。ただ、これが抜きすぎて90マイルになってしまうと、力がなさすぎて難しい。どんなに遅くても許される最低ラインは、90マイル程度にあるように見える。

◆「柔よく剛を制す」の思い込み

「柔よく剛を制す」ということわざがある。柔らかくしなやかな者こそが、かえって剛強な者に勝つことができるという意味とされる。柔道や合気道などでは力の強い相手を、技によって倒す術を教わるそうだ。

日本ではこの考え方がもてはやされすぎてきた。体格で劣る日本人が屈強な外国人に対抗するため、技術に活路を見出すのは当然のことでもあるし、力の弱い者が強い相手を制する

＊マックス・シャーザー　ナショナルズのエース、オッドアイの最強右腕。２０１２年に弟を亡くしてから「後悔のないように投げる」と覚醒し、以後はサイ・ヤング賞3回、最多勝4回、3年連続奪三振王。毎年どの部門もトップクラスの成績にまとめてくるこのクラスには運など関係ない。

＊クレイトン・カーショウ　ドジャースのエースで世界最強投手。ひとつも欠点がないところが欠点と言えるほど、全てが完璧。唯一の弱点のプレーオフでの弱さも克服しつつある。第8章で詳しく解説。

＊コーリー・クルーバー　インディアンスのエース、メジャー版菅野智之。95マイル出て三振も奪える技巧派投手の頂点。現代のマダックス。常に冷静なポーカーフェイスで、サイ・ヤング賞の受賞決定の瞬間ですらほとんど笑わない。投球自体もロボットのよう。

のを見るのは痛快だ。しかし、体重の軽い者が重い者に勝利するのは容易でないし、そもそも怪我のリスクが高く危険である。格闘技で体重別に階級が定められていることがそれを明確に証明しているし、ドーピングしてまでフィジカルを強化する選手がいることが、野球でもいかにフィジカルが重要視されるかの答えである。同じくらいの重量同士の争いでようやく、技術や駆け引きの差がつくのである。

「技術かパワーか」という話は、0か100かの極論に陥りやすい。野球はパワースポーツの側面も大きいから中途半端な技術では圧倒的なフィジカルの前に歯が立たないし、逆にいくらパワーがあっても技術が著《いちじる》しく低い（バットにボールが当たらない、ストライクを投げるのもままならない）なら全く勝負にならない。**必要な最低ラインのフィジカルや技術があり、それを超えていなければそもそも**（プロレベル、**世界レベルの**）**勝負の土俵にすら上がることができない**。余談だが、広島東洋カープと読売ジャイアンツの試合を観戦すると、まず体格が違う。広島の選手たちは「剛柔一体」である。

フィジカルの強い選手が技術を身につけたら最高だろう。誰も敵《かな》わない。大谷やジャッジは三振が多く、コンタクト能力にはやや難のある選手である。しかし完全な「扇風機」（バットを振り回して三振ばかりする選手）ではなく、ある程度はバットに当たるので、当たりさえすればボールは飛んでいく。だから下手に三振を恐れるよりも、自分のスタイルを貫《つらぬ》いた方が最終的に良い結果が残るのである。仮に彼らほどの打球速度を出せない打者が、彼ら程度のコンタクト能力だったらＭＬＢでは活躍できないだろう。

また、パワーがなければ出せない技術というものもある。１５０～１６０キロを投げられる人間は１４０キロで曲げることも、１２０キロでより大きく曲げることも可能だが、マックスで１４０キロしか出せない人間に投げられるボールは後者のみである。

◆イチローと上原の「ありえない」技術

日本でイメージされる「柔よく剛を制す」の代表が野手ではイチロー、投手では上原浩治だろう。

イチローのＭＬＢでの活躍は、本当にセンセーショナルだった。細身の日本人選手が巧みなバットコントロール、スピード、華麗な守備や強肩で大男たちを翻弄《ほんろう》していくのだからまさに痛快だった。ホームラン全盛のステロイド時代ど真ん中に突然現れた東洋のスピードスターに、アメリカ人も相当な衝撃を受けたのは間違いないだろう。

しかし、このイチローとてメジャーの大男たちの中で見れば細く小柄かもしれないが、実際はすさまじい肉体をしている。ダルビッシュも一緒にトレーニングをした際、「異次元過ぎました」と表現している。また、日本では投高打低の１９９５年に１番打者としてリーグ2位タイの25本塁打を放つなど、十分に中長距離打者としても活躍していた。ＭＬＢでは自分の役割とタイプを理解してシングルヒットとスピードに特化し、守備を含めた総合力で勝負して結果を最大化したと言える。ＮＰＢ時代はクリーンナップを任され、徐々に盗塁も減っていたが、ＭＬＢではパワー勝負は控えてスピードを活かし、１番打者としてヒットと盗塁にこだわった。

有名な話だが、イチローは打撃練習ではいとも簡単にホームランを叩き込める。それくらいの技術とパワーのある選手が安打狙いに徹していたのだ。野手のいないコースにボールを落とす、野手が守備位置を下げるように強いスイングをしてからボテボテのゴロを転がす。これらを狙ってできる人間はほぼいない。こうした普通ではありえないような技術と徹底の本質を見ずに、走り打ちをして「転がせば何かが起こる」と考えると実態を見誤る。

上原浩治もまた、誤解を招きやすい選手だ。１４０キロ程度のフォーシームとスプリットのほぼ2球種のみでボストン・レッドソックスのクローザーを任され、ワールドシリーズの胴上げ投手ともなった。Ｋ／ＢＢ[*]なども異次元の数字を叩き出し、「球速よりキレとコントロールが重要だ」という思考と非常に親和性の高い投球スタイルだ。しかし、上原のフォーシームは140キロという非常に遅いスピードでありながら回転数は多いという、珍しい特徴を持っていた。さらに投球フォーム自体が野手のように速く、モーションがスタートしてからボールがミットに到着するまでの時間は、球速が20キロ近く速いアロルディス・チャップマン*とほぼ同じであった。つまり、表示される球速と比べて体感速度が極めて速く、しかもボールがホップしてくる投手なのである。スプリットも独特の抜けてくる軌道でチェンジアップのような効果が強く、しかもそれをシュート気味あるいはスライダー気味に回転させたり、空振りを狙ったりカウントを稼いだりと自在に操ることができた。これだけの能力でスピードの遅さを補っていたわけで、ただコントロールが良かったわけではない。NPB時代、ルーキーで20勝をあげた1999年にはフォーシームも最速150キロ、常時140キロ台半ばは計測していた本格派の先発投手がリリーフに専念し、独自のスタイルであれだけ

＊K／BB　奪三振と与四球の比率で、投手の制球力を示す指標のひとつ。3・5を超えると優秀と言われる。
＊アロルディス・チャップマン　史上最速105・1マイルを計測した速球王。ヤンキースのクローザーだが、近年は若干不安定。以前は球速上位ランキングをチャップマンが独占し、チャップマンとそれ以外を分ける「チャップマン・フィルター」が用意されるほどだったが、若いジョーダン・ヒックスやタイロン・ゲレーロの登場で必要なくなりそう。

の活躍を成し遂げたのだ。球速が１４０キロでちょっとコントールが良いくらいの投手には不可能なことである。

◆才能へ回帰する残酷な世界

レベルが上がってくると「正解のコモディティ化」が進むと書いたが、それでも結局は超一流とそれ以下に分かれていく。両者のパフォーマンスを大きく左右するのがコンディションだ。２０１８年のサイ・ヤング賞（ナ・リーグ）に輝いたニューヨーク・メッツの投手、ジェイコブ・デグロムの例を紹介しよう。

デグロムは90マイル台後半の浮き上がるようなフォーシーム、90マイル前後で急にカクッと落下するスラッター（第3章で詳述）とチェンジアップ、83マイル程度のスライダー気味のカーブで勝負する、MLBのエリートピッチャーの典型的な投球スタイルである。快調なピッチングを続けていたデグロムだが、5月に肩の軽い故障で登板をスキップした後の復帰戦は初回だけで球数が45球もかかり、それを投げきったところで降板してしまった。いつもはフォーシームと紙一重でバットをかすめていくような絶妙な変化球が、コンディションが万全でないから微妙にキレが悪くなり、バットに当てられてしまっていた。少しコンディションが悪いだけで「紙一重」の塩梅《あんばい》がうまくいかず、一気に球数が増えてしまう。野球とはなんて難しいものなのだろう。ヤンキースのエースとして開幕投手を任されたルイス・セベリーノ*も力投するスタイルゆえに疲れが出てきたのか、オールスター後の成績は良くなかった。2018年にダルビッシュの調子がピリッとしなかったのも、結局は肘の状態や体のコンディションが良くなく、本来の投球ができなかったからだろう。

野手で言えば、巨人の坂本勇人はコンディション依存度の高い天才型の選手である。下半身の調子が良ければ4打数4安打、悪ければ4打数無安打といった、浮き沈みの激しいバッターだ。ベースから離れて立って身体を大きく捻《ひね》る打ち方で、本人のセンスとコンディションに完全に依存した打撃スタイルである。ホームベースから遠く離れて立つから強い踏み込みが必要なので下半身の状況次第になりやすく、上半身を大きく捻るため身体のキレに左右されやすいのだろう。コンディションの安定した坂本を見てみたいものだ。しかし、それでも若い頃からショートで高い守備貢献をしながら打撃でも首位打者を獲得するこういう選手

*ルイス・セベリーノ　100マイルの速球とカッター中心の投球から、スラッターというよりは高速スライダーとチェンジアップとの組み合わせを覚えてヤンキースのエースに成長。せっかちな性格で、チームメイトの田中からマウンドで落ち着くことの大切さを学んだそう。

こそが、真の天才なのだとも思う。広島へ移籍した元巨人の長野《ちょうの》久義も、かつてはベースから遠く離れて立つ独特のスタイルで首位打者を獲得したが、２０１４年に膝を痛めて強行出場を続けてからは踏み込みが甘くなったのか、外角のボールにバットが届かなくなってしまい、かつてほどの成績は残らなくなってきている。ただ、それでも打率.290、13本塁打程度は打つから才能はすごい。

　才能にあふれたトップアスリートの誰もが合理的なトレーニングを行うため、精神面が勝敗を分けることも多い。身体が強くコンディションをコンスタントに維持でき、メンタルトレーニングもきちんとして互角の戦いを抜け出せる者が最後は勝つのだろう。**ここまで方法論がハッキリしてしまうと、結局差がつくのは元からの才能という、逆説的で残酷な世界になりつつある。**

第2章

ピッチング論　前編（投球術編）

この章から、野球の具体的なプレーについて見ていく。投手マニアである私の大好きなピッチングから論を進めていきたい。

◆最も「野球的」なプレー

「すぐれた投手とはアウトをとる投手をさし、どうやってアウトをとるかは問題ではない」。これまた『マネー・ボール』の名言だ。**結局、投手はいかに失点を抑えアウトを多く取れるかが大事なのだから、たとえチームの守備力や運などの要素が介入したとしても、究極的にはイニング（量）と防御率（質）で評価されるべきである。**リリーフ投手ならイニング数は先発投手に劣るものの、より多くの試合に登板してコンスタントにアウトを重ねることが求められる。そのために心技体を磨くのであって、速いボールやすごい変化球を投げること自体が目的ではない。極論、100キロのボールでも抑えられるならば良いし（それがナックルの考え方である）、160キロの豪速球を投げても打たれることがあるのがピッチングだ。

基本的には自分の得意な球種、コースや相手が苦手な球種、コースで勝負して抑えていく。もし自分がパワーピッチャー*で良いストレートと鋭い変化球を持っているなら、ストレートを高めに投げ込んで変化球を低めに集めて三振を取っていけば良いだろう。逆に、スピードは出ないが多くの球種を投げられるのなら、それらを組み合わせてコーナーを丁寧に突いていく投球で相手を惑わせるのが良いだろう。**つまり、それぞれが持っているカードの数や質を活かして結果を最大化することがピッチングの本質だ**。最近では自分の身体や球の質をデータでもわかりやすく調べられる。自分の投球を客観的に理解することは、プロ・アマチュアを問わず差別化を図るため重要になるだろう。

ただ、難しいのは単純に手持ちのカードを増やせば良いわけではないところだ。引き出しが多いに越したことはないが、中途半端な手札を増やしても勝負所で使えない上に、本来の強みだったカードの力を落としてしまうことがままある。よくあるのは、新しい球種をマスターしようとして元々持っていた変化球やフォーシーム（ストレート）の質が悪くなることだ。ツーシーム（シュート）を覚えようとしてフォーシームが悪くなったというような話は、野球ファンであれば聞いたことがあるだろう。それでは本末転倒だ。

しかし、そうしたリスクを過度に恐れてもレベルアップはできない。例えば、巨人のエース菅野智之[*]は新たにツーシーム（シンカー）を強化することで本来のフォーシームが悪くな

＊パワーピッチャー　球速が速く奪三振が多い、力で抑える投手のこと。制球を犠牲にしてでもパワーで抑え込むイメージだが、厳密にはボールが速ければ三振を奪えるものでもなく、質や制球も重要であり、定義が難しい。

ったと言われた。しかし練習を続けて、より落差を大きくし、それまであまり得意でなかったスプリットのような使い方で活かすことができている。実際に見ると、菅野はこれまでよりスプリットのような落ちるシンカーを効果的に使えているのがわかる。イチローの言うように、最短距離でゴールまで進めればそれはそれで良いが、自分で考えて回り道や失敗もした上でたどり着いた世界には深みが出る、ということなのだろう。**変えない方が良い幹の部分と、本来の良さも失わず武器を増やせる部分の両方があり、繊細《せんさい》な「選択と集中」が求められる**。これも実に野球的な話で、野球の奥深さや難しさを感じさせられる。

◆「パーフェクトではなくグッドを目指せ」

「パーフェクトではなくグッドを目指せ」。通算355勝の大投手、グレッグ・マダックスの金言である。

個人的に、マダックスには衝撃を受けた。野茂英雄のメジャー挑戦の影響でMLBを見始めた1995年、予備知識も何もなく、メジャーは屈強な大男たちが剛速球を投げ込み、打者はそれを狙って振り回していく「力対力」の野球だという先入観を持っていた（当然そういう側面は大きいし、昨今また強まってもいる）。しかし、当時世界最高の投手は技巧派のマダックスだった。４年連続でサイ・ヤング賞を獲得、防御率も２年連続で１点台を記録。15年連続15勝以上の驚異的な安定感と、通算投球回数５００８・１イニングというイニングイーター*ぶりだった（５０００イニングとは２００イニングを25年続けてようやく到達できるという、途方もない数字である）。若い頃は球速93マイルを計測することもあったが、その後は下がり続けて90マイル程度と当時のＭＬＢでは平均的で、キャリアの晩年は86マイルを下回っていた。身長も１８３センチと、日本人投手とも大差ない体型だ。日頃はメガネをかけていたため愛称は「プロフェッサー（教授）」で、インテリ風で知性にあふれていた。「精密機械」と呼ばれた正確なコントロールと微妙に動くボール、多彩な変化球で打ち取っていく。四球が少なく（通算四球率１・80。97年は四球率０・77を記録）、持論は「投手で最も過大評価されているのは奪三振。27球で試合を終わらせるのがベスト」。マダックスの最大の特徴は球数の少なさで、わ

＊菅野智之　日本のエース。正確な制球、伸びるストレート、ほどよく曲がるスラッター、大きな横のスライダーと縦のパワーカーブ、スプリットを兼ね備える。過度な完璧主義からも脱却し、セットポジションや守備力もパーフェクト。お股はその才能を高く評価していたが、見合った領域に達しつつある。バントや打撃も良い。

＊イニングイーター　多くのイニングを「食える」投手。「10勝しても10敗する投手はいらない」という言葉の対義語。圧倒的ではなくても多くのイニングを稼げる投手は、長いシーズンでは重宝する。野手における「下位打線低打率長打マン」と似たような概念。

ずか76球で9回を完投したこともあった。その後、100球以下での完投が通称「マダックス」と呼ばれるようになったほどであり、マダックス本人は通算で13回「マダックス」を記録している。

こうした技巧派タイプの頂点だったマダックスだから、常に正確無比な投球をしていたと思うのが普通だろう。しかし、このマダックスが「**パーフェクトではなくグッドを目指せ**。**完璧を目指しすぎるとかえって悪くなる**」と発言しているのだ。これが実に示唆《しさ》に富んでおり、深い。マダックスは、常に正確にストライクゾーンの隅を狙うような投球はしていなかったのだ。

ストライクゾーンは実はひし形や楕円《だえん》形に近く、審判は四隅のコーナー沿いはあまりストライクと判定してくれない。また、際どいコースを狙いすぎるとかえって身体に変な力が加わり、思い通りにいかないことも増える。たとえ正確に投げられたとしても、いわゆる「置きにいった」ボールは力がなく、打たれやすい。余裕を持って、ミスを織り込んで保険をかけたプレーを心がけると、結果としてプレーの幅が広まったり、ミス自体も減ったりする。マダックスと実際に対戦した吉井理人*や新庄剛志*も、実はそこまで精密な制球で際どいコーナーを突いていたわけではなかった、という風に証言している。制球が良いというイメージを利用し、審判に外角を広く取らせたり、打者が手を出したくなるゾーンからボールを曲げて打たせたりするのがうまかったのだ。

野球選手としてより精度を高める姿勢は大事だが、完璧主義に陥るあまりかえって悪くなることはままある。ヒューストン・アストロズのジャスティン・バーランダー*やダラス・カイケル*も、制球に悩んでいたゲリット・コール*に対して、細かいことを気にせず思い切って投げるようにアドバイスしていた。野球に限らず他のスポーツや人生そのものにおいても言

＊吉井理人《まさと》　セ・パ両リーグとアメリカ、先発とリリーフの経験をあわせ持ち、大学院でも学んでいる日本最高の投手コーチ。２０１９年からロッテの投手コーチに就任。

＊新庄剛志　野球には何よりも才能が重要なことを証明した男。センターの守備はメジャーでもゴールドグラブ級。ＭＬＢでも成績が変わらなかったと誤解されているが、ＭＬＢ移籍前年は、阪神の４番として28本塁打を記録している。

＊ジャスティン・バーランダー　投手のリリーフ化が進む現代で今なお、浮き上がるフォーシーム、スラッター、パワーカーブを駆使した先発完投型の投球を披露するレジェンド。第１次全盛期に投げすぎて成績が低下しかけるも、モデルのケイト・アップトンとの結婚で盛り返し、35歳で第２の全盛期を迎えている。馬力が桁違い。

＊ダラス・カイケル　速いまま落下するワンシームとチェンジアップ、カッターとスライダーを駆使する技巧派左腕で、２０１５年にサイ・ヤング賞を受賞。物言う性格でもあり、トレード期限でのお茶を濁すようなフロントの補強に苦言を呈しバーランダーを獲得させ、アストロズの世界制覇に繋がった。

＊ゲリット・コール　１００マイル近い速球とスラッター、パワーカーブ、チェンジアップという最高クラスのポテンシャルを持つ。シュート回転のツーシームを多投する配球で能力を活かしきれていなかったが、トレードで移籍したアストロズの指導通り、フォーシームを真っ直ぐにしてスラッター、カーブを増やすことで才能通りの力を発揮した。

えるが、何より重要なのは「大局観」であることをマダックスは教えてくれる。

マダックスはその四球の少なさとは裏腹に、通算歴代2位の故意四球177個を記録している。打者との個々の勝負よりも、試合全体を通していかに勝つか、シーズン全体でいかに安定した成績を残すかを重視していたと言える。こうした「大局観」は投手に限らず、最近の日本球界全体に大きく欠けているように思う。打者なら全てのボールを打とうとせず、打てないコースやボールはある程度捨てていくことも必要だ。采配でも全ての試合に勝とうとすると、選手の身体や精神に無理が生じる。どれだけ強いチームでもシーズン勝率は6割台がいいところだ。勝てる試合を確実に取り、負け試合はうまく流すことも求められる。

◆藤浪と薮田に見る制球の最低ライン

「制球か球速か」という話は、大変にもめやすい。結論から言うとどちらも必要だし、どちらも良いに越したことはないし、完全なトレードオフでもない。

投手本人の持っている手札によって変動するが、**制球にも球速にもプロで必要な最低ラインが存在し、それを下回っていてはもう一方がいくら優れていても挽回不能である。逆に、それほど良くはなくても最低ラインさえ上回っていて、もう一方がずば抜けていれば活躍す**

ることも可能である。

例えば、阪神タイガースの藤浪晋太郎は197センチという日本人離れした長身と長い手足、そしてダルビッシュ曰《いわ》く「大谷以上」という高い身体能力でストレートの平均球速は150キロ前後、最速は160キロを記録、さらに私が高く評価するスラッター成分の強いスライダーを投げ込む、桁《けた》違いのポテンシャルを持った投手である。順調に育っていけば阪神のエース、日本のエースだけではおさまらないレベルの大器なのだが、ここ数年は不振に苦しんでいる。球数やイニングを投げすぎたこと、肩を痛めたこと、フォームが乱れたことなどが重なり本来の球威が影を潜めている上に、何より制球で苦しんでいる。ここ2年間は、いくら球速が速くても補いきれないほどにコントロールが悪く、あからさまにコースが外れているのでそもそもバッターが手を出さない。カウントが悪くなってからストライクを取りに来るのを待って捉えられるか、そうでなくても勝手に四球で自滅する状態である。クイックモーションになるとさらに乱れるし守備も悪いので、走者さえ出せば勝手に崩れる。高すぎるスペックゆえにアマチュア時代から敵なしだったので、困った時の引き出しがまだ少ないのだろう。出力やフィジカルがおかしくなった時に修正したり技術で補ったりできない、典型的な選手である。藤浪を見ると、結局のところ制球を良くする明確な方法は存在しないのかもしれない。

　今のところのキャリアハイである２０１５年は球速も最も出ていたし、制球も良いとは言えないまでも「最低ライン」は上回っており、そのスピードや変化球の鋭さで制球力を補い、活躍できていた。同じように手足が長く、球質も似たデグロムに師事しても面白いと思う。

　広島の薮田和樹の例もあげよう。２０１７年途中にリリーフから先発に転向し15勝をあげてチームのリーグ優勝に大きく貢献した薮田も、２０１８年は苦しんだ。薮田は独特の小さなテイクバックから１５０キロ近い威力のあるストレートと亜大ツーシーム*、１４０キロ弱のカッター、スラッターをストライクゾーンにアバウトに投げ込み、球威で抑え込むスタイルだ。ストレートとツーシームだけでは球種が少なすぎるが、これに近い球速で逆方向へ変化するカッター、スラッターが加わることで一気に幅が広がり、ゾーン内へアバウトに投げ込んでも空振りや凡打となる投球を２０１７年は実現できていた。まさにスラット・シュート理論（第3章で詳述）である。

　しかし、２０１８年は全体的に球速が2キロ程度低下した結果として打者が空振りをせず、ボール球にも手を出してくれなくなった。そのため、ストライクゾーンに投げている割合は大して変わらないのに四球が大幅に増加しており、制球難に陥っているという評価を受けて

２軍暮らしが長くなった。元々制球は良くないがボールの威力があるからアバウトに投げても抑えられたが、球威が落ちた結果、制球難を補いきれなくなっている状態と言える。

このように球威と制球には密接な関係があって、片方だけを純粋に評価することはかなり難しい。球速や投げたボールの結果なら客観的に評価できるものの、本当に投手が投げたい場所は投げる本人以外はわからないのだから、投手の制球力を数値で厳密に評価することは不可能に近い。キャッチャーの構え自体が偽装の場合もある。ボールの威力があれば打者は手を出してしまうから、ある程度アバウトに投げてもストライクは増えていくし、四球も多くはならない。**藤浪や薮田のような投手に「四球を出すな」と言いたくなる気持ちはわかるが、一方で制球についてあまりに口うるさく言うと、かえって良さが活きなくなる。**破綻《はたん》した制球力を最低ラインまで向上させるのは不可欠だが、ストライクを取るために置きにいくピッチングをさせては、球威で抑える彼らの魅力は出てこない。監督・投手コーチはもちろん、ホームチームのファンにも寛容な姿勢が求められる。ランディ・ジョンソン*やノーラン・ライアン*といったＭＬＢの伝説的投手たちも若い頃、スピードはすさまじいが制球は悪

＊亜大ツーシーム　近年プロで多く活躍する亜細亜大学出身者が駆使する、シュート回転で落下するボール。同大学の生田勉監督が指導している。実質はスプリットに近く、右投手の場合、左打者へは効果的だが右打者には打たれやすい。

かった。それでも徐々にフォームを固めて制球難を克服し、レジェンドとなっていったのである。

大投手・山本昌氏*が「ピッチャーは思ったところに3割投げられたら完投できる」と言っている。制球とはそれくらい難しい。技巧派の山本昌ですらそうなのだから、他は推して知るべしだ。球威やキレなど、狙ったところにいかなくても打たれない「保険」がかかっていることが望ましい。大谷が「球速の保険をかけながらファールが取れればいいと思う」という風に発言していたのも、こうした趣旨からだと推測される。山本昌も活躍していた時期はストレートの質が高く球種も豊富であったため、多少の制球ミスはカバーできていたのだろう。

◆野村、吉見、三浦……技巧派投手の罠

藤浪や薮田という速球派・制球難型の投手を見てきたので、今度は技巧派投手について考える。

最近の日本の技巧派投手と言えば、広島の野村祐輔が思い浮かぶ。ストレートの平均球速は140キロ前後、カッターやスライダー、カーブ、チェンジアップ、ツーシームを投げ分

ける技巧派右腕だ。彼の投球術はかなりすごくて、NPB最高峰だろう。マダックスや、今ならカイル・ヘンドリックス*に近い投球スタイルだ。野村は、

・**打者の手元で鋭角に少し逃げるカッターで併殺を奪取**
・**カッターとツーシーム、真逆の変化の出し入れ**
・**内角へのツーシームと同じ軌道から抜くチェンジアップ**
・**打ちごろのゾーンから落とすチェンジアップ**

＊ランディ・ジョンソン　身長208センチと、大男揃いのMLBでも頭ひとつ抜け出したニックネーム通りの「ビッグ・ユニット」（大きな物体）。親日家。ジョンソン対マグワイアは人類最高峰の闘い。
＊ノーラン・ライアン　1970年代に100マイルを計測していた速球王。意外にもサイ・ヤング賞受賞経験はない。とにかく球が速く荒れ球で波が激しく、変化球も大きく曲がるボールのみなので、シーズンを通してトップには立てないスタイルだったと推測される。
＊山本昌　50歳までプロ生活を続けたレジェンド。スピードはないがスピンの効いたストレートを投げ込み、シンカーやカーブも良かった。初動負荷理論の野手の完成形がイチローなら、投手は山本昌。瞬発力を上げすぎず、撫でるように「効かせる」動きが長寿の秘訣か。
＊カイル・ヘンドリックス　カブス所属、マダックスの真の後継者。シュート回転のツーシームとスライド気味のフォーシーム、ちょうど中間の回転角度のチェンジアップの塩梅がマダックスと瓜二つで、真っ直ぐと区別がつかない。スピードを犠牲にした投げ方をする技巧派。過度なパワー信仰でこうしたタイプを理解できない風潮は望ましくない。

・緩いカーブでカウント稼ぎ

といったテクニックをあわせ持つが、肝《きも》は、「カーブ以外は全てストレートに見せる」ことだ。「打者がストレートだと思って振って、後からツーシームやチェンジアップ、カッターだったんだと気づくのが理想」と本人も語っている。ちなみに北海道日本ハムファイターズの金子弌大《ちひろ》も「変化球はカーブを除いては、ストレートに見えて真ん中から各方向に散っていってくれれば良い」と、同様の趣旨の発言をしている。

ところで、なぜ野村はそこまで細かい投球術を駆使「しなければならない」のだろうか。球のスピードや威力があまりないからである。ストレートの球威や鋭い変化球で打者を圧倒することは不可能なため、テクニックを駆使してのらりくらりと打者をかわしていくのだ。打てそうで打てない感じで、走者を出しても併殺で切り抜け、6回くらいまで試合を安定的に作っていくスタイルだ。自分の持っている手札で結果を最大化している典型である。**もし野村に藪田のような球威があればここまで繊細な投球は必要ないだろうし、逆に藪田が野村級の投球術や制球力を持っていたら大エースになっている。**

野村はルーキーだった2012年に防御率1点台を記録し活躍したものの、その後は徐々に成績が低下していき、2015年は5勝8敗、防御率4・64と不振に陥った。2016年は復活して16勝をあげ、チームのリーグ優勝に大きく貢献した。

野村復活の要因は間違いなく、球速の回復である。ストレートは1キロほど、カッターは4キロ、カーブは3キロ、ツーシームは2キロ、前年より上昇していた。「統計的には三振や四球の数は変わらないから、不振の2015年も復活した2016年も投球内容はほぼ同じで、運が良くなっただけ」との見方もできるらしいが、どうも納得いかない。球威が上がったことで詰まったフライや弱いゴロが増えた結果として、フィールドに飛んだ打球のアウトが増えた側面もあるように思う。

中日ドラゴンズの吉見一起*も、技巧派投手の最高峰である。特に肘を怪我する前の2009年や2011年はすごかった。しかし、肘の手術後はボールの威力が落ち、以前のような投球には至っていない。どうしても6回くらいで球威の限界がきて、いくらコーナーを突いた丁寧な投球をしても打たれることが増えた。

＊吉見一起　子供の頃、団地の階段にボールを当てるゲームをして培った制球力は球界屈指で、ダルビッシュも驚く。最近はスライダーとフォークが似たような変化をしており、あまり投げ分けられていないと感じる。低めとコーナー狙いの投球でかえって幅を狭めているのでは。

石川雅規、攝津正、成瀬善久……。技巧派投手も様々だが、みな全盛期には最低ラインを超える球速を出していたし、その上で制球や変化球、独特のフォームなどで差別化を図っていた。元横浜ＤｅＮＡベイスターズの「ハマの番長」三浦大輔*やＭＬＢでも活躍した黒田博樹*などは、キャリア晩年こそ技巧派と呼ばれていたが若手の頃や全盛期には球速も出る本格派投手だった。そうした現実を見ずに「球速より制球だ」のマインドで練習すると、チーム全体として球速の足りない力不足の投手陣となってしまう。吉見の真似をした中日投手陣、三浦の真似をしたＤｅＮＡ投手陣である。**彼らが憧れていた投手は、スピードが出なくなったからコントロールや駆け引きで抑える部分が目立つのであって、最初からそれだけを目指すスタイルではない。**

先述したマダックスもキャリア晩年は球威の低下で成績は悪化していったし、キャリアハイの成績を残した95年が最も奪三振率が高かった（7・77）ことを念のため述べておきたい。「技」を極めたマダックスでも、最低ラインのスピードや球威がなければ活躍は難しかったのだ。

◆「8割の力」がプロで活躍する鍵

打たれ続ける中途半端な「技巧派」を見ていると、やはりプロの1軍で活躍するには最低限必要な球威があると感じさせられるし、そのラインは年々高まっている。とはいえ、球速はトレーニングやメカニクスの改善である程度までならアップできるようになってきており、実はコントロールの方が持って生まれた才能に依存する度合いが高い可能性も考えられる。リリースポイントはどの投手も案外とブレており、指先の調整能力が重要であることもわかってきた。同じフォームで同じように投げれば理論的・物理的に同じボールが同じコースにいくのだから、再現性が制球のコツなのだろう。

話はそれるが、再現性という意味では「最高球速」より「平均球速」の重要性を話しておきたい。「ＭＡＸ１５５キロ右腕！」のような触れ込みでプロの世界に入ってくるルーキー

＊三浦大輔　自身の全盛期が横浜暗黒時代に重ならなければ、２００勝していたはず。全盛期は伸びる１４０キロ台後半のストレートと１４０キロ台のカッターやスローカーブ、フォークを投げ分ける王道スタイル。投げ込みで培った高い再現性や制球力は、普通の人には真似できない。「カッターを覚えて一気に厄介になった」と立浪和義氏が語る。

＊黒田博樹　元プロ野球選手の父と砲丸投げオリンピック候補の母を持つサラブレッド。日本の根性主義に耐え抜き、合理的投球スタイルを身につけた。自己プロデュース力や分析力、野球脳も最高クラス。渡米前には１５０キロ台のシュートでラミレスのバットを粉砕し、松井と名勝負を繰り広げ、落合に「全盛期の自分でも打てない」と言わしめた投球能力を持つ。

や新外国人投手が、蓋《ふた》を開けてみたら140キロくらいしか出ないことや、MAXは155キロを計測しても他のボールは132キロという大きなばらつきを見せることも少なくない。1球だけ全力で155キロを投げられても、平常時が130キロ台ではプロの世界で安定して活躍はできない。**プロで活躍できるかどうかは、瞬間最大風速の大きさよりも、多少抜きながらでも安定して高い水準を続けられる技術や体力、再現性にかかっているのだろう。**20秒間隔であれだけの球威と制球力の再現性を見せるプロのすごさを改めて感じさせられる。**よく一流投手が「8割程度の力で投げても球がいく」という感覚を口にしているのだが、この境地に達することができた時にプロでの活躍が見えてくるのかもしれない。**

　球速の重要性を強調してきたが、球速が上がった代償に他の球種の質や制球が悪くなり成績が下がってしまう投手ももちろんいる。ピッチングとは本当に難しい、微妙なバランスで成り立っている。

◆過度なクイックの弊害

　2018年の日本シリーズ、福岡ソフトバンクホークス対広島では「甲斐キャノン」*が炸裂した。甲斐拓也は6連続で盗塁阻止の新記録を樹立し、シリーズのMVPに輝いた。

もちろん甲斐のプレーは素晴らしかったが、盗塁阻止は捕手よりも投手のクイックモーションによる影響が大きい。アメリカのサイト、ファングラフスの記事でも「キャッチャーの肩は過大評価されており、盗塁阻止は投手がいかにリリースまでの時間を短くできるかでほとんど決まる」と結論づけられている。ソフトバンクの投手陣はその点で非常に優れていた。

盗塁を防ぐまでの守備側の動きは、大きく次の3つに分けられる。

①　投手が投球動作を開始し、球が捕手に届く
②　捕手の送球が二塁に届く
③　セカンドあるいはショートがランナーにタッチする

①〜③の合計時間である3・39秒以内に塁間を駆け抜けることはウサイン・ボルトでも不可能だから、走者は帰塁も可能な範囲内でリードを取ったり、投手の間合いや癖を盗んだり

＊甲斐キャノン　驚異的な強肩でキャノン砲やバズーカを彷彿させることから名付けられた、ソフトバンク甲斐拓也の強肩の愛称。最速ポップタイム1・71秒のモーションスピードと無駄のない動き、投手ごとのクイックのタイミングの使い分けや配球の連携、タッチしやすい場所へ送球できる制球の良さで.447という高い盗塁阻止率を実現している。

図表2-1　盗塁を防ぐ守備側の動き

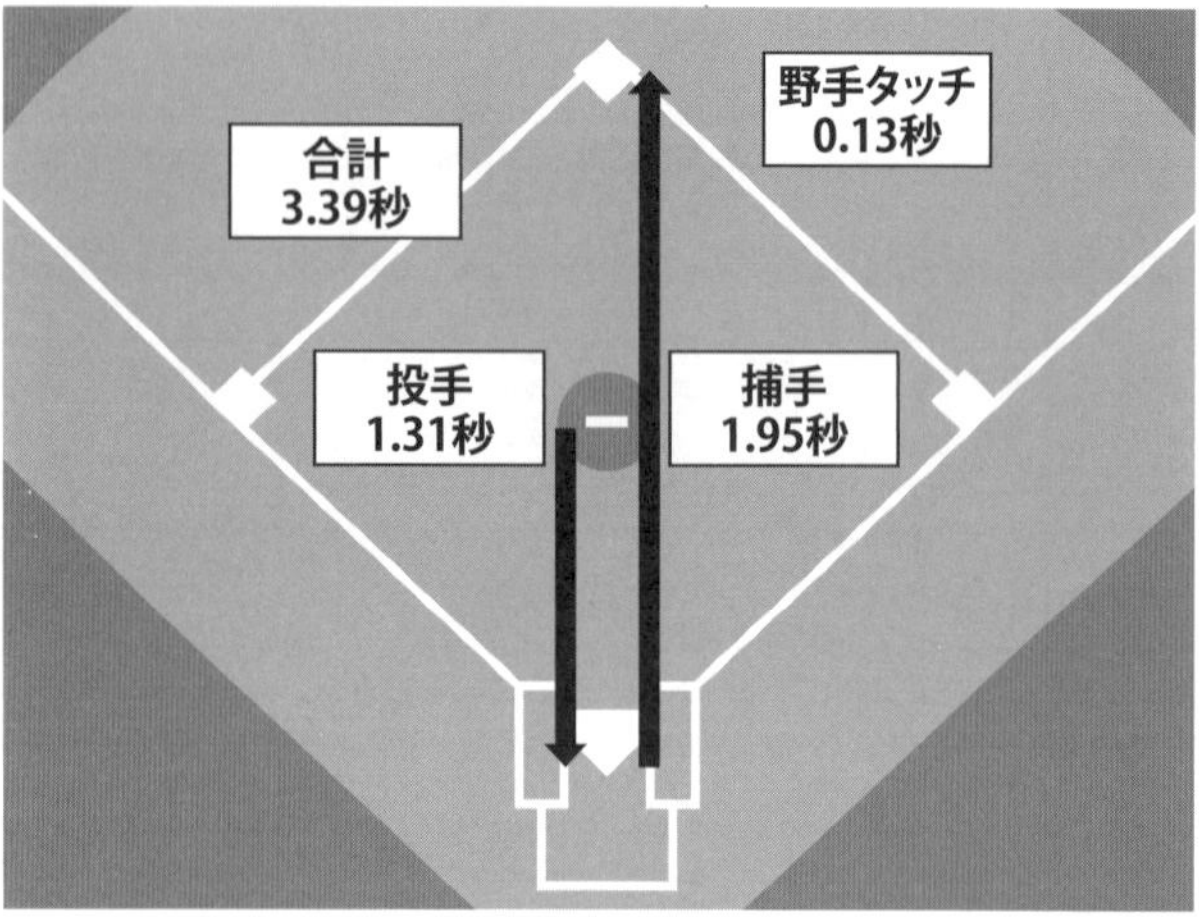

出典：NHK BS1「ザ・データマン」（2013年8月16日放送）

して、先にスタートする。盗塁を阻止するために捕手にできるのは、セカンドへなるべく素早く正確に送球することのみである。ポップタイム（球をキャッチしてから投げ、二塁へ届くまでの時間）に限界があるならば、残りは投手がモーションを速くして、投球時間を短縮するしかない。それが1972年頃、世界の盗塁王・福本豊の盗塁を封じるために南海ホークスの選手兼任監督だった野村克也が、ドン・ブレイザーヘッドコーチと考案したとされるクイックモーションである。正確には、盗塁をされにくい稲尾和久投手の投球をよく見てみると、速いモーションで投げていることに気づいたことがきっかけらしい。

野村氏のアイデアは正しかった。現代野球においてクイックモーションは広く浸透しており、投手には必須のスキルとなっている。巧拙《こうせつ》は別にして、クイックに取り組まないようでは話にならないだろう。古田敦也の驚異的な盗塁阻止率（シーズン盗塁阻止率.644の日本記録、通算盗塁阻止率.462）にはその正確で鋭い送球はもちろんだが、野村監督の教えにより投手陣にクイックの意識が浸透していたことも大きかったと推測される。

ただし、クイックにも弊害はある。小さなモーションで素早く投げるのだから当然、球速や制球は通常時より劣化する傾向がある。また、無理なフォームから投じることで故障に繋がる場合もある。しかし最近は、**クイックができない投手は使わない、クイックこそが全てという風潮が強まりすぎてはいないだろうか**。**昨今の日本では、走者を出した途端にクイックに気を取られて乱れ、大量失点に繋がるケースがあまりにも多い**。

例えば東北楽天ゴールデンイーグルスのエース則本昂大《たかひろ》は、セットポジションでの投球に難のある投手である。通常時はほれぼれするようなストレート、スライダー、スプリットを投げ込み、防御率1点台を記録しても何らおかしくない。しかしながら毎年、防御率が２点台や３点台なのは、セットポジションに原因がある。投手としては小柄な身体を目一杯大きく動かしてダイナミックに投げるワインドアップと比べると、セットポジションだとどうしてもクイックも意識してモーションが小さくなり、ボールの強度、質が低下してしまっている。途中までは完璧で日によってはそのまま完投できるのに、走者を出すと急に崩れだす。通常時はすさまじいボールなため、打者としてもセットポジションになると相対的に打ちやすく感じるのだろう。それまでの力投が台無しになるような、非常にもったいない投球を何年も続けている。これを解決できたら、スーパーエースになれるはずである。2015年のWBSCプレミア12でのリリーフを失敗した原因も回跨《また》ぎではなく、たまたま先頭の走者を出してしまったことである。こうした国際大会では先発でいけるところまでいって、5回くらいで走者を出したら降板するのが向いているタイプとも言える。

逆に、クイックがうますぎて自滅するパターンもある。元DeNAの久保康友は「スーパークイック」で一世を風靡《ふうび》したが、徐々にクイックにのめり込みすぎて、極端なフォームから128キロくらいのストレートを投げては打ち込まれていた。スーパークイックのピッチング自体にハマってしまい、抑えることは二の次となり、成績は大きく下降していった。クイックでタイミングを外しても対応されてしまう程度のボールになってしまっていたのだ。退団直前も、普通に投げたら140キロ台後半は出ていたのだが……。

また、クイックを速くしすぎるとそもそも相手走者が走ってこないので盗塁阻止のメリット（数字的にも精神的にも極めて大きい）を得られず、なおかつボールが乱れて打たれる最悪のパターンに陥る。盗塁アウトのメリットを享受しつつ、ボールの質を維持できるバランスが重要である。日本シリーズにおけるソフトバンクは、このバランスが最適だったのだ。巨人の水野雄仁新投手コーチもこれに取り組むと発言している。個人的には、菅野やランディ・メッセンジャーなどの「1・2秒」弱がボールの質とクイックの速度を両立できる最適なポイントなのではないかと考えている。また、牽制するか投球するかの間合いも非常に重要で、例えば山田哲人が盗塁を高確率で成功させられるのは、相手投手の間合いを完全につかんでいるため思い切ったスタートが切れるからである。決してギャンブルや運が良いわけではない。

ちなみに、マダックスはクイックをしなかった。走者を出してもホームまで返さなければ良い、盗塁を許しても失点に繋がる確率は低いからクイックで制球や球威が乱れて打たれるよりも、普通に投げた方がトータルで成績が残るという大局観を持っていたのだろう。自分のピッチングで目の前の打者を抑えられるという、絶対的な自信がないとできないことだ。ただし、マダックスも時々だが走られたことによる失点から敗戦投手になることがあり、例えば2003年には内野安打で2度出塁したイチローにいずれも盗塁を決められ、味方のエラーや内野ゴロの間に1点ずつ失い、1対2で敗れたことがある。稀《まれ》にだがこういう試合もあるので、過度な苦手意識や依存は禁物だが、できるに越したことがないのも事実である。

まとめると、菅野やカーショウなどに代表されるように、モーションが速い上に球質も保たれているのがベストで、次点はあまりクイックできなくても球質を維持するタイプだ。クイックにこだわるあまり球質が落ちるのは最悪である。目的はクイック自体でなく「トータルでの投球結果の最大化」であることを忘れてはならない。ちなみに、サンフランシスコ・ジャイアンツのジョニー・クエトのように、走らせないだけでなく相手打者のタイミングを外す用途でも（質が良ければ）、クイックモーションを使える。

◆メジャーのストライクゾーンは狭い

「ストライクゾーンが試合の要だ」。ＯＰＳを開発するなどセイバー的な考え方を世に広めたスポーツライター、ビル・ジェイムズの名言である。試合の各局面で、ストライク・ボールの際どい判定に選手もベンチもファンも一喜一憂するのが、この言葉の何よりの証である。カウント１‐１からの際どいボールがストライクになれば１ボール２ストライクと追い込まれるし、ボールと判定されれば２ボール１ストライクのバッティングカウントとなる。フルカウントからボールなら四球でアウトカウントは増えずピンチ拡大、見逃しならアウトになるし塁にも出られない。だからキャッチャーはフレーミングを、投手は制球力を磨く。バッターも選球眼を鍛えようと躍起《やっき》になる。

ストライクゾーンは審判によって微妙に異なるだけでなく、同じ審判、試合の中でも展開やイニング、カウントによって変動する。そもそもゾーンは厳密なルール通りの形ではなく、縦長の楕円形（ひし形）に近い。ちなみに昔は右打者と左打者でもゾーンが異なり、左打者は外角をより広く取られやすく、不利な判定を受けていた（現在はかなり是正され、右打者の外の方が広くなっている）。また、9回のイニングやプレーオフのような重要な試合では、ゾーンが拡大する傾向があるそうだ。個人的には、審判も人間なのでこうした偶然も含めて野球という競技だと思う。ストライク・ボールが完全に機械による自動判定になったら、様々な駆け引きや不確定要素がなくなり、試合が味気なくなってしまうリスクがある。逆に選手としては、審判の不安定な判定よりも機械判定を望んでいる可能性もあるので、難しい。

さらに、ストライクゾーンは国やリーグによっても異なる。かつてMLBは「外が広く、内は狭い」と言われていたが、これは事実である。危険なインコース攻めによる怪我やトラブルを未然に防ぎ、外のボールを積極的にスイングさせることで試合をスピーディでアグレッシブにする狙いがあったと思われる。この外に広いゾーンを活用していたのがマダックス

図表2-2　ストライクゾーンのイメージ

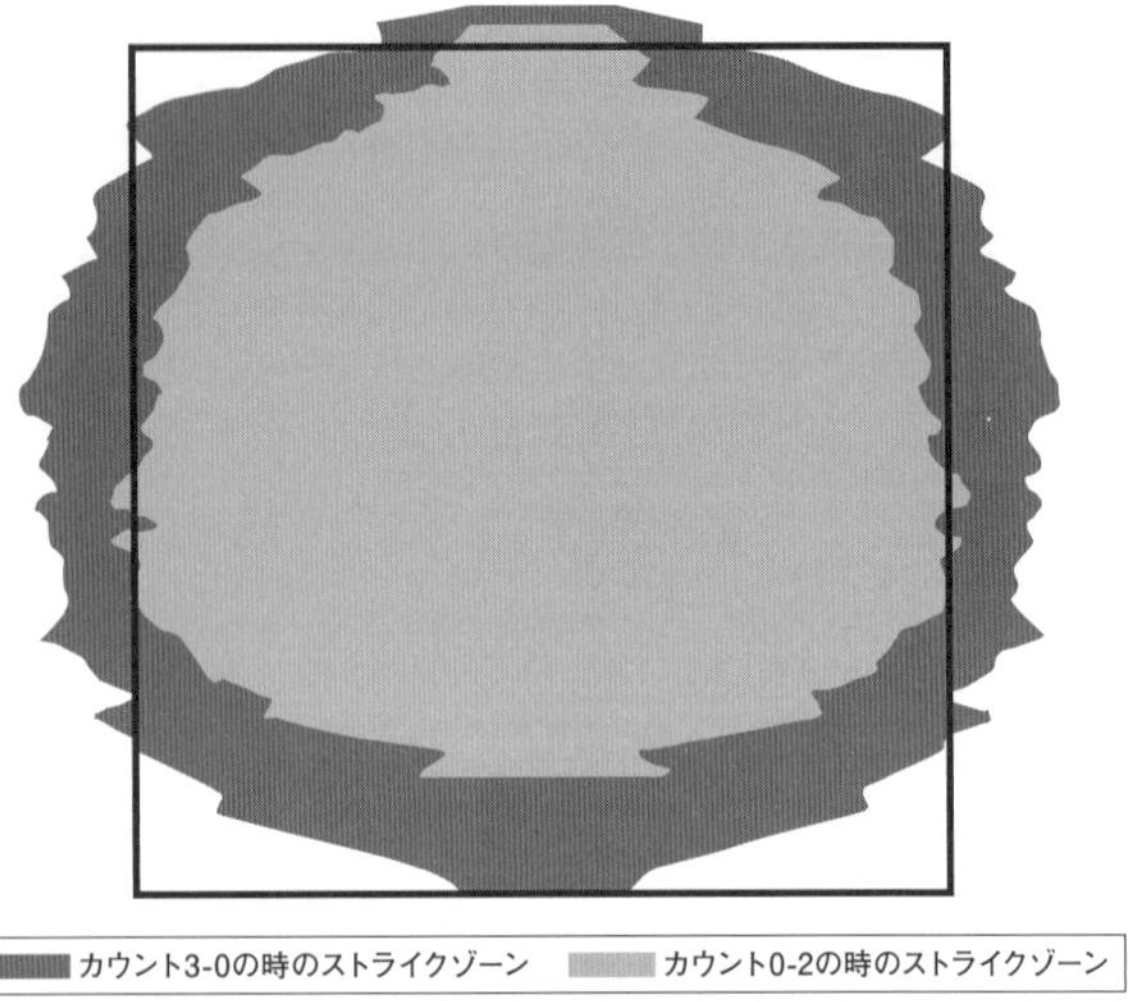

出典：WIRED「PITCHING DATA HELPS QUANTIFY UMPIRE MISTAKES」（2011年1月28日）

であり、同じくアトランタ・ブレーブスの技巧派左腕、トム・グラビン＊であった。ただしその後は２００１年のルール改定、そして２００７年頃からのPITCHf/x＊の導入により、審判が正確な判定を下しているか機械によって評価されるようになったため、ストライクゾーンは本来のルール通りに近づいた。国際試合やかつてのＭＬＢのイメージを引きずって未だに「外は広い」という認識を持っている人も少なくないが、田中将大や前田健太もテレビ番組の対談の中で、現在のＭＬＢのストライクゾーンは狭いと語っている。

一方、ＮＰＢではそれと逆行する動きが見られる。特に２０１１年は、東日本大震災の影響で電力供給に不安があったため、試合時間を短縮するべく左右のゾーンが広がり、「迷ったらストライク」という半ば理不尽な通達すらあった。今も、反対側の打席の白線上近くまでストライクを取る動きが見られる。**おそらく今、日本のストライクゾーンは世界一広いのではないだろうか。**

こうしたストライクゾーンに適応できるかも、選手の成績を左右する。阪神で活躍を期待されたウィリン・ロサリオは、右投手のスライダーと左投手のチェンジアップ（要するに外角へ逃げるボール）への対応に手こずり、思うような結果を残せなかった。彼がプレーしていた韓国ではストライクゾーンが異常に狭かったので（ＫＢＯも打高投低の傾向を是正すべく２０１７年よりストライクゾーンを拡大した）、打てる球を待てば良かったのだろう。一方、ＤｅＮＡのホセ・ロペス*やネフタリ・ソト*、中日のダヤン・ビシエドなどは外のスライダーにもバットが

＊トム・グラビン　メジャー歴代でも24人しかいない、通算３００勝クラブの一員。マダックス以上にビジネス的な投球に徹していて、面白みは全く感じられない。ホッケーで培った打撃が良く、投手歴代最多の２１６犠打を記録。

＊PITCHf/x　スポーツビジョン社によって作成された、投球トラッキングデータの先駆けとも言えるシステム。球場に設置された専用のカメラ映像をもとに、ボールの３次元座標を算出する。ＭＬＢでは２００７年より同システムが全30球場で導入されていたが、現在はより精度の高いトラックマンに一本化されている。

届く。腕を伸ばしながら泳ぎ加減で拾ったり、見極めたりできる。日本の野球に適応できるか否かは、こうした外の揺さぶりへの対応が大きな鍵となっている。

*ホセ・ロペス　元マリナーズの内野手でイチローともチームメイト。元二遊間だけあり動きは鈍くてもグラブ捌《さば》きが良く、2018年にはファーストで史上初の守備率10割を達成。人柄も良く巨人でも活躍したが、2014年オフ、阿部慎之助というレジェンドを延命するためにやむなく放出された。

*ネフタリ・ソト　力感のない、しなやかすぎる打法からホームランを量産。2018年には107試合で41本塁打を放ち本塁打王に輝いた。5月に現地観戦した際にはあまりにもしなやかで美しいセンター前ヒットを見て、その魅力にとりつかれたお股は「ソト良いわ〜」と絶叫していた。うまくはないが二塁もこなせて、一塁と外野も守れ、2番にも適任の神外国人選手。

第3章

ピッチング論　後編

（変化球編）

投手のボールの個性や変化球は、野球ファンの心を惹《ひ》きつけてやまない。私も、野球の中で最も好きなのは投手の投げているボールそのものである。

ところで、投手のボールは実際どのように変化しているのだろうか。専門家でも選手でもない一般人の独学と感覚にもとづく話になるため、厳密に言えば間違っていることもあるだろう。そこは大目に見てもらい、揚げ足を取るよりはご指導いただきたい。大まかなイメージや感覚、実態はある程度つかめていると思っている。

ＭＬＢでは投球データを誰でもネットで閲覧できるため、数値と実際のプレーを結びつけて理解しやすくなっている。実際にプレーする投手や捕手、打者もボールの正確な特性を把握できれば、日頃のプレーに活かせるはずだ。ＭＬＢだけでなくＮＰＢも既に、そうしたフェーズに入っているだろう。プロを目指すアマチュアの選手も、自分のボールの特性や状態を知って、プロで通用する部分と足りない部分が具体的に把握できる時代になっている。

◆ボールはどのように変化しているのか

さて、そもそもボールが変化するとはどういうことだろう。１８６０年代から投げられ始めた最も古典的な変化球であるカーブは、なんと１９４０年頃まで80年もの間、本当に曲がっているのか、それとも目の錯覚なのかという議論が真面目にされていたという。カーブが曲がっているかどうかの判断基準は簡単だ。ボールの軌道を真上から見て、左右に変化の全くない直線と比べて曲がっているかどうかを見ればよい。

では、フォークボールが「落ちて」いるかどうかの判断基準はどうだろうか。これもカーブと同じく、地面と平行に水平な直線を引き、その線と比べてみる。投手の投げるボールは、地球の重力のために必ず落ちてくる。ホップするように見えるフォーシーム（ストレート）ですら、例外ではない。どんなボールでも落ちているのだから、それでは落ちるかどうかの判定には使えない。

カーブが曲がっているかは、軌道が左右に変化するかを基準に考えたわけだが、これを力学的に捉えると、「ボールに左右方向への力がはたらいているか」と同じ意味になる。だから、ボールが落ちているかどうかを判断するには、「重力以外の力」が下向きにはたらいているかを考えればよい。**力学的に変化球とは「重力以外の力がはたらき、球の軌道が放物線からズレるもの」**で、**変化量はその「ズレ」の大きさであると定義**できる。

重力だけがはたらいていて、上下左右に全く変化しないボールの軌道は放物線になる。様々な投球データでは、これを変化量0の原点（0、0）と定義している。だから、**実はストレー**

トも「シュート回転しながらホップする変化球」である。逆に言えば、シュート回転しながらマグヌス効果（後述）によって重力を一部打ち消して上向きに変化するボールを、人は「真っ直ぐ」だと認識しているのだ。

ストレートがシュート回転するのは当然だ。なぜなら、人間はボールを完全に真上から投げることはできないからである。シュート回転の度合いは、投げる瞬間に手首が水平からどれだけ傾《かたむ》いているかで概《おおむ》ね決まる。シュート回転の少ない、いわゆる「綺麗なストレート」を投げる投手は、次の3タイプに分かれる。

- **手首を立てている**（吉田輝星*、藤川球児*など）
- **上体を大きく倒している**（クレイトン・カーショウ、岡島秀樹など）
- **肘から先を内側に曲げて頭に近づけている**（ダルビッシュ有など）

◆軌道を決定する3要素

では、ボールはなぜ「変化」するのだろうか。**変化は、ボールと周囲の圧力差から生じる。**ボールは回転しながら空気の流れの中を通っていくが、その際、空気の流れとボールの回転方向が一致する側では速度が速くなり、方向が逆になる側では遅くなる。速度が遅いとその部分への圧力が大きくなるため、圧力の大きい方から小さい方へと力がはたらく。難しそうに聞こえるが、ボールの右側から回転をかけると左に曲がるのは、多くの人が直感的に理解できると思う。サッカーなど他のスポーツでも、ボールにカーブの回転をかけているのをよく見るだろう。

回転しているボールには「重力」と空気抵抗である「抗力」、そして「揚力」が存在する。重力はボールを地面に引き付ける力、抗力はボールを減速させる力、そして、揚力は抗力と直角の方向にボールを曲がらせる力だ。ボールに揚力がはたらくことを「マグヌス効果」と呼び、これはボールの回転数が多くなるほど大きくなる。

究極的に投手の投げるボールの軌道は「回転軸の方向」と「回転数」、それに「速度」という3つの要素で決まる。

＊吉田輝星《こうせい》　2018年の夏の甲子園で大活躍した、金足農業のエース。日本ハムにドラフト1位で入団した。ストレートのノビと投球術、マウンドさばきは非凡なものがあり、プロで活躍する鍵は変化球を磨くこと。金子弌大の技術を盗めるか。

＊藤川球児　「火の玉ストレート」全盛期の伸び幅は史上最高クラスで、文字通りわかっていても打てないボールだった。阪神に復帰してからは実績や名前に関係なく黒子に徹し、若手の手本ともなっている。

図表3-1　マグヌス効果

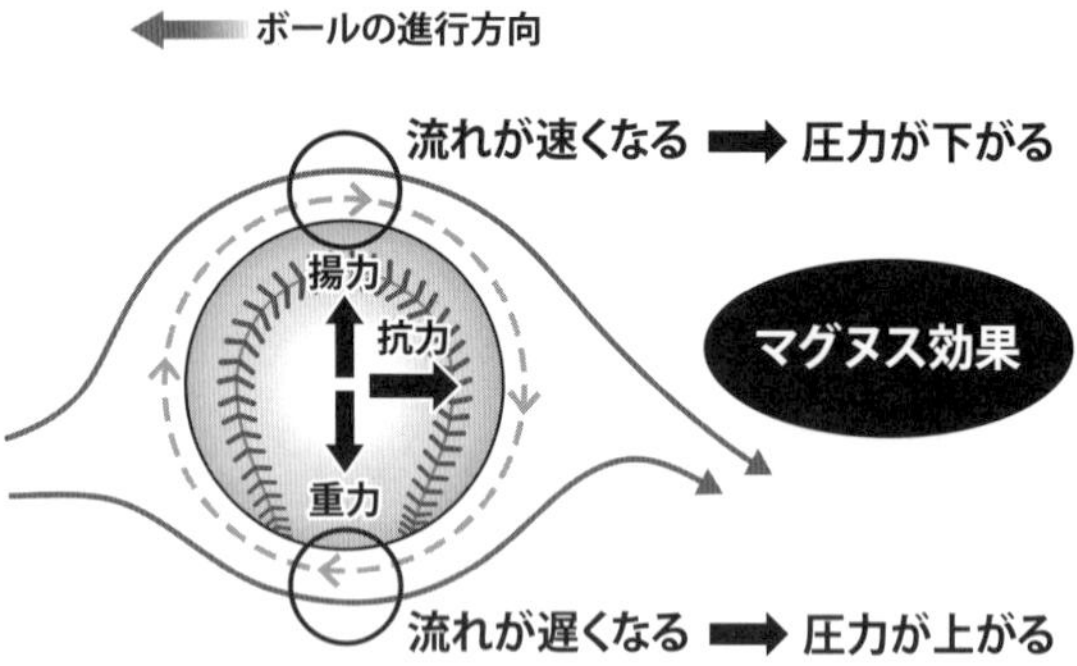

出典：筆者作成

図表3-2は回転の方向を可視化したものだが、①フォーシーム（ストレート）はバックスピンがかかることによって、マグヌス効果が上方向にはたらき、部分的に重力を打ち消しながら進む。ホップするように感じられるのはこのためだ。②カーブ（スラーブ）③縦のカーブはストレートと逆方向にトップスピンをかけているから、マグヌス効果が下にはたらいて、重力以上に下に曲がる。④スライダー⑤スラッターはサイドスピンで、マグヌス効果が横にはたらいている。スライダーとシュートの曲がる向きが反対なのは、マグヌス効果のはたらく方向が逆になるからだ。これらの球種はマグヌス効果で変化を生み出しているので、回転数の多さと変化の大きさが比例する。⑥カッターは左右へはそこまで変化させず、右投手なら左投手のフォーシームの方向へ少し

図表3-2　回転方向のイメージ（右投手、投手視点）

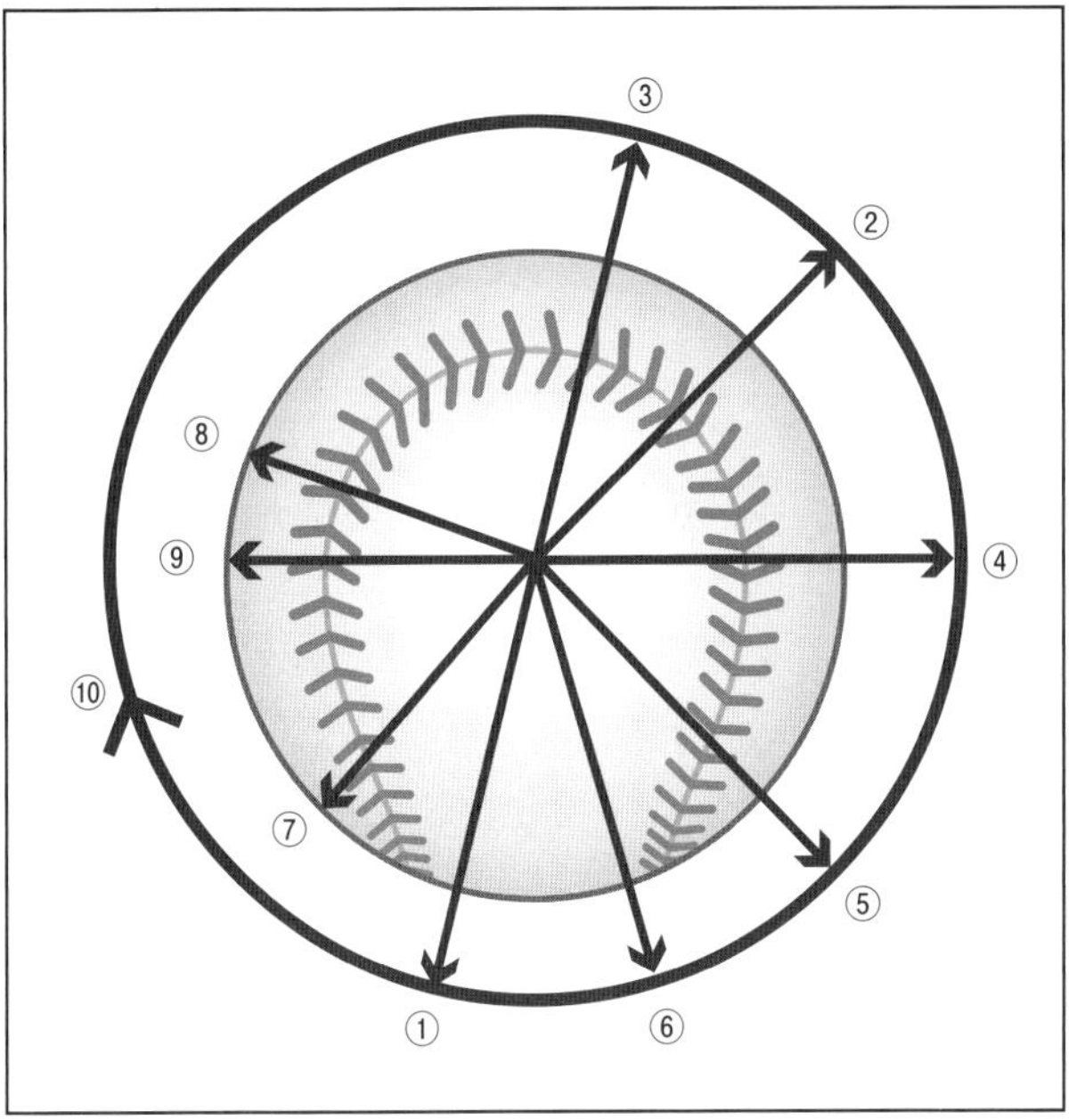

①フォーシーム	⑥カッター
②カーブ（スラーブ）	⑦ツーシーム（シュート）
③縦のカーブ	⑧シンカー
④スライダー	⑨スプリット、高速チェンジアップ
⑤スラッター	⑩ジャイロボール

出典：筆者作成

曲がり、ホップしているのが特徴だ。⑦ツーシーム（シュート）はフォーシームよりも回転軸が傾いているため、シュート方向への変化が大きくなる代わりにホップ幅が小さくなる。⑧シンカーはさらに回転をサイドスピンに近づけて回転数を落とし、重力での落差を強めている（人によってはこれをチェンジアップと呼ぶ）。⑨スプリット、高速チェンジアップはフォーシームよりも回転数を小さくしマグヌス効果を弱めることで、重力で落ちる球を作っている。⑩ジャイロボールに関しては後ほど詳しく述べる。

　こうした回転を踏まえた上で、実際の変化量のデータを見てみる。0、0の原点を基準に考えると、やはり不思議なことにフォーシーム（ストレート）はシュート回転して浮き上がっている「変化球」で、スライダーは重力のみの影響を受けて放物線に近い軌道を描いている。「ストレートと変化球」という対比が、そもそも実態とはそぐわないのだ。**人間は少しシュートするボールをストレートと錯覚しているから、左右に全く変化しないボールはスライドするように感じるのである。**あるいは、実際はわずかにシュートしていたとしても、より大きくシュートするフォーシームとの比較で、カッターやマッスラ*気味に感じるのだ。

図表3-3　ボールの変化方向のイメージ

（右投手が投げた場合の右打者視点）

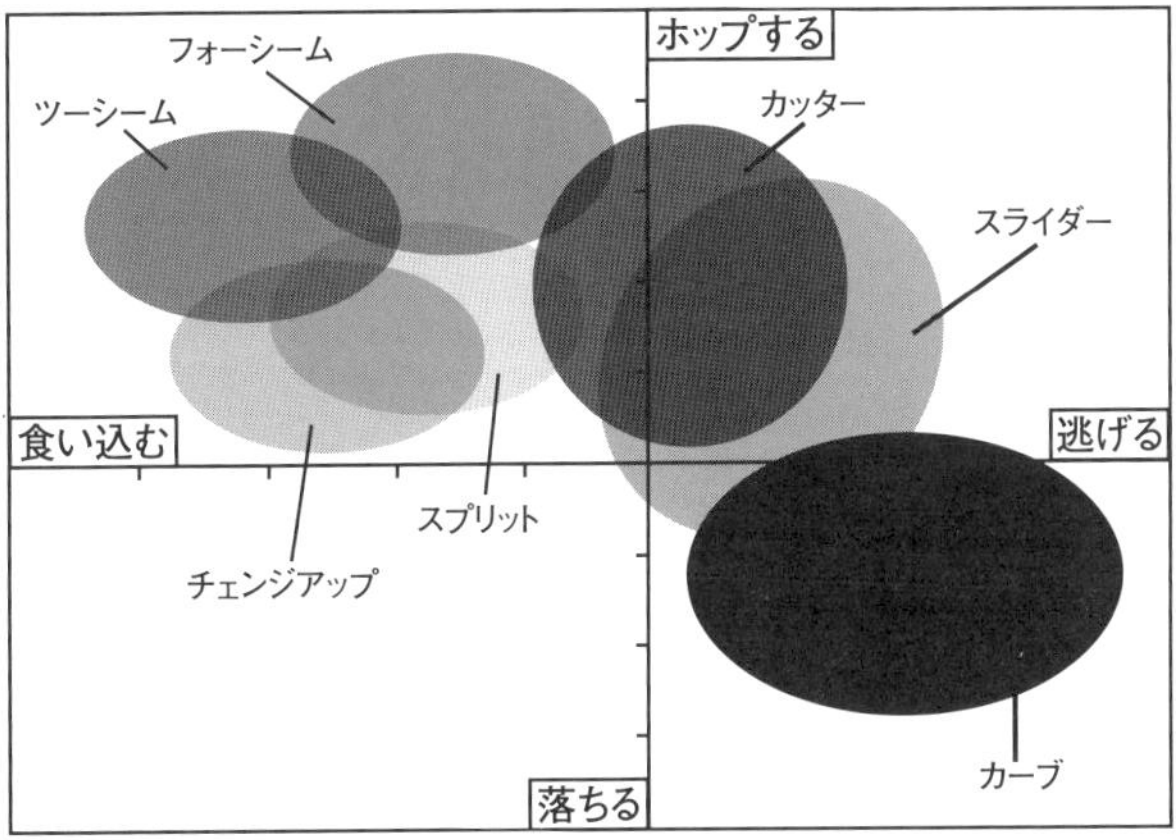

出典：Fast Ballsなどを基に筆者作成

◆縫い目を使う特殊な変化

ボールの変化は「回転軸の方向」「回転数」「速度」の3つで決まると書いたが、厳密にはもうひとつある。ボールの縫い目（シーム）である。

野球のボールは2枚の革を縫い合わせて作られるが、縫い糸で革が引っ張られ、合わせ目の革が盛り上がる。この約1ミリの盛り上がりによって、変化量は2～3倍も変わるそうだ。こうした効果を狙って作っ

＊マッスラ　フォーシームとカッターの中間のような、回転角度が垂直に近く、ホップ成分が強いあるいは少しスライドするフォーシームのこと。カッターよりはスライド成分が少なくフォーシームに近いイメージ。回転角度が180度に近いカーショウのフォーシームなどは、打者からすれば少しスライドしつつ浮き上がってくる印象を抱くのだろう。

図表3-4　フォーシームとツーシームの回転

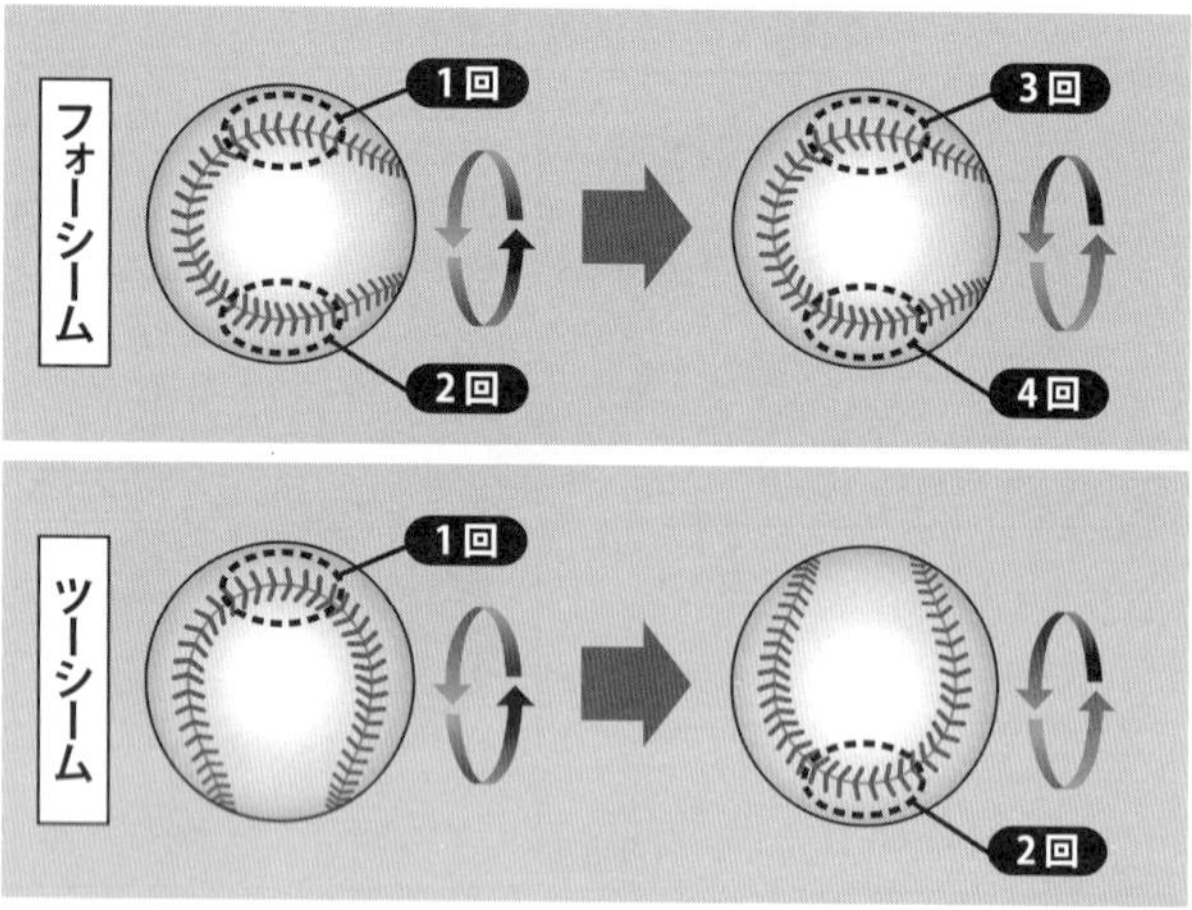

出典：筆者作成

たわけではないはずだが、野球のボールは様々な変化球を生み出すようにできている。偶然か必然かはわからないが、塁間やフィールドのサイズなどを含めて、野球は様々な要素が絶妙なバランスで設計されているゲームである。

ボールの縫い目は独特の形をしているため、ボールの1回転で縫い目が4回出てくる「フォーシーム回転」と、2回しか出てこない「ツーシーム回転」という、2種類の回転が生まれる。直球やカーブなど、ほとんどの球種はフォーシーム回転を使うのが一般的である。フォーシーム回転とツーシーム回転ではマグヌス効果にあまり顕著《けんちょ》な差は出ないものの、空気の流れは大きく変わるそうだ。

また、ボールが回転しないように投げた場合、ボールの縫い目のどこが正面を向いて飛ぶかにより、風から受ける力は微妙に変わる。これがナックルやパームの変化の源《みなもと》であり、マグヌス効果とは全く異なるメカニズムである。面白いのは、これらの球種の場合、回転数が小さいほど変化が大きくなることだ。捕手のミットに届くまでに4分の1〜2分の1回転程度に、回転数を抑える必要がある。投手と捕手の間で1回転以上すると、変化が小さくなり打たれてしまう。「いかに回転しないように投げるか」が、縫い目を使った変化球のポイントだ。元レッドソックスのティム・ウェークフィールドや元メッツのR・A・ディッキーの投げる魔球、ナックルボールがこれにあたる。

◆ストレートの「ノビ」を科学する

多くの投手が投球の5割ほど投げるのがフォーシーム（ストレート）である。ストレートがピッチングの基本であることは、疑いの余地がないだろう。ストレートの質が高いとピッチングが楽になるのも間違いない。ただ、そもそも「ストレートの質」とは何なのだろうか。巷《ちまた》ではノビがあるとかキレがある、初速と終速の差が小さい、手元で力があるとか様々なことが言われる。こうした人間の感覚はバカにできないが、実態とは異なる解釈をしていることもままある。

繰り返すが、ストレートは厳密に言えば「回転軸が水平からやや傾きながらバックスピンによる揚力を得て、重力による落下を一部打ち消して浮き上がるような軌道を描く変化球」である。バッターはピッチトンネル*でボールの軌道や変化、コースを予測して打つ（あるいは見送る）ため、打者のイメージを外すか予想を上回るボールを投げれば、抑える可能性は高くなる。だから例えば、バックスピンの回転量が多かったり回転軸が水平に近かったりしてホップ幅が大きいと、ボールの下を振ってしまい空振りやポップフライ（力のないフライ）、ファールになりやすくなる。ストレートの「ノビ」とはおそらくホップ幅、すなわち縦の変化量を指していると思われる。要するに、ストレートも変化球の一種であるから、より上に大きく変化してバッターの予測を外せたら良いということだ。

例えばバーランダーのストレートは回転角度が210度と少し傾いているためシュート回転しているが、回転数がすさまじく多く、最高で3000回転を超える（3000回転に近いと空振りが増え、2000回転以下だとゴロが増えると言われる）。ホップ幅が大きく、空振りを多く奪えるボールだ。以前は225度くらいだった回転角度を210度と水平に近づけてシュート幅を小さく、ホップ幅を大きくして、元々の高回転をより活かせるようになった。シャーザーも回転数こそ多いが回転角度は傾いていてシュート幅が大きい。ただ、低めのアングルから浮き上がる軌道を描くので、ホップしているように見える。デグロムのストレートは若干ジャイロ成分（後述）の入ったマッスラ気味だ。回転が少なく文字通り真っ直ぐなので減速が小さく、ミットへ到達する時間が速いのだと思われる。また、シャーザーと同じくアングルが低いのも特徴だ。ただしホップ型のストレートにも弱点はあって、ミスや不調で回転数が減ったり、ちょうど真ん中高めのコースにいったりすると、中途半端な浮き上がりとなり長打を打たれやすくなる。

ちなみに、投手がストレートで空振りを奪うと、「回転数が多いから初速と終速の差が小さく、終速が速いのでしょうね」といった解説が未だになされるが、これは明確に間違いである。ノビがある球ほど初速と終速の差はむしろ大きくなる傾向にあることが、データ上でも証明されている（Baseball LAB ２０１５年７月３日『初速』と『終速』の差が小さければ良いスト

＊ピッチトンネル　ホームベースから７・２メートルの空間にあると仮想される、投手の投げたボールが通るトンネル（円）。ボールが同じ場所に集まるほど小さくなる。ピッチトンネルが小さく、そこからボールが様々な方向へ変化していくと、打者はボールを見極めづらくなる。

図表3-5　各投手のフォーシーム（ストレート）の違い

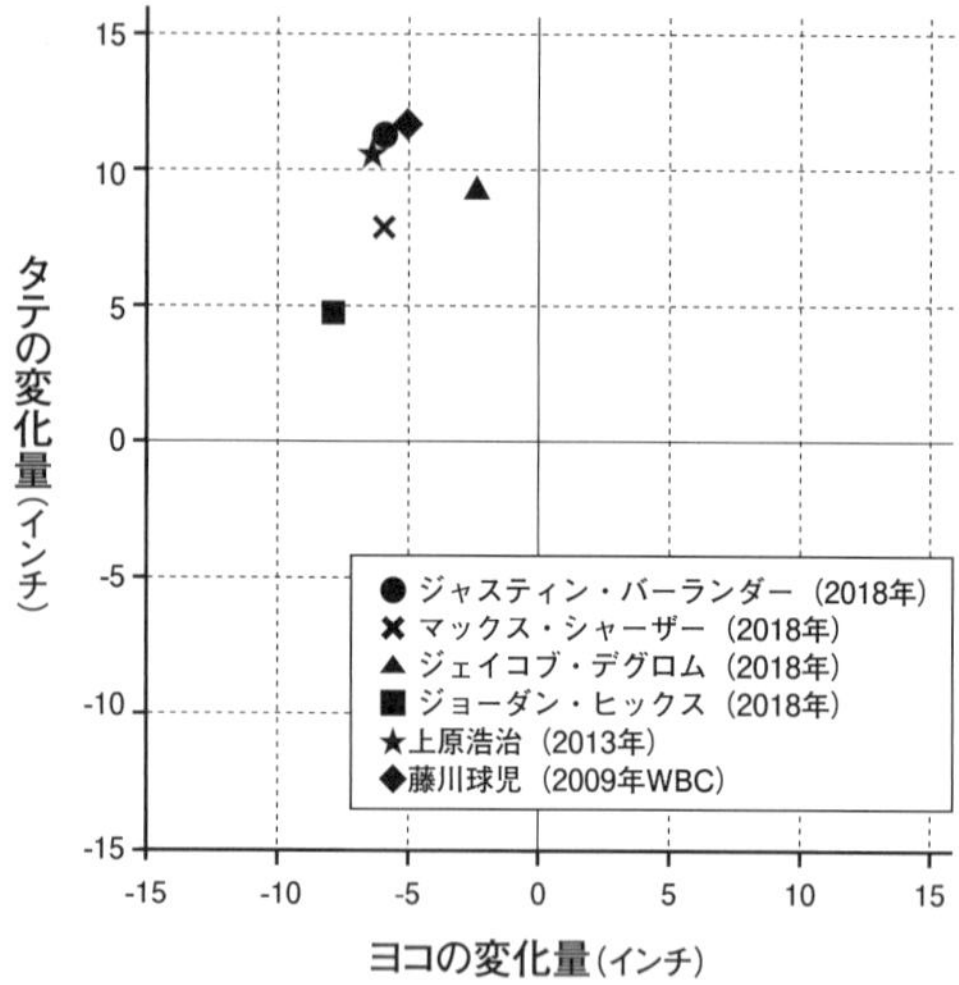

出典：Brooks Baseballのデータを基に筆者作成

レートなのか？」）。上原や藤川といった投手の高回転のホップするストレートほど、空気抵抗が大きくなって減速も大きくなり、すなわち初速と終速の差が開くのだ。

　ホップ型とは逆に、イメージよりホップしない、沈むボールを投げられれば、これまた空振りが取れるし、バットに当たってもゴロや凡打となりやすい。これがダラス・カイケルのツーシームや、後述するスプリットやスラッターの考え方である。現在のＭＬＢではＦＢＲの影響から打者がアッパースイング気味となっており、落差や変化が中途半端なボールではジャストミートされてしまう。かつてのようなツーシームで芯を外し打たせて取るタイプの多くが駆逐《くちく》され、技巧派はカイケルやカイル・ヘンドリックスなどの一流投手しか生き残れないのが現状だ。駆逐された技巧派タイプの一部が実は日本に流れてきており、ロッテのマイク・ボルシンガー*や元中日のディロン・ジー、日本ハムのニック・マルティネスらが代表的だろう（マイルズ・マイコラス*の成功による影響もある）。

また、あのチャップマンを上回って最速を連発しているセントルイス・カージナルスのルーキー、ジョーダン・ヒックスのストレートも似たような球質である。球速はなんと平均で約100・4マイルを記録しているが、回転角度が約240度に傾いており、実質はフォーシームではなくツーシーム（シンカー）であるため、ノビがない。そのため空振り率は6・6パーセントにとどまっており、奪三振率も球速の割には低いが、圧倒的なスピードとシュ

*マイク・ボルシンガー　マッスラ気味のストレートとカーブで2018年に13勝をあげたロッテの助っ人外国人投手。オフに一緒に練習していたダルビッシュの予想通り、得意のカーブがZOZOマリンスタジアムの強風とマッチして活躍した。
*マイルズ・マイコラス　来日前から90マイル代後半の速球を持ち、素質は素晴らしいものがあった。日本で緩急や制球の重要性を学び開花し、メジャーに復帰して18勝、防御率2・83の好成績をあげた。巨人時代の指標は菅野と互角。各球種の投球割合がほどよくバラけており、打者は的を絞れない。

ート回転で多くのゴロを打たせている。

このようにストレートの質は投手によって多様であり、評価は本当に難しい。**シュート回転が悪とも決めつけられないし、単純に回転数の多さやホップ幅の大きさ、球速の速さなどの順番で成績が決まるわけでもない。それぞれの手札を活かす必要がある。**

◆**ありふれたジャイロボール**

変化球の話で最後に残っていたのが、⑩ジャイロボールだ。

ジャイロボールと聞くと、皆さんはどのようにイメージするだろうか。「漫画の世界の話」「理論的には可能だが現実では無理」「実用性が乏《とぼ》しい」と考える人も多いと思う。松坂大輔がレッドソックスに移籍した当初、ジャイロボールを投げていると騒がれていた。カッターの抜けた球や縦のスライダーがそれにあたっていたわけだが、**ジャイロボールは実在する。それどころか、昨今のMLBでは意図して投げ分けられていて、多くの投手によって実用化されていると私は確信している。**

ジャイロボールとは、ボールの進行方向と回転軸が完全に一致しているボールである。ライフルの弾丸やアメフトのクオーターバックが投げるボールをイメージするとわかりやすい。

図表3-6　ジャイロボールの回転軸方向と変化のイメージ（右投手の場合）

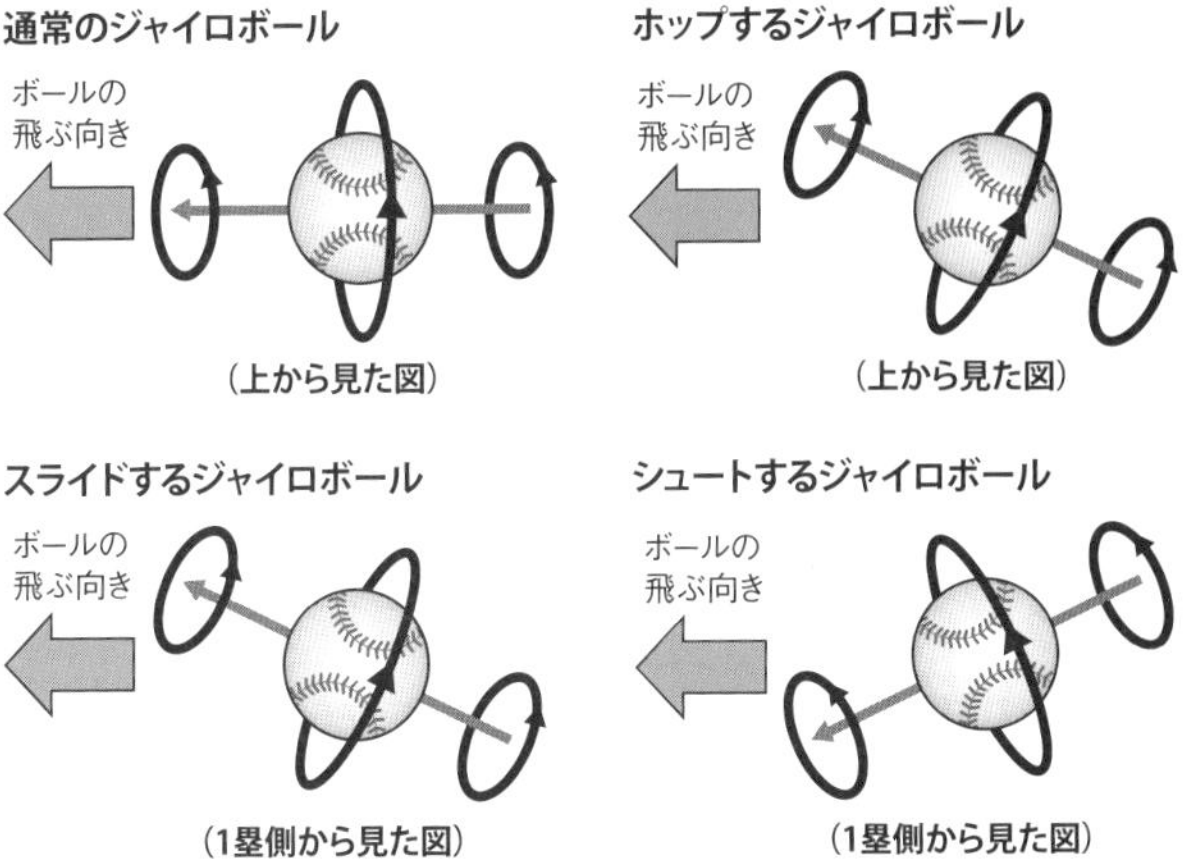

出典：姫野龍太郎「野球変化球の研究と可視化」を基に筆者作成

回転軸が進行方向に一致しているためマグヌス効果が発生せず、フォークボールや縦のスライダーによく似た、放物線の軌道を描く。そして、空気抵抗が小さいために初速と終速の差が小さい。また、ボールの進行方向と回転軸が少しずれた場合はバックスピンやサイドスピンの成分が現れるため、軌道がわずかに変化する。**回転軸の先端方向が極めて重要で、上を向けばスライド成分、下を向けばシュート成分、右を向けばホップ成分、左を向けば重力以上の落下成分が強くなる。それらによって浮き上がるカッター気味のボールや、重力で落下するスラッター、重力以上に落下する超高速カーブ、あるいはシュート回転しながら大き**

く落ちるスプリット……といった魔球になるのだ。

少し細かくなるが、ジャイロボールには「フォーシームジャイロ」と「ツーシームジャイロ」がある。要は、前に述べた「フォーシーム回転」「ツーシーム回転」のどちらでジャイロボールを投げるか、という話だ。フォーシームジャイロは回転軸を中心に対称な縫い目を見せて回転しているため、「対称ジャイロ」とも呼ばれる。縫い目が風を受け流すため、全ての球種の中で最も空気抵抗が小さく、初速と終速の差（空気抵抗による減速）が非常に少ない。通常のフォーシーム（ストレート）より、ホームベースへの到達時間もわずかに速い。山なりの放物線の軌道を描くにもかかわらず減速が小さいというミスマッチにより、打者はタイミングがつかめない。大谷や田中のスプリットはこれに近いのではないかと思う。

ツーシームジャイロは回転軸を中心に非対称な縫い目を見せて回転しているため、「非対称ジャイロ」とも呼ばれる。フォーシームジャイロと異なり空気抵抗による乱れが大きいので、より大きく落下する軌道になる。ただし上向きに力を加えるなど、条件によっては落下してこないように感じられる場合もあり、後述するスラッターはこのケースが多い。縫い目次第で大きく変化したりしなかったりという、不規則性に通じる。

マニアックな話になってしまったが、ジャイロボールの考え方をおさえた上で、この後の落ちるボールやスラッターの項目を読んでいただけると、より理解が深まるはずである。ジャイロボールとは空想の話ではない。単に馴染みがないため、認識されていないだけだ。ジャイロ回転のボールは派手に曲がったりしないため、一見するとすごさがわかりにくい。よくわからないまま打者が簡単に抑えられているように見えるが、よく見るとわかる人にはものすごくわかる「通な」ボールである。逆に言えば、バッターでさえ見慣れない軌道だから打ちにくいわけである。速いまま変化する、ジャイロ成分を持つ変化球が効果的なことは疑いの余地がない。完全なジャイロボールを投げろというわけではなく、ジャイロ成分を入れることで、ピッチトンネルを通過した先から大きく曲がるボールになりやすいという話だ。**ジャイロ成分による変化や軌道、タイミングをストレートと似た投げ方で「狙って」調整できる投手こそ、最高峰である。**ジャイロボールの存在にいち早く気づき研究されていた方々の先見性に改めて驚くとともに、実用化されている現実をみなさんにも知ってもらいたい。

例えばコーリー・クルーバー、ジェイク・アリエッタ、田中将大、大瀬良大地、又吉克樹らはほぼ間違いなくジャイロボーラーである。引退したマリアノ・リベラ、黒田博樹、渡辺俊介、潮崎哲也らもそうだろう。そして、見たことはないが逸話を耳にする限り、稲尾和久や江夏豊らもジャイロボーラーであったと推測される。

◆深すぎるカッター

カッター、正式名カット・ファストボール。日本だとカットボールという名前で知られている。2013年に引退したヤンキースの伝説的クローザー、マリアノ・リベラがほぼカッターのみで打者を抑え続け、現役ではドジャースのクローザー、ケンリー・ジャンセンが投球の大半でカッターを投げて驚異的な成績を残している。

右投手である彼らのカッターの変化量を見てみると、なんと左投手のフォーシームと同じ変化をしている。また、左投手の一般的なフォーシームは30度前後シュート方向へ傾くが、リベラのカッターの回転角度も約150度前後となっていることが知られている。右投手のフォームから左投手のシュート回転する95マイルのフォーシームがくるのだから、これは打ちにくいに決まっている。人間の処理能力を超えており、リベラのカッターはくるとわかっていても打てなかったという話も頷ける。左バッターはインコースのボールに詰まって、バットを何本も折られていた。

先述したように、リベラはジャイロボーラーであった。ジャイロボールの回転軸の先端が三塁側を向くとバックスピンの成分が、上を向くと左へのサイドスピンの成分が現れるのだが、リベラのカッターはまさにこれだ。カッター以外にもごくたまにシンカー（ツーシーム）

図表3-7　マリアノ・リベラとケンリー・ジャンセンの投球マップ

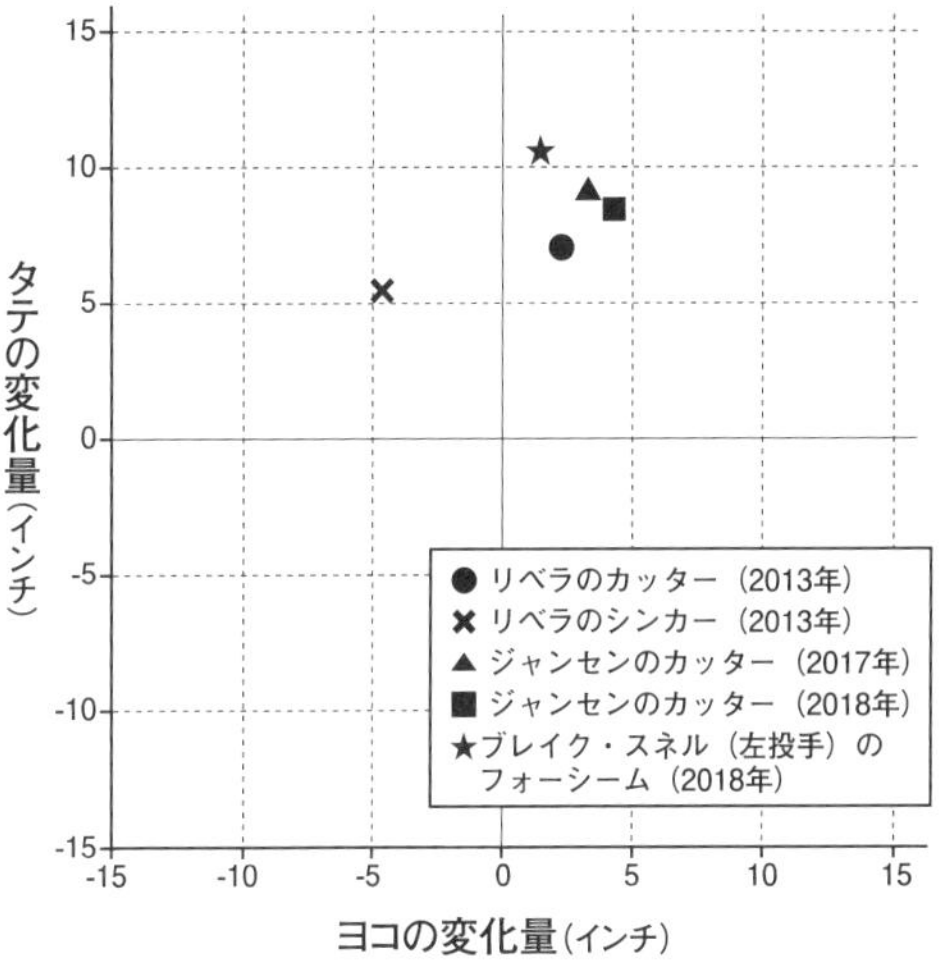

出典：Brooks Baseballのデータを基に筆者作成

を織り交ぜていたが、これもジャイロボールの考え方で説明がつく。回転軸の先端を下に向ければ、シュート側へのサイドスピンの成分が現れ、シュートする。**同じような握りやリリースでも回転軸の先端方向を上下に変えることで、逆方向に変化させていたのだ。稲尾投手にも同じ逸話があるので、ジャイロボーラーなら確実にできる技術なのだろう。**クルーバーもこれを得意としており、同じ投げ方で逆方向への変化をつけて、多くの見逃し三振を奪う。

　続いてはドジャースのクローザー、ケンリー・ジャンセンのカッターを見ていく。ジャンセンのカッターは回転数が2500/rpm近くと多い。回転角度は約160度とリベラよりも縦に近く、ホップ幅が大きい。大きく浮き上がりスライドする軌道で、空振りやフライとなりやすいボールだ。リベラと比べてジャイロ成分が少なく、よりバックスピンに近く浮き上がってくるイメージである。ジャンセンのボールを見ると、まるで空間が歪《ゆが》んでいるように感じる。ただ、2018年は前年の酷使がたたったのか、コンディションが悪く打たれるケースが目立った。カッターの回転数が落ちてボールが以前より浮き上がらなくなり、打者にちょうど捉えられてしまったのだ。ちょっとしたコンディションの悪化やボールの劣化を全く見逃してくれない、メジャーの打者たちの対応能力は本当に恐ろしい。

ちなみに、リベラのカッターはキャッチボール中にボールが「勝手に」スライドすることから、実戦で試してみたのが始まりである。ジャンセンは元々キャッチャーだったが、こちらもボールがスライドすることを利用し投手に転向した。日本では阪神の桑原謙太朗が、ストレートがナチュラルにスライドするのを利用し、一流のリリーフ投手となった。

カッターは極めればほぼこれだけでも抑えることができる、まさに魔球である。ただし、リベラはフォーシームも一流だったし、時おりツーシームも投げていた。ジャンセンもカーブ気味のスライダーを投げることに留意したい。

◆構造的に打てない落ちる球

「落ちるボールを覚えなさい」と、日本では特によく言われる。実際、落ちるボールは効果的であり、日本はもちろんメジャーでも活躍する多くの投手が落ちるボールを投げている。

そもそも人間の目は左右2カ所から物を見るから、横の変化は捉えやすくても縦の変化は認識しづらい。また、野球のバットは直径約6センチの細長い形状で、横の変化は腕を伸ばしたり縮めたりすれば合わせられないこともないが、縦の変化はスイング軌道そのものを修正する必要があり、対応が難しい。人間の目とバットの構造上、落ちるボールは有効なのだ。良い打者ほどボールをよく見て引きつけて、甘い速球に食いついてくるので、落ちるボールには引っかかりやすい。大谷や丸佳浩*が最も苦手にしている球種がスプリットだ。打者もストレートを打つ練習はたくさんするが、スプリットやフォークを打つ練習はほぼしない。一流打者だらけのMLBでは、逆にほぼ全員が落ちる球に弱い（縦変化に強い例外もたまにいる）。

＊丸佳浩　良いヒッチ（バットのグリップを上下させてタイミングをとる動き）を取り入れてパワーアップした打撃でホームランを量産できるようになった。選球眼は良いが空振りが多く、打てるボールを強く叩くスタイル。体格が良くなるにつれスピードは落ちており、無理に盗塁は狙わない方が賢明。2019年から巨人に移籍。

よく「メジャーではスプリットを投げる投手が少ない」と言われるが、これは半分間違っている。スプリットは怪我が増えることから「デスピッチ」と呼ばれるものの、かつてはロジャー・クレメンス*やカート・シリング*が使っていた。あるいは、マダックスやペドロ・マルティネス*、ティム・リンスカム*などの一流投手はフォークと見まがうほどの大きな落差のチェンジアップを投げていた。最近でもフェリックス・ヘルナンデスやスティーブン・ストラスバーグ、カルロス・カラスコなど名だたる好投手がスプリットやフォークの役割をチェンジアップで代替している。スプリットチェンジというほぼスプリットに近いチェンジアップもあるし、さらに最近では縦のスライダーとも言えるスラッターが流行している。

　パイオニアである野茂を筆頭に、佐々木主浩、黒田、岩隈久志、上原、田中、平野佳寿*など、日本人メジャーリーガーにはスプリットの使い手が多い。日本ではフォークボールの文化が浸透しているのも大きいだろう。古くは１９５０年代に杉下茂がフォークボーラーとして活躍し、その後は村山実や村田兆治らが使って普及していき、さらに牛島和彦、野田浩司、能見篤史、吉見、千賀滉大*らが使うようになっていった。

◆大谷と田中のスプリットが「魔球」であるわけ

フォークやスプリットは厳密に言えば落ちていない。重力分の落下幅以上に落ちていなければ「落ちる変化」と呼べないのは解説済みだが、そういう意味ではスプリットやフォークはフォーシーム（ストレート）との対比で落ちているように見えるだけである。重要なのは投

＊ロジャー・クレメンス　１００マイルの速球と螺旋回転のスプリット、スラッターを投げ分ける最高級の投手。サイ・ヤング賞7回獲得は史上最多。妻とのお遊びの野球ですらビーンボールを投げる闘争心の持ち主。キャリアの大半をア・リーグ東地区で過ごして通算３５４勝、防御率３・12はお見事。

＊カート・シリング　若い頃は恵まれた才能に溺れて遊び呆けていたそうだが、クレメンスに説教され真面目に練習するようになり、スプリットを覚えて開花した。２００１年にはランディ・ジョンソンとダブルエースを組み、２００４年のプレーオフでは右足首靭帯を痛めてソックスを血染めにしながらも投げ続けて、世界一に輝いた。自身の創設したゲーム会社が破産したり、解説で問題発言をして解雇されたりするなど、引退後は波乱万丈な生活を送っている。

＊ペドロ・マルティネス　投手としては小柄で全盛期はさほど長くなかったが、「瞬間最大風速」は圧倒的。ステロイド時代ど真ん中の２０００年に記録した防御率１・74は、２位のクレメンスの３・70に２点近い差をつけ、ＷＨＩＰ０・74はメジャー記録。浮き上がるストレートとパワーカーブ、チェンジアップの組み立ては杉内俊哉の強化版。

＊ティム・リンスカム　１８０センチ77キロの体格ながら、父が独学で作り上げ指導したダイナミックなフォームで１００マイル近いフォーシームとカーブ、スプリットチェンジを投げる。奪三振王3回、サイ・ヤング賞2回獲得と大活躍したが、体の負担は大きく２０１２年以降は球速が90マイルを割るようになり、思うような成績を残せていない。

＊平野佳寿　オリックス時代から極めて能力の高い投手で、上から投げ下ろすフォーシームとスプリット、クイックや守備力なども含めて一級品。お股はメジャーでの活躍を確実視していたが、なぜか過小評価され続けていた。オリックス入団当初は先発として何度も完投している。平野を基準としてしまうと、全ての投手が酷使される。

＊千賀滉大　育成選手史上初の開幕投手まで上りつめた。怪我さえなければＭＬＢへの適性も極めて高い。スラット・カーブを磨けば先発としてもさらに上のレベルへいける。

げ方で、投手がフォーシームと同じような投げ方でフォークを投げるから、予想より落ちた（ホップしない）と感じるのである。手首や指の角度がストレートと似ているのも、落ちる球の区別がつきにくい大きな理由だろう。最初からフォークだとわかる投げ方だったら、打者は引っかからずに見逃す。

回転数や方向によって落ちるボールは様々だが、最も実用的なのはスプリットだ。スプリットは人差し指と中指を開き、手首を固定して投げる。こうすると回転軸と指の距離が短くなり、回転を与えにくくなる。ストレートと同じような投げ方でこのボールを投げると、回転数が少ない（＝揚力の小さな）ボールを投げられる。その結果、打者がストレートだと予想した位置よりも下にボールが落ちて、空振りかゴロとなる。フォークなどと比べて大きく変化しすぎないので、制球がしやすく暴投のリスクも小さい。

大谷翔平が投げるスプリットを見てみると、フォーシームとスプリットのシュート幅がほぼ同じであることがわかる。これは素晴らしい。打者はストレートだと思って振ったら真下に落ちたと感じるだろう。ほぼ重力分くらいの落下幅であるため、手元で落ちている感覚も出やすいと思われる（重力で落ちるボールは重力加速度により時間が経つほど落下速度が上がっていくため、ボールが打者の近くに来るほど落下速度が速くなる）。大谷のスプリットにもジャイロ成分が

図表3-8　大谷翔平の投球マップ（2018年）

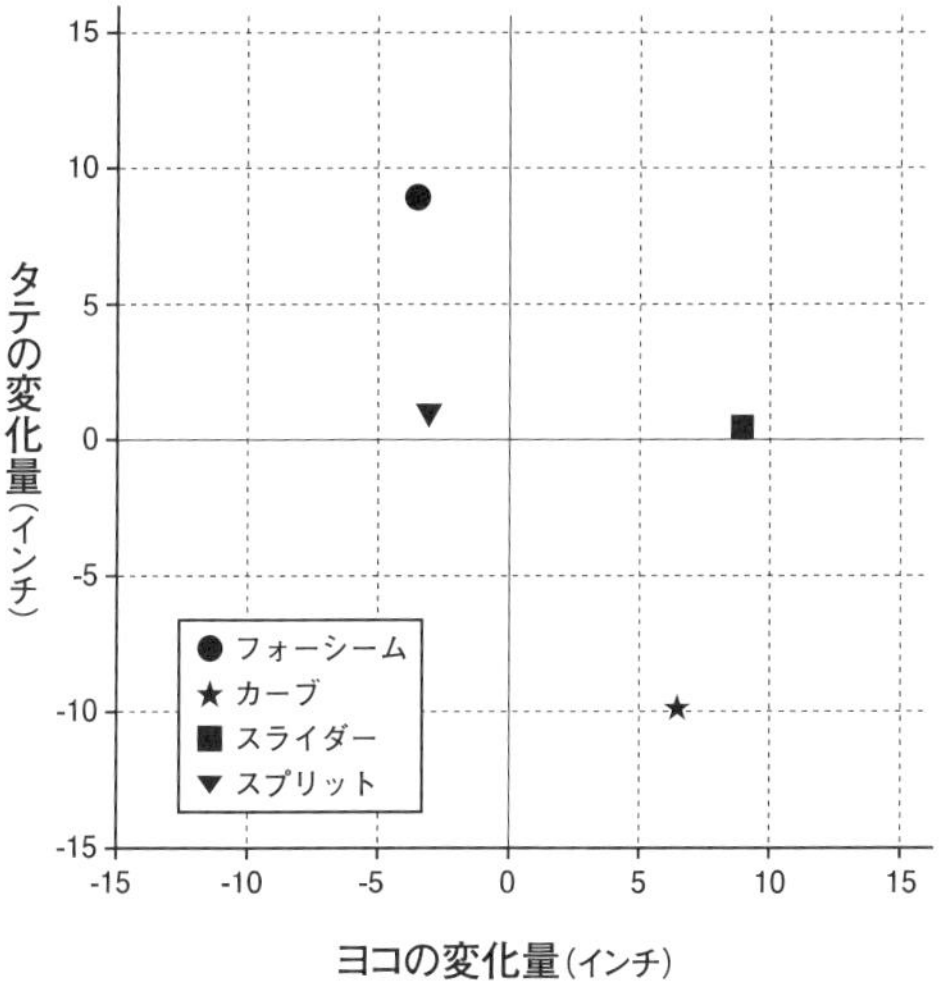

出典：Brooks Baseballのデータを基に筆者作成

入っており、回転軸の先端がやや右下を向いているのかもしれない。サイドスピンの要素が小さくシュート幅も小さいのが、ストレートと同じ横変化量になる秘訣ではないだろうか。田中将大のスプリットも同様だ。田中は大谷より全体的にシュート回転が強い傾向の投手だから、フォーシームとスプリットのシュート幅がより大きい。

スプリットは実際には放物線に近い軌道のボールなのだろうが、これで140キロは出る上にジャイロ成分が入っていると、減速が小さく終速が速いまま、カクッと手元で落ちる。バックスピンがかかったストレートよりもホ

図表3-9　田中将大の投球マップ（2018年）

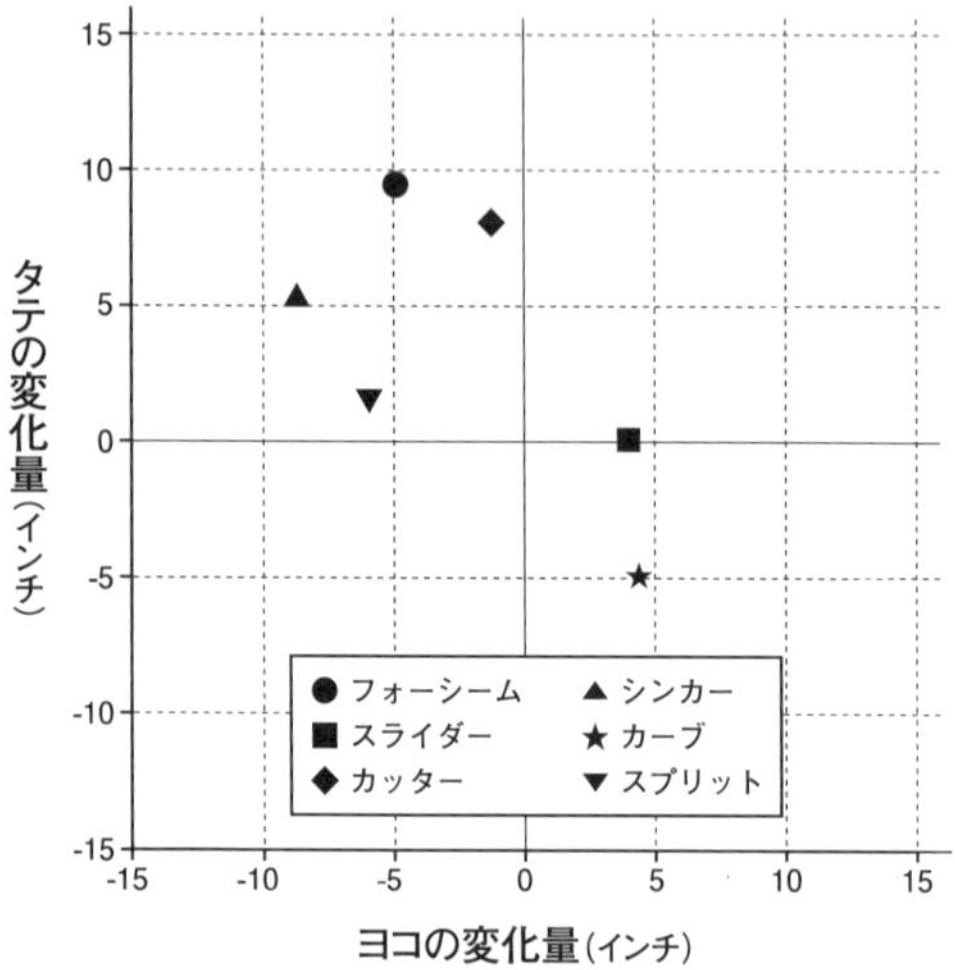

出典：Brooks Baseballのデータを基に筆者作成

ームベースへの到着時間は短いのに、重力で落ちるので、振ったら消える、わかっていても打てない類《たぐい》のボールとなるのだろう。田中はスライダーもスプリットもジャイロ成分が入っていて速いまま「カクッ」と落とせるため、ジャイロボーラーではないかと推測する。

「お化けフォーク」として知られる千賀滉大のフォークもジャイロ回転で似たような軌道を描くが、指をスプリットより大きく開く分だけスピードが少し遅く、落差が大きい。そのため暴投やボール球も多いように見受けられる。カウント球にも決め球にも使えて、空振りが取れる程度に曲がり制球もしやすいスプリットや、それと左右対称に変化するスラッターを私が高く評価する理由がここにある。

ちなみにＭＬＢの多くの投手が使う高速チェンジアップも、ボールの性質としてはスプリットに近い。スプリットよりはジャイロ成分が小さく、サイドスピンでシュート回転しながら落ちていくイメージだ。「ストレートに偽装している」という点でもタイプが似ている。

チェンジアップは回転数を落とすタイプ（スプリット型）と、スピード自体を落とすタイプに分かれる。後者の球の正体が金子弌大やマルコ・エストラーダ、ヨハン・サンタナが使っていた「パラシュートチェンジ」である。中指と薬指でフォーシームと同様に投げると、初速が遅い上に回転数が多く減速が大きい、さらには思ったより落ちないボールになる。「来ないフォーシーム」のイメージで、まさに緩急である。ただし、このボールは再現性が低く、うまくスピードが落ちてくれないと長打のリスクが高いように感じられる。**いずれにせよ、フォークやスプリット、チェンジアップで重要なのはストレートに偽装して重力で落とすか、スピードを下げるかである。**

◆万能変化球「スラッター」

カッターと落ちるボールの威力を書いてきたが、その長所をあわせ持つボールがある。スラッターだ。これまでの変化球の話を踏まえて読めば、スラッターが現代のトレンドに合った「万能変化球」であることが理解できると思う。スラッターの特徴については、次の文章が簡潔でわかりやすい。

「直球のような軌道から、カットボールのように鋭く、スライダーのように曲がる。虚をつかれた打者は空振りやゴロが増え、見送ってもストライクゾーンに入る——。そんな、いいとこ取りの変化球が、ある。米大リーグでトレンドとなり、日本でも打者の脅威になりつつある「スラッター」と呼ばれるボールだ。」

（2018年4月10日　SANSPO.COM『進化する変化球「スラッター」の威力を知る』）

スラッターはスライダー（Slider）とカッター（Cutter）を合わせた造語で、その名の通り両者の中間のような性質を持っている。私が最も古くにスラッターという名称を見たのは、ジョナサン・パペルボンのスライダーがスラッターのような性質を持っているという記事だ

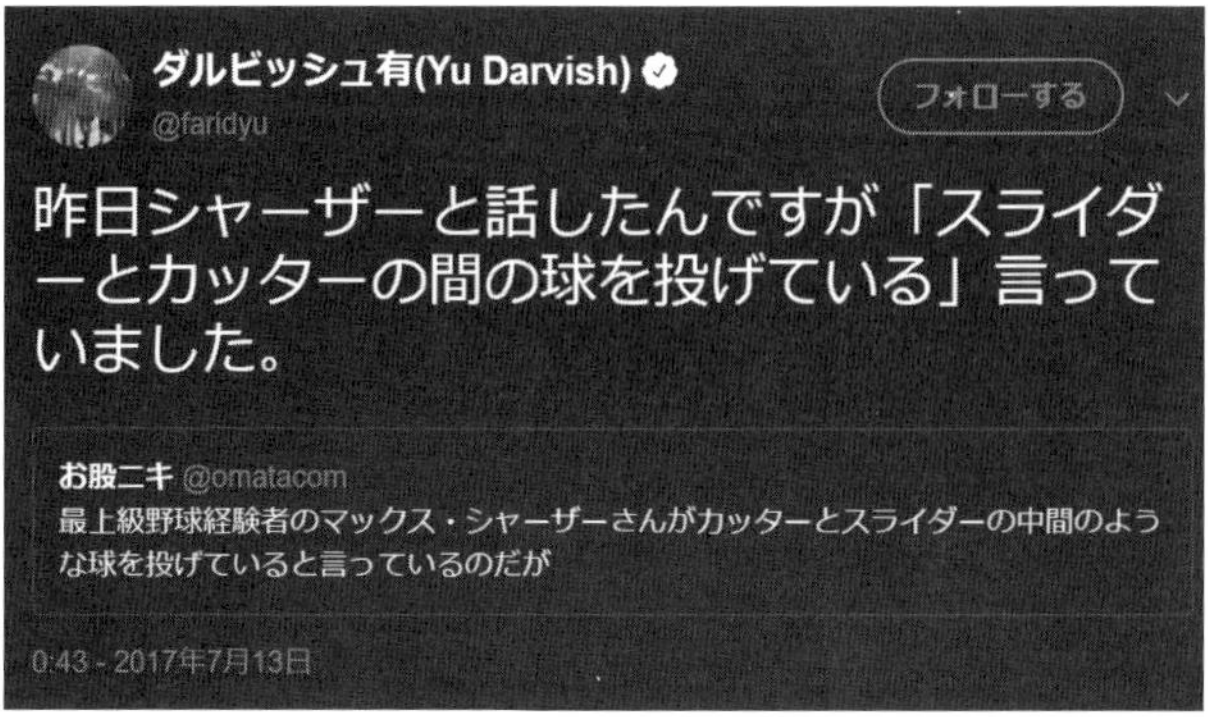

った。その後、２０１５年にジェイク・アリエッタが年間を通じてまさに「確変」としか言いようがない投球をしてサイ・ヤング賞を獲得した際に、投球の軸となっていたのがこのスラッターである。クレイトン・カーショウやマックス・シャーザーも88マイル前後のスラッターを多用するようになり、レジェンドとなった。カーショウは大きなカーブばかり注目されるが投球の肝はスラッターである。シャーザーもインタビューで「カットボールとスライダーの中間のような球を覚えたんだ」と語っており、ダルビッシュが２０１７年のオールスターでシャーザーから直接そうしていると聞いたとツイートしている。バーランダーも復活した２０１６年の途中から同様のボールを投げるようになり、第二の全盛期を迎えている（彼自身はスモールスライダーと呼んでいる）。巨人時代のマイルズ・マイコラスに阪神打線が抑え込まれた際に

も、金本知憲監督（当時）が「あのカット気味のスライダーを打つのは難しい」という風に発言していた。こうしたボールを見た日米のピッチングマニアの間で、どこからともなく自然発生的に発生したのがスラッターという造語なのだろう。

スラッターとは、早い話がツーシームジャイロのことである（バーランダーのスモールスライダーなど、フォーシームジャイロ型の投手もいる）。**実質的には縦のカッター、あるいは速い縦のスライダーとも言える。**ともかく、使い手の投球映像を見れば瞬時に理解できると思う。私（@omatacom）あるいはrani氏*（@n_cing10）のツイッターアカウントに動画を掲載してあるので、是非見てほしい。スライダー方向に「カクッ」と高速のまま落下し、打者はストレートだと思って振ったらボールが消えて、為《な》す術《すべ》なくベンチへ帰る様子が見られる。

私がスラッターと感じているボールを物理的に表現すれば、概ね80マイル台後半のスピードでPITCHf/xだと左に0～5インチ、重力での落下と比べて0～5インチ上の変化量で、二次元の回転角度は135度前後のボールである。もちろん例外はあるし、これより落ちるボールもある。

高速スライダーとスラッターの違いは、前者はサイドスピンの成分が強く、後者はジャイロスピンの成分が強いところにある。高速スライダーは「フワッ」としたやや丸みを帯びた軌道に近く、スラッターは「カクッ」と鋭角気味に落ちるイメージだ。スラッターは横の変化幅がカッター、縦の落差がスライダーに近いボールである。ジャイロ成分が強いため、途中までは空気抵抗が小さくストレートに近いが、最上部からボールが落下しだすと回転軸の方向と進行方向の角度が変わってサイドスピンの要素が強まり、曲がりが大きくなる。これが「カクッ」と曲がるように感じる理由である。「百聞は一見にしかず」なので、とにかく動画を見てほしい。

◆あらゆる弱点を克服？

具体的にスラッターのすごさを見ていこう。昨今の一発狙いの打者にはスライダー、カーブ系のボールが効果的であり、スライダーは安定して打者から空振りを奪ってきた。しかし、カーブのトップスピンやスライダーのサイドスピンはボールの右端（左投手の場合は左端）からスピンを与える必要があるため、スピードは犠牲となる。また、ボールをホームベースに

＊rani氏　お股クラスタ3期生。2014年頃の入門からあっという間にお股理論を吸収して超えていった。投球、打撃、守備と全ていける口だが、特にフレーミングに関する造詣の深さは下手したら日本人トップかも。日本の捕手を変えられるクラスの野球ツイッタラー。

届かせるためにどうしても少し右上（左投手の場合は左上）にリリースしなければならないため、軌道に膨らみが出る。そのためリリース直後、瞬時にスライダーやカーブだと打者にバレてしまうのがこれらの球種の弱点であり、意表を突くか、わかっても打てない球を投げるしかない。だが**スラッターの場合はストレートと似たようなリリースや手首の角度で投げることが可能であり、軌道やスピードもストレートに近づけやすく、途中から急に曲がり落ちるように見せることができる。**ストレートと同じピッチトンネルを通過して、打者がストレートだと思って振ったらボールが消える感覚を与えられるのだ。

さらにスラッターのすごさは変化がバラつきやすく、しかもそれを自分でもある程度は操作可能なところにもある。ジャイロボールに近いスラッターは、軸の方向を変えることで変化を微調整できるし、狙うコースによっては「そこに投げると勝手にそういう変化をしてしまう」側面がある。ダルビッシュがある試合の登板後にインタビューで「今日のカッターは落ちたり伸びたり曲がったりとバラバラだったが、それがある意味良かったかな」と語っていたが、まさにこれを表している。

ここまで読んでお気づきの方も多いと思うが、スラッターはＦＢＲ対策のボールでもある。低めや外角へ投げると大きく落下し、振り上げようとするバットの軌道のさらに下を通る。

一方で高めに投げると思ったよりも曲がらず、速いまま抜けていき、アッパー軌道のバットの上を通るのである。**制球ミスしたらおしまいではなく、ミスしてもなお武器となるところが、他のボールとは明確に異なる。つまり、高めに抜けたら長打を打たれやすいフォークやスプリットの弱点も克服しているのだ。**

人間は少しシュート回転するボールをストレートと感じていることから、少しでもスライドさせれば十分に曲がったように感じさせられると書いたが、スラッターはこれを利用している。真ん中から外に少し曲げ落とせば、打者はストレートだと思って振ってくれる。良い打者ほど、ストレートに偽装して甘いボールに見せれば引っかかるのは先述の通りだ。逆に、ボールが抜けてしまった時は思ったほど曲がらないように見えるから、それも利用できる。思ったより曲がらない、カッター寄りの抜けたスラッター（私はよく「抜けスラット」と呼ぶ）を投げ込めば、抜け球でさえ武器となるし、意図して使えればすさまじい威力を発揮する。打者のイメージを上回ればいいのだから、思った「よりも」曲がらず浮いてくる軌道は有効だ。こうなれば、低めに落ちても高めに抜けても安心となる。以前、元西武・中日の和田一浩*氏がしきりに「抜けた曲がらないスライダーを意識して投げてきたら怖い、投手は投げられないの?」と話していたが、今の投手は投げられると言っていい。フジテレビの「すぽると！」でも西武の秋山翔吾が、ロッテの唐川侑己の「抜けカット」を最も打ちにくい変化球だと発言していたが、デグロムやシャーザーなどはこれを自由自在に操っているのだ。

　また、スラッターを投げようとして、意図せざるとも回転軸の先端が下を向いてしまった場合にはシュート方向へのサイドスピンの要素が加わり、なんと「縦のスライダーの投げ方で逆に曲がるボール」になる。前田健太や田中将大が時々、スライダーを投げようとしたら逆方向にシュートして首を傾けているが、おそらく偶然こうなっているのだ。スライダーの投げ方や回転で逆方向へ曲がるのだから、打者も完全に面食らう。こうなった場合に打たれるシーンはほぼ見たことがない。意図せずスプリットや落差の大きなツーシームのようになるわけだ。これをリバーススライダーと呼ぶ。ちなみに、クルーバーに至ってはこれを完全に利用しているように見える。同じ軌道や投げ方でスラッターと逆に曲がるシュート回転のツーシームを投げ分けられれば、ハイレベルな投球が可能になる。他にも、オークランド・アスレチックスのブレイク・トライネン*もジャイロ回転の回転軸を調整して、スラッターをカッター気味や高速カーブ気味、シュート回転させてシンカー気味に投げ分けていると推測する。

◆スラッターの欠点

万能な魔球に見えるスラッターにも、弱点はある。曲がりの幅自体は普通のスライダーより小さいから、動きが悪ければただの「曲がらないスライダー」となり、バットに当たってしまう。スピードも速いから、質が悪く甘いスラッターだと、ストレート狙いの打者にとって打ちごろのボールとなってしまう。中途半端なスラッターは格好のホームランボール（棒球）なのだ。また、変化が小さく緩急がつきにくくはなるから、ファールで粘られるリスクも生じる。追い込まれて当てにくる打者には、アリエッタのように回転軸を変化させてより大きく曲げ落としたり、他の球種を使ったりする必要も出てくるだろう。スラッターは「紙一重」で当たらない程度に曲がり落ちる、当たっても弱い打球となるボールだから、その塩梅を間違えると、捉えられるリスクもある。第1章で紹介したデグロムの例も同様だ。

＊和田一浩　「ベンちゃん」の愛称で知られる強打者で、崩されながらも残した片手でホームランを打ったり、上からバックスピンを与えて飛ばしたりと、天才的というよりは変態的な打撃スタイル。29歳時点での通算149安打から2000本安打を達成した遅咲き。

＊ブレイク・トライネン　100マイル近い高速シンカー、90マイル台半ばのカッターとスラッターを持つ。素質の割には不安定な隔年活躍のタイプだったが、2018年に開花して防御率0・78、38セーブをあげてアスレチックスのプレーオフ進出に貢献。

リリーフ投手に多くの球種は必要ないが、先発投手でスラッターだけだとさすがに投球の幅が出にくく、難しい（それでも藤浪やクリス・アーチャー*などフォーシームとスラッターを投球の大半に据えても、好調時にはあれほどの投球をできるのがスラッターの恐ろしいところではある）。野茂英雄がほぼストレートとフォークだけでも活躍できたのと同時に、投球の幅はどうしても狭くなり、四球が多かったのと似たようなイメージだ。

さらに、同じ利き腕の打者からは少し空振りが奪いにくくなる傾向がある。基本的には左右どちらの打者にも効果的なハイブリッドなボールではあるが、右対右、左対左だと案外粘られてしまう。同じ利き腕の打者に対しては、少し大きく曲げてスライダーの要素を強める必要があり、シャーザーなどは対右打者と対左打者で明確にスラッターの質を変えている。

また、ジャイロ回転を与えるボールだから、スラッターを投げすぎるとどうしても小指から先にリリースする癖がつき、ストレートにもジャイロ成分が入ってホップ幅が小さくなるリスクもある。カーショウやバーランダーなどトップクラスの投手は、バックスピン、トップスピン、ジャイロスピンを自在に使い分け、他のボールへの副作用も小さいから優れているのだ。

投球アングルによるボールの発射角度にも留意すべきである。オーバースローの投手は上から下へ投げ下ろす角度がつくので、純粋な変化量と比べても大きくボールが落ちるように見える。一方で、シャーザーやデグロムなどの低いアングルから投げる投手は、フォーシームは浮き上がって見えるものの、スラッター（やチェンジアップ）の落差は小さく見える可能性がある。これは純粋な変化量のみを見てもわからないので、注意が必要だ。

◆88マイルの最適バランス

このようにスラッターにも弱点がないわけではないが、それさえ気をつければとてつもなく効果的なボールである。打者としては振ったら消えるのだから、お手上げだ。投手からすれば麻薬的ですらある。ここ5年のサイ・ヤング賞投手を見ても、そのほとんどがスラットボーラーであり、「カクッ」と曲がり落ちる性質のボールを持っている。ロジャー・クレメンスのスライダーも同様にジャイロ成分が強く、「完全に螺旋回転していた」と松井稼頭央《かずお》が証言していた。

＊クリス・アーチャー　90マイル台後半のフォーシームと88マイルのスラッターのほぼ2球種のみでレイズのエースとして活躍し、2018年にトレードでパイレーツに移籍した。緩急かチェンジアップを使いこなせるようになれば、サイ・ヤング賞レースに加われる。

ストレートに見えて高速のまま打者のイメージよりわずかに大きく曲がるスラッターは、派手ではないが打者にとっては極めて厄介な、実に「ビジネス的な」ボールである。多くのイニングを少ない球数で投げたい先発投手にとって、「中間球」あるいは座標0、0に近い「基準球」とも言えるスピードや変化のスラッターは、カウントも取れるし決め球にもできる。スライダーやカッターを投げられる投手であればスラッターを投げるのはそこまで難しくはなく、制球もしやすいはずである。先発投手には是非ほしい質のボールである。多くの投手がこうしたジャイロ回転のボールを投げていても、打者は対応できず空振りを繰り返しているから、スラッターは「わかっていても打てない」ボールなのかもしれない。打者が今後対応していくのか、このままスラッターの全盛期が続くのか注目だ。

ちなみに、スラッターのような高速の変化球の話をすると、「変化球もスピードは速ければ速いほど良いのだろう」といった勘違いが生じやすい。これは我々ファンだけでなく、一流選手も同様だと思われる。バーランダーやカーショウもスラッターのスピードが出すぎて90マイルを超え、カッターに近づきすぎた際には、スピードを落として変化を大きくする微調整をしていたようだ。バーランダーも90マイルを超えていたスラッターを86〜88マイルに落とした（とはいっても、80マイル代前半のパワーカーブとは明確に投げ分けている）ことで適切なバランスの速度と軌道、変化を実現し、空振りが増えた。また、西武の菊池雄星がソフトバンク打線によく打たれたのも、得意のスライダーの落差が小さくなってカットボールに近づきすぎており、ストレートと同じようなタイミングで待っている相手に捉えられたからである。本来は絶妙なスラッターを投げるのだが、相手がソフトバンクだと重圧や焦りからか微妙に手元が狂ってしまったのかもしれない。菊池はスプリットチェンジ気味のチェンジアップも含めて変化球の改善に取り組んでいるようなので、メジャーでの活躍を期待したい。

逆に、全盛期のケンリー・ジャンセンのように、96マイルでもいきなり「カクッ」と曲がるような変化を出せるのならば、速くても良い。とにかく、ストレートに見せて食いつかせて、ほどよい力感と速度で変化させられると効果てきめんなのだ。**カーショウやバーランダー、シャーザー、クルーバーのスラッター、大谷や田中のスプリット、ブレイク・スネル*のスラッターとチェンジアップの両方が、大体88マイル（約141・6キロ）前後のスピードだ。この前後のストレートに偽装した速度で、ある程度大きく、ちょうどよく曲げられる投手が**

*ブレイク・スネル　2018年に防御率1・89、21勝をあげア・リーグのサイ・ヤング賞。デビュー当初から驚異的なフォーシームを投げていたが、セットポジションでの投球が安定し素質が開花。レイズのオープナー戦略はスネルの覚醒なしにはあり得なかった。大のゲーム好きとして知られ、フォートナイトの実況配信をしている。

真の一流なのかもしれない。私はこれを「88マイルの最適バランス」と呼んでいる。

◆スラット・カーブ理論

「スラット・カーブ理論」。誰が言い出したわけでも、アメリカで言われているわけでもない。他でもない私が勝手に命名した理論である（メッツの新聞記事で見かけた気もするが、記憶が定かでない）。具体的には、**スライダーはスラッター気味にストレートに近い球速帯でほどよく変化させ、カーブや遅いスライダーは遅く大きく変化させることで、メリハリをつけると相乗効果により両球種の空振り率が上昇する**というものである。

カーショウやバーランダーをはじめとした超一級品の投手たちがこのようなピッチングを展開しているし、ＭＬＢに復帰して大活躍しているマイコラスの投球も、まさにスラット・カーブ理論を体現している。インテリかつ変わり者として有名なトレバー・バウアー*のピッチングも同様で、これによりトップクラスの仲間入りを果たした。バウアーは横のスライダー、縦のスラッターの空振り率がともに22パーセント台で、カーブは15パーセント台である。必ずしも大きく曲げれば空振りが取れるわけではないのだ。繰り返すように、昨今の打者はＦＢＲの影響でホームラン狙いの打撃スタイルになっている。スライダーはそうした打者から空振りを奪いやすく、最古の変化球であるカーブもトップスピンが効いていれば大きく落下するので打ち上げることが難しくなり、緩急もつくから効果的なのは確かである。

　打者の嫌がるスライダー、カーブはおそらく2種類ある。ひとつがスラッターのようにピッチトンネルまでフォーシームと軌道や速度が近く、急に曲がり落ちるようなスライダー。もうひとつは強いサイドスピンやトップスピンを与えることで、ピッチトンネルを一旦大きく外れてから、ブレーキがかかりながらフリスビーのように大きく曲がっていくスライダーだ。「縦」のスライダーと「横」のスライダーと言っても良いかもしれない。

　スラッターは打者に変化がバレにくく、スイングをさせて空振りやファール、凡打を狙いストライクを先行させやすい。一方で、速度が速く変化が小さいから緩急がつきにくく、ファールで粘られやすい弱点もある。大きく変化する横のスライダーやカーブは打者に球種が早い段階でバレてしまうため、打者が反応できないほど鋭く大きな変化が必要となる。その

＊トレバー・バウアー　UCLA出身のインテリで、同期のゲリット・コールとは犬猿の仲と言われている。趣味のドローンをいじって負傷した小指が裂けて流血し、重要なプレーオフの1回途中に降板し批判を浴びた。元々はパワーカーブ主体だったが、クルーバーらのスライダーの回転軸を映像で分析して習得し、防御率が大幅に改善。オフに通うドライブラインというトレーニング施設は、スピードがアップするともっぱらの噂。

代わり、鋭いスピンによって大きく変化すれば捉えるのは難しくなるし、スピードが遅ければ緩急もつく。大きく変化すればボール球にもなりやすいが、だからこそ打たれにくいのも確かで、実はスラッターの方が制球を重要としている。このようにスラット型とカーブ型の変化球は一長一短で、最適な配分での投げ分けが必要だ。緩急や相手の目線をズラす配球がより求められる先発投手ほど、スラット・カーブ理論を実現できると、打者にボールを絞られにくく有効である。

◆カーショウと星野伸之

スラッターやスプリット系のボールがあれば、空振りを取れるし、それを意識させることでフォーシームのホップ幅をより大きく見せることも可能となる。一方で、これだけだと打者からすれば145キロ程度の球速帯でのみボールを待てば良くなるから、スラッターのキレや精度が悪いとタイミングを合わせられやすい(藤浪やアーチャーの限界はここにある)。

ここで、遅い大きな変化球が加わってくるとどうだろう。打者は基本的に速いボールのタイミングで待つしかないが、そこに大きなスライダーやカーブが来たら、見送るしかない。ファーストストライクで緩いボールを待つことは少ないから、遅いカーブで簡単にカウントを稼ぐこともできる。この大きな変化球を持っていない先発投手はカウントを取るのに苦労しやすい。例えば大谷や千賀はボールカウントが先行した際にはスプリットのスピードや落差を少し緩め、置きにいくようにしてカウントを取ろうとするが、こうしたボールは格好の餌食《えじき》となってしまう（上原のようにカウント球に調整できる技術があれば問題ないが）。

　カーショウはスラッターとスローカーブの２つの変化球とフォーシームの精度を極限まで高めることで、これらを投げ分けるだけでロボットのように打者を打ち取っていくことが可能となっている。かつて１２０キロ台のストレートとスローカーブ、フォークで１７６勝をあげた星野伸之も、フォークがスラッターの役割を担うスラット・カーブ理論の体現者だった。カーショウはスピードが20キロ速い星野伸之のようなイメージである。

　超一流は難しいことや色々なことに手を出しすぎず、やることをシンプルに絞って高精度で繰り返し、再現性を高めている。スラット・カーブ理論はストレートが速いあるいは上質で、スラッターやスライダー、カーブの質も高くなければ通用しないので、シンプルだが簡単ではない。速いスラッターと遅いスライダー、カーブが交互に来ると打者は的を絞れない上に、相乗効果で弱点を補い合い、ストレートまで打ちにくくなる。**スラット・カーブ理論は縦に広がったストライクゾーン、ＦＢＲで一発狙いの打者、スピードが高速化した投手と**

いったＭＬＢの現環境に合わせて広まっているとも言える。例えば２０１８年にレッドソックスの世界一の立役者となったネイサン・イオバルディは、これまでのスプリット中心のスタイルにスラット・カーブ理論を取り入れ、プレーオフではロングリリーフとしても獅子奮迅の働きをした。ドジャースの期待の若手、ウォーカー・ビューラーもこのトレンドにならった投手である。

　とはいえ、この理論は日本でも有効だ。というよりも、物理的に打者が打ちづらくなるものなので時代や国を超えた普遍性があるし、昔から同様のピッチングをしていた選手もいる。最近では大瀬良大地がスラッター気味の中間球をブラッシュアップした結果、他の球もより良くなっている。日本ハムの上沢直之もフォーシームと近い球速帯のスプリットやカッターにパワーカーブが加わることにより、絞りにくい投球が可能となって急成長を遂げた。巨人のエース菅野も以前からこういう投球スタイルであり、カッターの落差はおそらく、以前より大きくなり「スラット」している。これに横のスライダーとパワーカーブをミックスし、スプリットのように使えるシンカーも良くなった。阪神のランディ・メッセンジャーもスラット・カーブ理論＋スプリットで老獪《ろうかい》な投球を披露しているが、ＤｅＮＡにだけ滅法《めっぽう》強く、他球団には攻略されている。ＤｅＮＡはおそらく、球場が狭くデータを重視していることから、トレンドに合わせた一発狙いの打撃スタイルになってきているため、メッセンジャーのような投球術にハマりやすいのだろう。主軸の宮﨑敏郎はかつて相性が良かったメッセンジャーに対し、２０１８年は極端に対戦成績を落としている。宮﨑は２０１８年になってパワーも発揮してきたが、一発狙いの意識が強くなったことで相性が一変したのかもしれない。

◆スラット・シュート理論

レッドソックスに2メートル近い長身のサウスポー、クリス・セールという投手がいる。長い手足で左の低いアングルから投げる１００マイルのフォーシームと大きなスライダーを武器にしており、三振を大量に奪うことから「現代のランディ・ジョンソン」と思われている。しかし、厳密に投球スタイルを比べてみると、セールとジョンソンは明確に異なる。ジョンソンは89マイルのスラッター（本人は「パワースライダー」と呼んでいる）と大きなフリスビー・スライダーを組み合わせる、スラット・カーブ理論に分類される投球であったが、セールの場合は、このスラッターの役目をチェンジアップで補っている。フォーシームに近い軌道や速度で、カクッとシュート気味に落ちるチェンジアップの存在により、セールは右打者を苦にしない。逆腕で投げる投手のスラッターと同じような変化をしているわけだ。

図表3-10　ジェイコブ・デグロムの投球マップ（2018年）

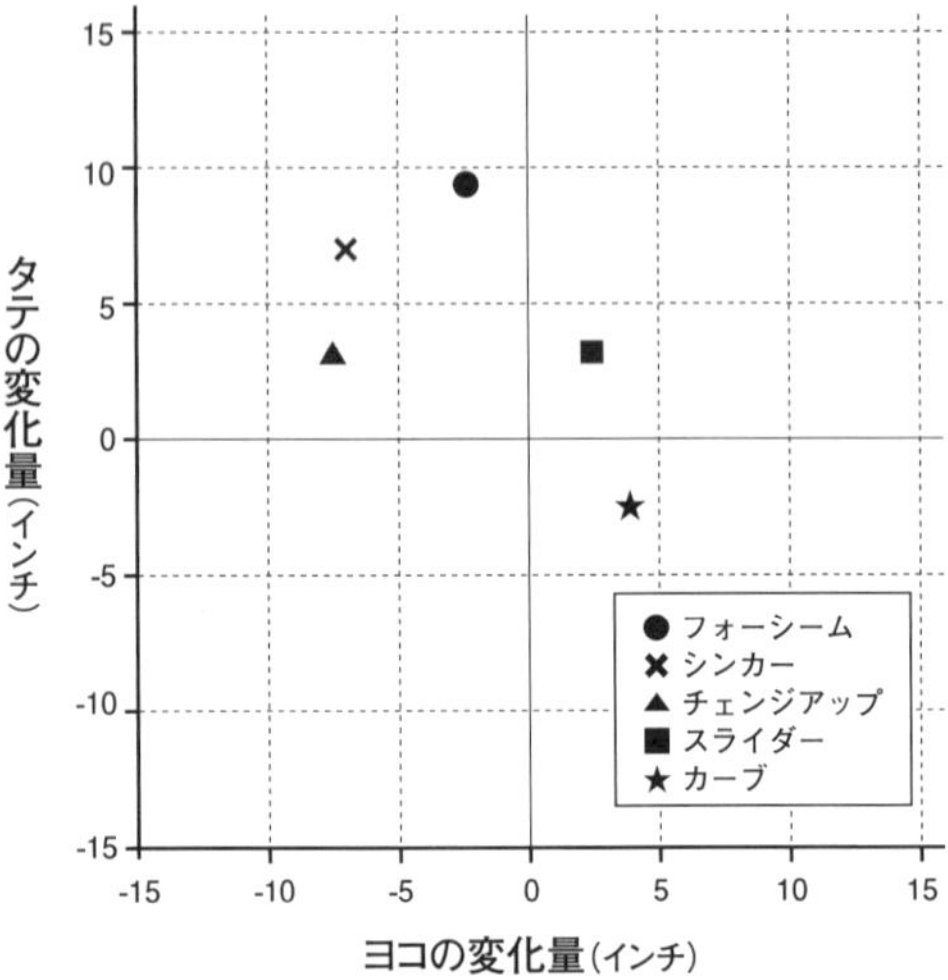

出典：Brooks Baseballのデータを基に筆者作成

スラット・カーブ理論の長所は速い変化球と遅い変化球を組み合わせることにより、左右の両打者に対して決め球を持てることだが、こちらのスラット・カーブの片方に加えて、反対方向のチェンジアップ、スプリットを使うタイプの一流投手も多くいる。「スラット・シュート理論」とでも言えようか。クリス・セールに加えて、シャーザーやデグロム、セベリーノ、アーロン・ノラ、*ザック・グリンキー、*チャーリー・モートン、*デヴィッド・プライス、カイル・フリーランドらがそうで、日本の田中や大谷もこちらに分類される（大谷の場合はシュート方向への変化が小さい）。前田健太もスライダーは元から良くてカーブの質はそれほどではなかったが、スプリットチェンジを磨いて三振を多く奪えるようになっている。スラッターと同じような軌道でピッチトンネルから逆に曲がるチェンジアップやスプリット、ツーシームには打者も対処が難しい。2018年のデグロムや2015年のグリンキーのように、MLBで防御率1点台のとてつもない数字を叩き出す投手は、スライダーとチェンジアップが（フォーシームを中心にして）見事に左右対称に曲がり落ちている。ひとつの球種に依存するとその調子が悪い日や時期、シーズンには詰んでしまう。もうひとつ決め球があると強いわけだ。

単純に「スラッターとカーブを投げろ」という話ではなく、速くてストレートに見せて落

*アーロン・ノラ　低めのアングルから浮き上がるような軌道の速球とカーブ、チェンジアップを投げ分ける投球術が光り、2018年ナ・リーグサイ・ヤング賞投票3位。「97マイルものスピードはいらない」と言いながらも、オールスターでは97マイルを投げ込んだ。

*ザック・グリンキー　98マイルの速球とスラッターで2009年にサイ・ヤング賞を獲得。フェリックス・ヘルナンデスの高速チェンジアップを習得し、真っ直ぐなフォーシームとの組み合わせで2015年に年間を通じて防御率1点台を記録。オフに年平均3400万ドルの史上最高額（当時）でダイヤモンドバックスと契約した。精神面に不安を抱え、ほとんどの大都市球団にノントレード条項を持つ。球速が落ち始め、スローカーブを増やすようになった。

*チャーリー・モートン　パイレーツ時代は無名だったが、90マイル台後半の速球、大きなカーブとスラッター、スプリットを持ちスペックはダルビッシュと双璧だと個人的には思っていた。「もっと速い球を投げてみたら」と言われて投げたら投げられたという逸話を持つ。今季からレイズに移籍。スラット・カーブ理論型でもある。

下する変化球と大きく逃げていくような変化球をあわせ持ち、両者の弱点を補い合いながらストレートの威力もより強く見せることと、左右のどちらの打者にも決め球となるボールを持つことが重要なのである。ベストはスラット・カーブ理論＋チェンジアップもしくはスプリットだ。縦変化、横変化、緩急、速球、食い込むボール、逃げるボールの全てに強い打者はいないから、何らかの攻め手ができる。実はこのスタイル、全盛期の桑田真澄*や斉藤和巳*のそれである。カーショウもチェンジアップはあまり得意でないからほとんど使わないが、本当は右打者の外へ逃げていくボールも欲しいはずだ。ブレイク・スネルはカーブ、スラッター、チェンジアップ、フォーシームの全てが高品質で、カーショウにスピードとチェンジアップをプラスしてコントロールと経験をマイナスしたイメージであり、２０１８年においては究極の投手であった。

なお、ピッチトンネルを小さくすることに過度にこだわる必要もない。違う球種で同じコースを無理に通したら、フォームが変になってボールの質が落ちたり、甘いコースへいったりするリスクも高まるからだ。例えば、右投手がインハイのフォーシームなどで右打者の上体を起こした後、同じピッチトンネルでスライダーを曲げたらど真ん中に入る。わざわざそんなことをする投手はどこにもいないだろう。アウトコースへ曲げるのが普通だ。

　また、左打者としては、右投手がインコースにスラッターやカッターを続けた後、体に当たりそうなコースから内側に入ってくるツーシームや、ボールゾーンから外いっぱいに入ってくるバックドアスラッターを投げてくるとかなり手を焼くようである。昨今の打者はスイングが鋭いのでボールをよく見られるから、ピッチトンネル付近から曲がるボールに騙されるし、ピッチトンネルを一旦大きくハズレるところからストライクになる変化球はストライクゾーンにこないと思い、見逃してしまうのだろう。

◆「必要経費」のツーシーム

　これまで見てきたように、一般的なシュート回転のボールは打者がイメージしているストレートに近いため捉えられやすく、FBRでよりアッパー気味になったスイング軌道とも合

＊桑田真澄　4月1日という究極の早生まれで、1年近いハンデがありながら甲子園で大活躍したのは異次元。プロキャリアの前半はヒール役で、登板日漏洩疑惑で1カ月の出場停止処分を受けたことも。小柄ながら運動能力が高く打撃や守備も優れており、今なら二刀流か野手に挑戦していた可能性もある。
＊斉藤和巳　通算79勝23敗で勝率は脅威の.775。190センチを超える長身から150キロ台のストレートやカーブ、140キロのスプリットやスライダーを投げる恵まれた素質を持っていたが、ルーズショルダーでありキャリア晩年は怪我との戦いだった。

いやすい。そのため沈むようなツーシームは減少傾向で、代わりにフォーシームのホップ幅を大きくして高めに投げるのがＭＬＢのトレンドである。

　では、ツーシームはこのまま完全に駆逐されてしまうのだろうか？　私はそうは思わない。ここ5年で2回のサイ・ヤング賞を獲得している、クルーバーの投球を見ればわかる。彼はジャイロ回転で高速のままカクッと落ちるカッターよりのスラッターと、大きくブーメランのように曲がる横のカーブ（一般的なスライダー）の組み合わせを武器としており、クルーバーと言えばスライダー（スラッターとカーブの両方を指す）のイメージが一般的だが、一部「クルーバーと言えばツーシーム」と考える人もいる。ジャイロボールの話でも紹介したように、クルーバーはジャイロ回転の縦のスライダーの投げ方で、右にシュートさせる方法を利用しており、ストライクゾーンの両端にスラッターとツーシームを投げ分けることで多くの見逃し三振を奪っている。このツーシームの存在によって、スラッターやスライダーの変化がより大きく見えていることだろう。

　指標的に見ると、クルーバーのツーシーム（シンカー）は他の球種ほど良くないどころか、かなり悪い。ストレート狙いの打者から空振りを取れる球ではなく、タイミングも合ってしまいやすいのだろう。だからといって、クルーバーにツーシームを投げるなとは誰も言わな

図表3-11　コーリー・クルーバーの球種別被打率

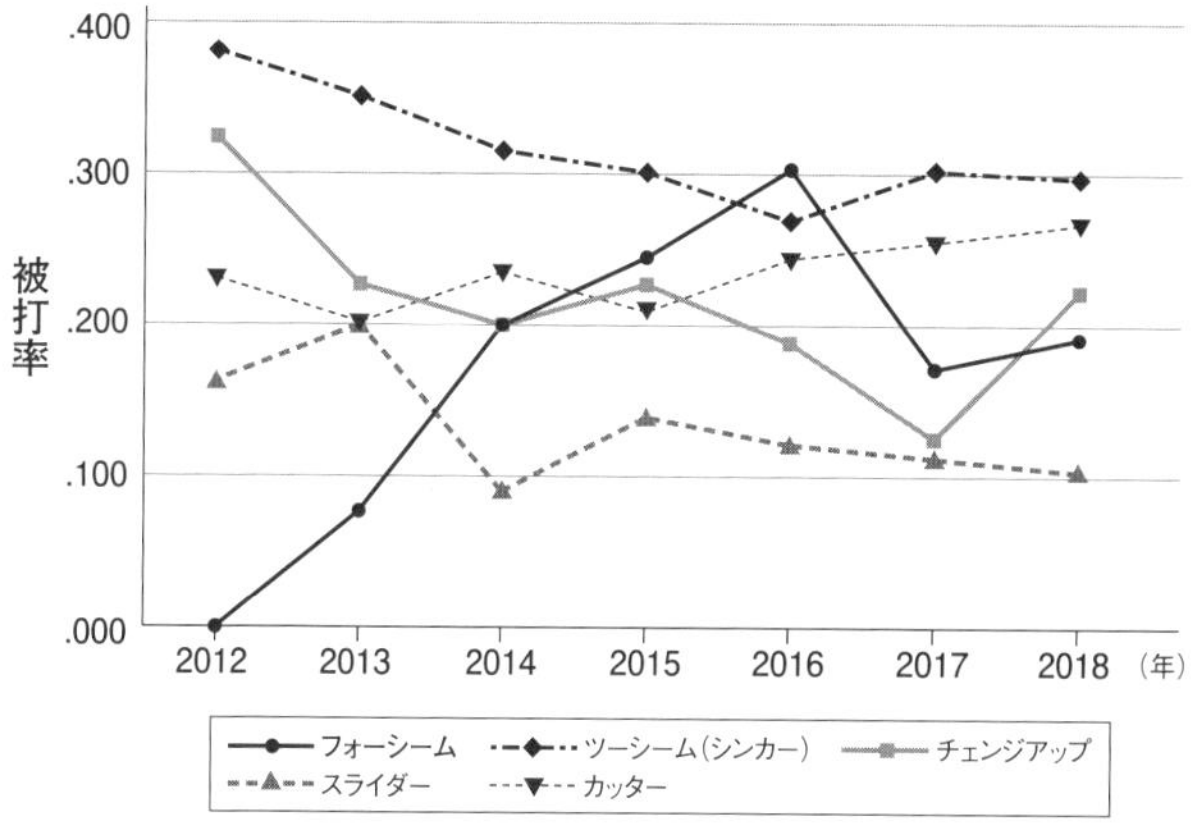

出典：Brooks Baseballを基に筆者作成

い。そのピッチングはカッター・スラッター・スライダーが中心にあるものの、そこにツーシームやチェンジアップ、フォーシームが組み合わさることで成り立っているからだ。そうした投球の幅ゆえに、クルーバーはここまでの長期間にわたって安定感を保っているとも言える（ただし、クルーバーのフォーシームは回転数や角度が良く指標的にも優れているため、ツーシームを減らしてフォーシームを増やせばより良くなる可能性もある。ツーシームとスラットを多く投げているからこそホップするフォーシームが相対的に打たれにくい側面もあるので断定できないが、実験的に試してみる価値はある。ツーシームを減らして真っ直ぐなフォーシームとスラットのコンビネーションで成績を向上させた、グリンキーやゲリット・コールの例もある)。

そういう意味で、シュート回転のボールは完全には消えず、他のボールを引き立たせるボールとして生き残るように思う。また、投手によっては曲がり幅を大きくしたり、ジャイロ成分を強めて落差を大きくしたりすることでストレートとスプリットの中間くらいの感覚で活用できるのではないだろうか。日本の投手もシュート回転=悪と決めつけず、積極的に利用してみるのも手だと思う。

黒田が広島に復帰してフロントドアやスラッターの概念を持ち込んで広島投手陣を成長させたように、将来的にダルビッシュや田中がもしNPBに戻ってきたら、そうした投球術を日本の投手に伝授してほしい。とはいえ、古くは稲尾や平松政次、西本聖《たかし》、北別府学、川崎憲次郎、西村龍次、盛田幸妃《こうき》などシュートを効果的に使うピッチャーもたくさんいて、技術や考え方の承継がなされていないだけのような気もする。

◆変化球論がもめるわけ

よく「酒の席で政治・宗教・野球の話はするな」と言われるように、野球の話はとにかくもめる。敵対するチームだけでなく、同じチームのファン同士でも考え方や好みの違いで論争に発展しがちだ。同じ野球ファンであってもＭＬＢやＮＰＢファン、高校野球ファン、社会人野球ファン、さらにはその中の派閥で全く価値観が異なり、本当の意味でわかり合えることはおそらくないのだろう。中でも、特によくもめるのが変化球や球種の話である。

人間は何事も、名前をつけることでその存在を認識してきた。変化球も同様で、真っ直ぐだからストレート、スライドするからスライダー、大きく浮き上がってからゆっくり曲がるからカーブ、指を開いて投げる速球だからスプリット・フィンガード・ファストボール、ボールをカット（切る）するように投げる速球だからカット・ファストボール……といった具合にこれらの感覚と名称はある程度まで一般化されて一致しており、共有されている。

だが実際には、野球中継の解説者ですら球種の判別を頻繁《ひんぱん》に間違える。それくらい、あれだけ速いボールが微妙に変化するとわかりにくいのである。周りから見ている人間だけでなく、打者にさえも何の球種かよくわからないことすらあるわけだ。また、ジャイロボールの項目で見たように、投手はスライダーとスプリットと投げ分けているつもりでも同じようなジャイロ回転の変化になっていることはままある。

認識やイメージが異なっている場合も多く、日本人がカットボール（あえてカッターではなくカットボールと呼ぶ）と思っているボールの多くは、実際はメジャーの投手が投げるスライダーに近い速度や変化をしている。日本人がイメージするスライダーは、ダルビッシュや大谷が投げるような横に大きく曲がるボールだろう。スラッターはカッターの横の変化幅で縦の落差を大きくしたボールなので、私はカッターとスライダーの中間のように認識し「スラッター」という名称をつけて概念化してきた。一般にあまり認知されていない概念なので多くの反発も受けてきたし、「名前がダサい」と言われることすらあった。一方、最近のＭＬＢを見ている人には感覚的にすんなり受け入れて、その有効性を認識してくれる方も多い。

さらに、球種は自己申告の面も大きい。例えば、ソフトバンクの武田翔太*は縦に大きく割れるようなドロップカーブを持っているが、若い頃は自分ではスライダーと言っていた。ハードなスピンがかかったこの縦割れのカーブは、おそらく本人の中に縦のスライダーを大きく変化させている意識があるだろうから、間違ってはいない。ただ、武田はこの球種とは別に１３０キロ台後半のスラッターに近い軌道のスライダーを持っているし、この縦割れの自称スライダーは、質を見ればパワーカーブである。私はどちらかと言えば、こうしたボールの質に着目して球種を認識してきた。「本人がスライダーと言っているからスライダー」と考える人々とはわかり合えないところである。他にも山崎康晃*や東浜巨*のいわゆる「亜大ツーシーム」は、形式にこだわるならツーシームだし、実質を見るならスプリットである。

球種はこのように実質よりも自称や他称、持ち球との関係で決まることが多い。アメリカではツーシームのことをシンカーと呼び、日本人がイメージする（高津臣吾や潮崎、攝津のような）シンカーは、チェンジアップである。ボールの質が異なるのではなく、同じ質のボールを呼ぶ名前が異なるだけである。回転軸の方向や回転数を測定できる現代において、もはや形式的な球種の名称にはあまり意味がないのかもしれない。それらのデータも踏まえた上で、実際に見て感じて判断するのが良さそうである。

＊武田翔太　１８５センチの長身から１５０キロ超のマッスラ気味のストレート、ドロップカーブとスラッターを主に投げる。恵まれた素質を持ち、高卒１年目で８勝、防御率１・07の好成績を残す。その後はポテンシャルに見合うほどの投球はあまり見せられていないが、世界的に見ても投手の上位プロスペクトに位置づけられている。

＊山﨑康晃　１年目からＤｅＮＡのクローザーに抜擢され、亜大ツーシームを武器に安定した成績を残している。右の外国人打者に外のストレートで一発を浴びやすいのを克服できれば完璧。スライダー系のボールを投げれば先発としても活躍できる。

＊東浜巨《なお》　入団後３年間は線が細く球威がなかったので、ドラフト時の評価ほどの活躍はできなかった。厳しいトレーニングを繰り返してフィジカルを増強し、球威が上がって２０１７年には16勝で最多勝に輝いた。ツーシームとスラッターの投げ分けが素晴らしい。

第4章 バッティング論

本章ではピッチング論でも度々触れたフライボール革命を導入として、バッティングのトレンドと一流選手の技術や思考法を考察していきたい。

◆フライボール革命とバレルゾーン

近年ＭＬＢでトレンドとなり、日本にも広まりつつあるＦＢＲ（Fly Ball Revolution：フライボール革命）。「フライボール革命」（と「バレルゾーン」）という言葉が何を示しているのかは、BASEBALL GEEKS の記事が大変わかりやすいので、まずはそちらを読んでいただきたい。

フライボール革命は本当に日本人には不可能なのか？-データで検証

〈前略〉

フライボール革命が起きている理由と効果とは？

メジャーリーグではなぜ皆フライを打ち始めたのだろうか。一つ目の理由が、フライの有効性だ（図表４‐１）。

打球の種類別に結果の割合を見てみると、意外な結果が浮かび上がった。

図表4-1　2017年MLBの打球の種類別結果割合
フライの有効性が明らかとなり、打者はフライを打ち始めた

打球の種類（起こる割合）	安打確率	長打確率	本塁打確率
ゴロ（45%）	25%	2%	0%
ライナー（25%）	63%	23%	3%
外野フライ（22%）	27%	23%	18%
内野フライ（7%）	2%	0%	0%

出典：BASEBALL GEEKS『フライボール革命は本当に日本人には不可能なのか？データで検証』の表1を一部加工

長打確率や本塁打確率を見てみる。ゴロは長打にはほとんどならず、ライナー、外野フライはほぼ同様の長打確率だ。ゴロの本塁打はもちろん0で、外野フライは割合が圧倒的に高い。

また、意外なのが安打確率だ。「単打狙い」「長打狙い」のような言葉に代表されるように、外野フライは大味なイメージを持つかもしれない。しかしデータでみると安打の確率でも外野フライの方が高かったのだ。

さらに、近年メジャーリーグでは守備シフトが盛んに敷かれるようになった。トラッキングデータの発展により、どのエリアにどんな打球が飛んできやすいかが分かるため、野手は打者の傾向に合わせて大きく守備位置を変更するのだ。

そのためゴロで野手の間を抜くことがどんどん難しくなり、ますますフライ打球の需要が高まったのだ。

データ分析から生まれた新指標「バレル」

フライの有効性が明らかとなり、打者はフライを打ち始めた。

しかしながら、ただ漠然とフライを打ってもアウトを増やすだけだと感じるかもしれない。そこで今回は、トラッキングデータの発展により登場した「バレル」という指標を紹介したい。

バレルとは打球速度と打球角度の組み合わせで構成されるゾーンのことだ。バレルゾーンに入った打球は必ず打率.500、長打率1.500以上となり、簡単に言えば「どんな打球」を「どんな角度」で打ち出せば長打になるのかを示す指標だ（図表4－2）。

バレルになるには打球速度が最低158キロ必要で、158キロで打った際には打球角度26度〜30度の角度の範囲がバレルゾーンとなる。バレルゾーンになる角度は、打球速度が速くなれば速くなるほど広がり、閾値とされる187キロに到達すると、なんと8度〜50度の角度の範囲がバレルゾーンとなる。

このように、トラッキングデータの発展で「どんな打球を打てば良いのか」を客観的に表すことができるようになり、メジャーリーガーは漠然とフライを上げるのではなく、

図表4-2　バレルゾーン

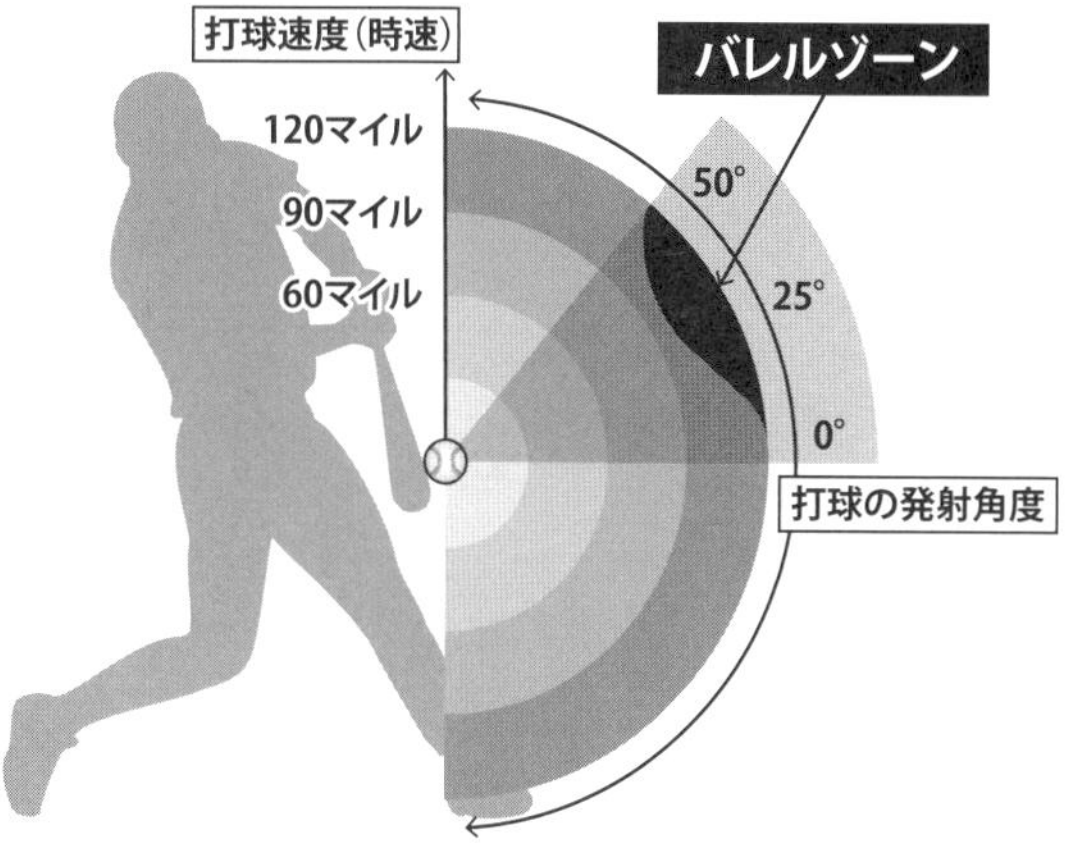

出典：BASEBALL GEEKS『フライボール革命は本当に日本人には不可能なのか？データで検証』の図1を一部加工

バレルゾーンを目指して打球速度と打球角度を意識するようになったのだ。

バレルゾーンに打つためには？打球に回転をかけることの是非

ではどのように打球速度や打球角度を高めれば良いのだろうか。スイングの観点からは、意外な事実を紹介する。

打球角度を大きくするにあたって、ボールの下をいわゆる「切って」バックスピンをかける方法をイメージするかもしれない。しかしこの方法は、実は効果的ではなかったのだ。

たしかにボールの特性を考えると、バックスピンが強いほどボールに作用する揚力は大きくなり飛距離は増加する。しかしながら、過度に回転数を増加させようとするとボール中心から離れた位置を打撃する必要があるため、実際には打球速度が低下してしまい、飛距離は増加しないのだ。

研究結果によると、直球を打つ場合はバットが水平面よりも19度上向きの軌道、つまり19度アッパースイングで、ボール中心の0・6センチ下側をインパクトすると、飛距離が最大化するとされている。投球されたボールは落下しながら打者へ向かって来る。多くのフライ打球を放ち、かつ遠くへ打球を飛ばすには、アッパー気味のスイングが効果的であるといえるのだ（図表4−3）。

フライボール革命は日本人選手にも可能!!

フライボール革命に関して必ず巻き起こるのは、メジャーリーガーに比べて身体の小さな日本人選手にはフライ打球は効果的ではないのではないか?という議論だ。打球が遅く力のない打球フライ打球を打ってもアウトになるのが関の山というのがその理由だ。

そこで最後に、「身体の大きさ」に着目し、日本人選手のフライボール革命について考察していきたい。

図表４-３　理想的なアッパースイング

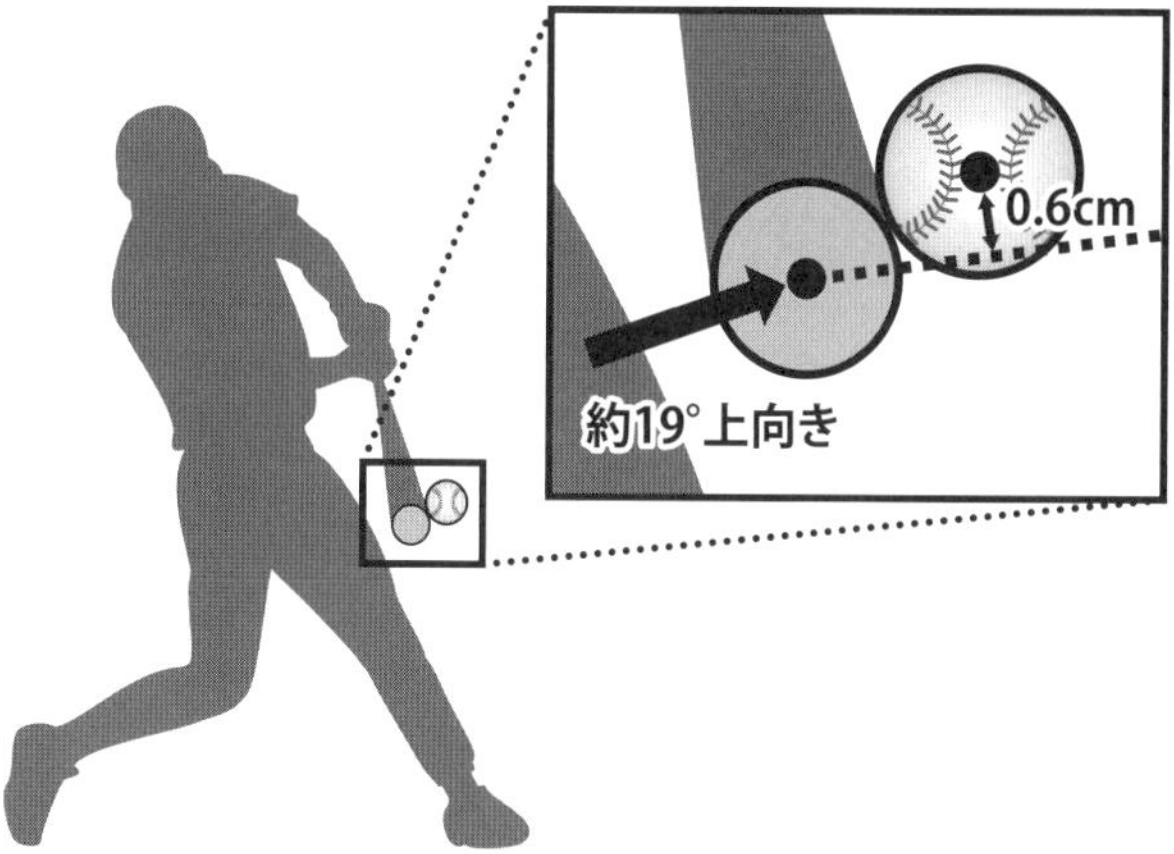

出典：BASEBALL GEEKS『フライボール革命は本当に日本人には不可能なのか？データで検証』の図2を一部加工

　まず、研究結果（笠原ら、２０１２）によると筋量の目安となる除脂肪体重とスイング速度は相関関係にあるとされている。やはり筋量の多い打者はスイング速度が速くなりやすいということだ（図表４-４）。

　また、打球速度とスイング速度の相関関係を示した研究結果（城所・矢内、２０１７）を使って逆算すると、打球速度を出すためのスイング速度、そして除脂肪体重を推定することができる。

長打を量産する条件とは

　例えば、２０１７年のメジャーリーグの最高打球速度は現ヤンキースのス

図表4-4　除脂肪体重とスイング速度の関係

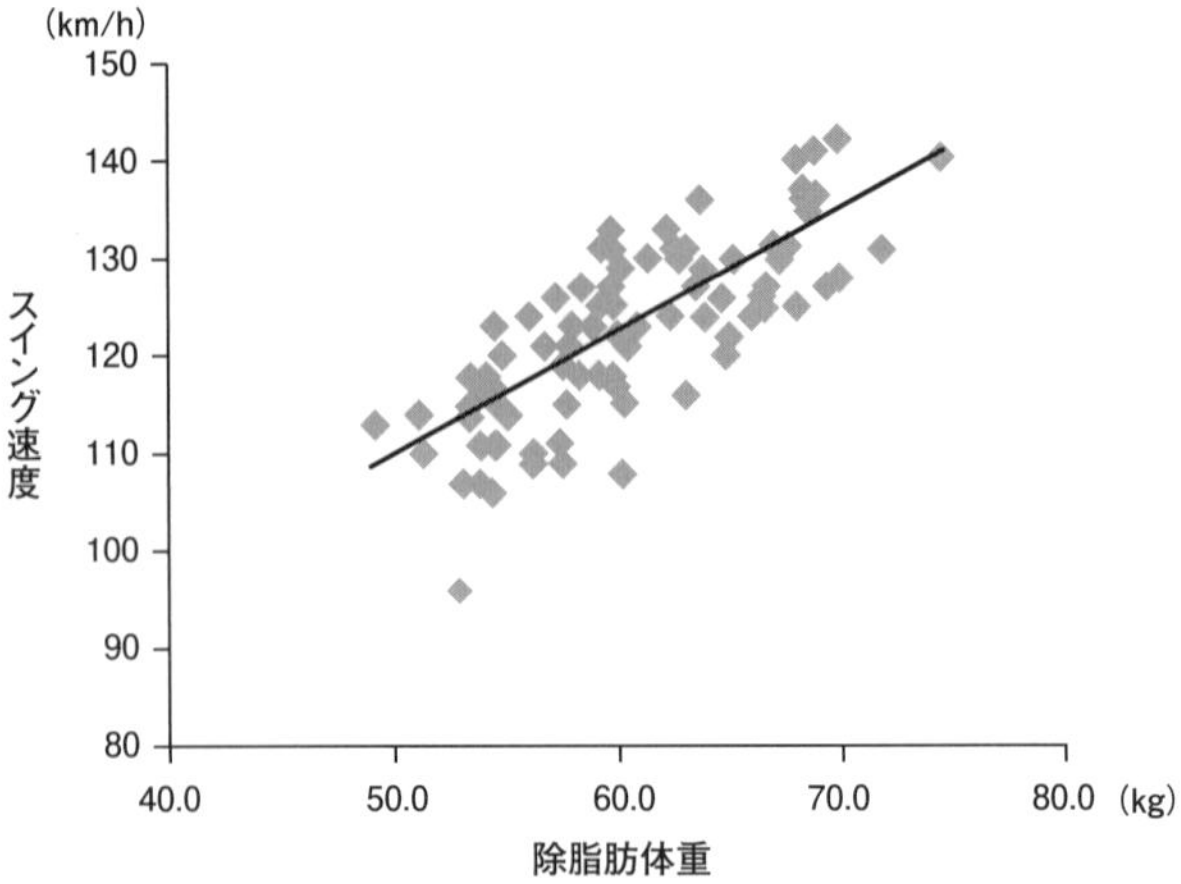

笠原ら（2012）：大学野球選手のバットスイングスピードに影響を及ぼす因子, Strength & Conditioning journal 19(6), 14-18, 2012

出典：BASEBALL GEEKS『フライボール革命は本当に日本人には不可能なのか？データで検証』の図3を一部加工

タントンが記録した196・7キロで、これを逆算するとスイング速度が約172キロ必要、そのスイングを行うためには除脂肪体重が約100キロ必要となる。スタントンの体重は約111キロで、この打球速度で打つために非常に理にかなった身体を有しているといえる。

ただしかし、誰しもがスタントンのような身体になれるわけではないだろう。

日本人選手のフライボール革命を考える上で、再度注目したいのはバレルの最低条件だ。

バレルの最低条件を見てみると、打球速度は158キロだった。それを逆算してみると、必要なスイング速度が約128キロ、そのスイングを行うために必要となる除脂肪体重は約65キロだった。これは仮に体脂肪率15パーセントだと仮定すると体重約75キロで、日本人選手でも多くの選手がクリアしている数字となる。

つまり、実は多くの選手が本塁打を打てる可能性を秘めており、適切な角度で打球を打てれば長打を連発できる可能性を秘めていたのだ。

データやスポーツ科学で多くの選手の「可能性」が広がる！

今回は「身体の大きさ」に着目して日本人選手のフライボール革命の可能性について考察してきた。その結果、実は日本人選手でも多くの選手が長打を量産できる身体を有していることがわかった。

もちろん打撃は多くの技術要素を含むものであり、簡単に筋量や体重だけで説明はできない。しかしながら、多くの選手が長打を量産できる可能性があるというデータだけでも、フライボール革命に挑戦するに値するのではないだろうか。

例えばヤクルト山田選手は76キロという体重で長打を連発している。本当は山田選手のように長打を量産する能力を秘めているにもかかわらず、身体の大きさを理由に、自らの可能性を摘んでしまっている選手がいるかもしれない。

（2018年8月11日　BASEBALL GEEKS「フライボール革命は本当に日本人には不可能なのか？　データで検証」より一部を編集）

◆投手は大型化、野手は小型化

前掲の記事にある通り、技術とデータの進歩により、大柄でなくてもFBRを実行可能なことがわかっている。事実、最近のMLBでは小柄な選手がホームランを量産している。その筆頭が身長168センチのホセ・アルトゥーベ*だ。他にもレッドソックスのムーキー・ベッツ*やクリーブランド・インディアンスのフランシスコ・リンドーア*やホセ・ラミレス*、アスレチックスのクリス・デービス*などは、180センチ未満ながらホームランを量産できる選手である（リンドーアのみ公式情報では180センチをわずかに超えている）。ホームランを打つための技術が普及したと同時に、データが浸透して精神的に「打てる」と思えたことも大きいのだろう。

小さな選手は大きな選手ほどの大飛球を打つことはできないが、ホームランを打つための最低ラインの体重さえ超えれば、手足を正確に操る能力は高いから再現性の面で優位ともなる。身長が低い人は高い人に比べて反応の速さや身体を操る精度が優れているから、最大出力こそ劣るものの、より素早く正確にスイングできるのだ。さらに野手や捕手はコリジョンルール*ができたので、そのスピードや俊敏性、ピボット性（身体の向きを変える身のこなし）を活かして守備や走塁でも活躍の幅が広がっている。一方で投手は大型で球速が出せないと勝

*ホセ・アルトゥーベ　小さな大打者。低打率時代に5年間で4度の２００安打と3度の首位打者を獲得。小さいがバットは長く見える。

*ムーキー・ベッツ　２０１８年にトリプルスリーを達成しア・リーグ首位打者とＭＶＰを獲得。選球眼に優れ、大谷のスプリットを見極めてストレートをホームランにした。ボウリングの腕前もプロ並で、３００点満点を3度達成。引退後はプロボウラーになりたいと発言。

*フランシスコ・リンドーア　3割20本20盗塁のオールラウンダーになるという周囲の予想を裏切って.270、35本タイプに成長を遂げたスイッチヒッターのショート。２０１６年にゴールドグラブを獲得。２０１７年オフには日本で合気道を学ぶ。

*ホセ・ラミレス　元々は遊撃手だがサードとセカンドもこなし、一桁だった本塁打数をここ3年で11本→29本→39本と急増させているスイッチヒッター。小柄なユーティリティで強打を発揮する、昨今のトレンドを象徴する選手。

*クリス・デービス　２０１８年に48本塁打でア・リーグ本塁打王。ここ4年間の打率が毎年.247で安定している奇跡の再現性。静かなフォームから大きな放物線を描く打撃は美しい。オリオールズにも同姓同名の元本塁打王がいるので、よく混同される。外野の守備は素人並と評される。

*コリジョンルール　ＭＬＢは２０１５年、ＮＰＢでは２０１６年から適用されている、衝突防止のための野球規則。

負のスタートラインに立てなくなっているため、**投手は大型化**、センターラインの**野手は小型化の傾向が強まっていくのではないだろうか**。日本でも西武の森友哉、オリックス・バファローズの吉田正尚、楽天の茂木栄五郎など、小柄でも長打を打てる選手が増えてきている。「メジャーの選手とは身体能力が違うから」と思考停止せず、例えばアストロズに所属するアレックス・ブレグマン*のような選手のプレーを見て学ぶと良いと思う。

　なお、ＦＢＲも「フライ」や「革命」の言葉が独り歩きして、やや極端に解釈されているように感じる。**何でもかんでも打ち上げてホームランを狙えば良いわけではなく、「今まで思われていたよりも」フライを狙った方がトータルで結果が出るという話**だ。**理想はバレルゾーンへのライナーで、それを狙った「結果として」フライが増えてゴロが減るのだ**。打ち上げるか当てにいくかの「ゼロヒャク」ではなく、基本はバレル／ライナーを狙い、打球が上がればホームラン、上がらなくても右中間、左中間を抜くような、相手投手や場面に応じた打撃を使い分けることが本質である。打率は得点との相関は小さいと言われるが、２年連続でチーム打率トップのチームがワールドチャンピオンに輝いたのは決して偶然ではない。

　三冠王に近い選手にまで成長し、レッドソックスをワールドチャンピオンに導いたＪ・Ｄ・マルティネスも、当初はＦＢＲの伝道師のような発言を繰り返していたが、最近では闇雲にフライを打ち上げることの危険性を指摘しており、理想はライナーであり、打ち分けが重要だと強調している。

◆柳田や丸の必然的な弱点

日本でＦＢＲを取り入れ、理想の打撃に近づきつつあるのがソフトバンクの主砲・柳田《やなぎた》悠岐である。代名詞のフルスイングから広角に鋭い打球を打ち分け、高打率と長打、四球、さらには走塁までを高い次元で両立し、今や誰もが認める日本最強の打者である。ＭＬＢでも間違いなく通用するだろう。

柳田は元々、打球が上がるタイプではなくドライブ回転がかかりやすかったが、打球の鋭さや逆方向への伸び方は当初から非凡なものがあった。トリプルスリーを達成した後はシフトの網に引っかかるなどして若干成績を落としたが、フライを意識して打球を上げるように

＊アレックス・ブレグマン　公称6フィート（約１８３センチ）だが、実際は１７５センチ前後にしか見えない。15本塁打程度の選手かと思っていたが、30本塁打、50二塁打を打てるまでに成長。走者の有無や得点圏で出塁型と返す型の姿勢を使い分け、相手投手のタイプに応じてホップ型、沈む型でスイングを変えている。本職はショートだがチーム事情でサードを守っており、アルトゥーベの欠場時にはセカンドも守る。挑発的な性格の曲者。

なると、ホームランがまた増えだした。そして2018年は打撃の理想形、ただフライを打ち上げるのではなくセンター返しのライナーを中心としたスタイルとなっていた。

柳田は私が言うところの「入り」や「予備動作」が少し大きすぎる打者で、それが圧倒的なパワーを生み出していた一方で、若干差し込まれやすい、引っ張りにくい傾向があった。だが今では、オープンスタンス気味でトップ（スイングを始動する際のバットやグリップの位置）に入る前の動作も無駄が削ぎ落とされ、理想に近づきつつある。インコースも腕をたたみ難なく捌いてライトスタンドに運ぶし、ストレートにも滅法強い。ほぼパーフェクトな理想形にたどり着きつつあるが、こうなるとピッチトンネルがストレートと近い変化球には弱くなってくる。**打者は理想形に近づくとストレートに強くなり、ヌルい変化球にも対応できる一方で、ボールをよく見て鋭くスイングできるからこそ、スラッターやスプリットのようなボールを空振りするのだ。大谷や丸、現在の西武打線も同様である。逆に言えば、彼らはMLBで通用するレベルに到達しているため、傾向も似てくるのである。**彼らは長打を中心としつつもただ振り回すのではなく、センターへのライナーを中心に、打球が上がればホームランとなるような打撃をしている。0でも100でもない60～80を中心とした考え方である。

柳田も欲を言えば、あそこまで「マン振り」する必要はないかもしれない。あの打ち方でボールを捉えられるならば問題ないが、身体への負担を軽減し故障を避けることも求められる。柳田の影響でフルスイングをする選手が増えているが、オーバースイングは必要ないので、そこは注意したい。「１００を狙って１００を出す」フルスイングは重要だが、１２０は要らず、60〜80を中心にしつつ１００を出したり50に抑えたりと調整できるのが理想である。

◆ダウンスイング信仰の闇

「フライボール革命」を実践するためには、BASEBALL GEEKSの記事にもあったようにアッパースイングが有効だが、日本ではダウンスイング信仰が強く、アッパースイングは「邪道」と思われがちだ。それにはいくつか理由がある。

まずは、「打撃の神様」川上哲治の指導である。川上氏が少年野球教室でダウンスイングを熱心に指導する映像が残っている。また、現ソフトバンク会長の王貞治氏は現役時代、日本刀を持って天井からぶら下げた紙の短冊を、ダウンスイングで素振りし続けた。その鬼気迫る表情は映像に収められており、人々の脳裏に鮮明に刻まれている。しかし、実際に試合中の川上や王のスイングを映像で見ると、ダウンスイングではない。王のホームランは最下部から17度の角度でスイングしており、理想の角度である19度と近い。王の一本足打法はアッパー傾向が強くなり「すぎて」しまうため、それを矯正するために日本刀でダウンスイングの練習をしていたそうだ。打者としても監督としても頂点に立った彼らのイメージが、必要以上に独り歩きしてしまったのではないだろうか。

また、日本の少年野球では軟式のボールが採用されており、ダウンスイングで叩きつければ大きくバウンドする。守備の未熟な少年野球かつ土のグラウンドでは、「転がせば何かが起こる」のも確かで、一発を狙うよりコツコツと当てていけという日本的な思考ともマッチして、ダウンスイング信仰が浸透していったものと思われる。日本では綺麗なストレートを良しとする文化があり、ホップするようなボールを投げる投手が多いから、打者には上から叩くイメージも必要なのだろう。日本だけでなく、実はアメリカの選手もかつては「ゴロを狙っていけ」と指導されていたそうだ。

そもそも、ダウン／レベル／アッパースイングという区分け自体が不毛である。実際のスイングを見ると、バットの軌道の切り取る場所次第でいくらでも変わる。理想的なスイング軌道はナイキのロゴのような軌道を描くため、トップから最下部まではダウンスイングで、最下部近辺ではレベルスイングとなり、それ以降からフォローにかけてはほぼアッパーとな

図表4-5　スイング軌道のイメージ

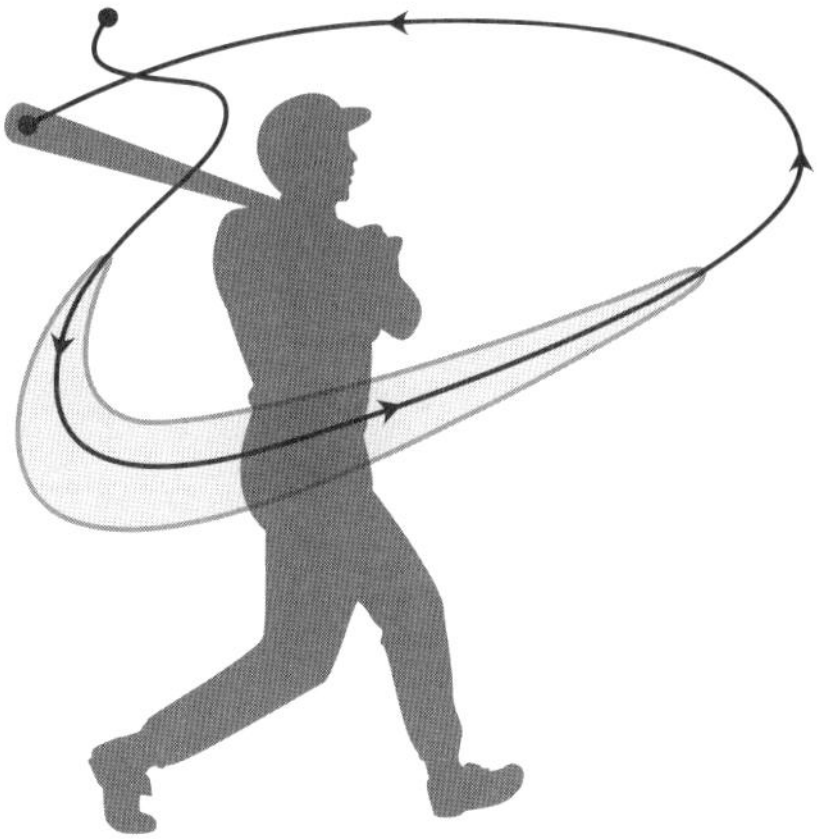

出典：筆者作成

る。どこを切り取るかによるだけの形式論からは早めに脱却することだ。

◆日本で「右の大砲」が育ちにくい理由

日本の異常な「ダウンスイング信仰」とともに深刻なのが「逆方向信仰」だ。バッティングで最も打球速度が出るのはボールを引っ張った時だし、最高のチームバッティングはホームランである。そればかり意識すると打撃は粗《あら》くなるため、逆方向への逆らわないバッティングも必要なのだ。しかし、**日本では過度なスモールベースボール信仰や技術信仰、結果論からの過剰なチームバッティングを求**められるあまり、**逆方向への打撃を目指しすぎた結果として多くの打者が本来の打撃を崩**

している。特に右打者は深刻である。

走者が一塁や二塁にいる場面において、左打者の場合は引っ張って長打を狙うことと、最低限セカンドゴロを転がして進塁打を狙うことは相反しない。そのため、左のプルヒッターは「チームバッティングができる」と評価され、バッティングを矯正されにくい。また、野球は三塁がライトから離れているため、ランナーが一塁にいる際にライト前ヒットを打てば三塁まで進めることができる。そのため、同じ打球でもライト方向へ飛ばすと高く評価されやすいのである。だが、右打者はそうはいかない。思い切り引っ張った打球がサードやショートの正面に飛んだ時は左打者の場合よりも併殺になりやすい。引っ張った結果アウトになると、なぜ逆方向に打たないのかと咎《とが》められる。

日本のアマチュア野球はトーナメント制がほとんどで、「絶対に負けられない戦い」が続くため、基本的に野球に余裕がない。そのため、過度にチームバッティングが求められ、打ちにいった結果としてアウトになることを許されない雰囲気が強い。この短期決戦のメンタリティは日本の長所でも短所でもあり、土壇場《どたんば》で信じられないような逆転劇を生む一方、長期戦において大局観を欠いて短期的な結果を重視しすぎ、打撃力の芽《め》を摘《つ》むことも少なくない。日本で「右の大砲」が育ちにくいのは、こうした要素も大きいだろう。

東京ヤクルトスワローズの山田哲人は引っ張り中心のプルヒッターで流し打ちは少なく、本人曰く「逆方向にはどうやって打つのかわからない」そうだが、こうしたタイプの打者に無理な「右打ち」を強要せず、長所を伸ばしきる育成をしたヤクルトは見事である。山田を見ればわかるが、「引っ張り＝強引」でもなければ、引っ張っているから打率が残らないわけでもない。

一方、若手の大砲候補が制約の少ない下位の打順で結果を残すと、さらに上のレベルとして逆方向へのチームバッティングを求められ始め、打撃を崩す毎度のパターンにハマったのが阪神の中谷将大や大山悠輔、梅野隆太郎といった右打者たちであり、彼らのようなタイプの打者は打球方向をそこまで決めずに打っていく方が良い結果が出る。「繋ぎ」を求めるあまり、本来の打撃を殺してしまっている。もう少しおおらかな気持ちで見るべきだろう。大山と梅野はこれに気づいたのか、夏場以降に打撃成績を改善した。

ちなみに、井端弘和*やデレク・ジーター*といった「右打ちの達人」も、実は併殺が多く批判されていたことがある（井端の通算併殺は１６９個で歴代39位。ジーターは２８７個で通算14位タイ）。日本では３割20本塁打のオールラウンダーを好みすぎて、打率.280、30本塁打のタイプは過小評価される。前者ばかりを求められた結果、打率.260、10本塁打に小さくまとまってしまうケースが多い。人によっては後者を目指すことで成績を最大化できたかもしれないのだ。

スイング軌道とはある程度生まれ持った個性であり、一流選手でもアマチュア時代と現在を比べると、(洗練はされていくが)根本ではあまり変わらないことが多い。逆方向に最初から打てる選手は打てるし、プルヒッターはプルヒッターなのである。プロ入り後に打撃を変化させて巧《うま》さが身についていった打者は井口資仁*や桧山進次郎、坂本勇人など数えるほどしか記憶にない。なお、誤解されがちだがチームバッティングは当然必要であり、レギュラーを張る選手なら最低限こなせなくてはならない。私が言いたいのは度合いの問題である。

また、根本的に「右打ち」という概念が強すぎて、多くの右打者が腕だけでチョコチョコとスイングする妙な打ち方を強要され、それが当然かのように受け入れられている。片手で当てただけの打撃で反対方向に打つと「うまい!」と周囲も過剰に評価する。流し打ちと当てただけのバッティングは全く異なるものだが、混同されている。**引っ張りは「強引である」と忌《い》み嫌われるのに、コースや速度に逆らった「強引な」流し打ちは礼賛《らいさん》される時点で奇妙であり、バランス感覚を欠いている。**

◆連続ティー練習の問題点

日本の打者が異常に肩を入れて逆方向に打とうとする傾向が強いもうひとつの理由に「連続ティー」があげられる。いわゆる「連ティー」は完全に無意味ではないのだが、あまり良くない練習だと思う。なんと言っても、トスが斜めから入ってくるので打者はそちらの方向にどうしても肩が入ってしまう。そして、決まったネットの方向に打球を入れようとするから肩が入って腕だけの強引なスイングとなってしまう。これだと下半身が使えず、手打ちの引っ張りが染み付きやすく、強い打球はまず打てない。それどころか、実戦とはかけ離れた斜めからのボールが反復練習で染みつき、身体の回転が全く使えないスイングが身についてしまう。肉体的には相当キツいので数をこなした時の達成感が強いのだと思われるが、あま

＊井端弘和　ポイントを近づけた驚異的な右打ちの技術を持ち、守備の技術や野球脳に極めて優れるが、走塁はそこまでもない。通算ＯＰＳは.704で、最低限の打撃力を持つ2番だった。荒木雅博との「アライバ」二遊間コンビは史上屈指。柳田や岡本和真の素質を見抜くなど、素晴らしい眼をしている。

＊デレク・ジーター　元ヤンキースのキャプテンのスーパースター。華麗に見えたショートの守備の指標が実際には悪いと判明し、審美眼に自信のあった記者たちに衝撃を与えた。現代ならショートは守っていなかったかも。引退後はマイアミ・マーリンズのオーナーグループに参画するも、ファイヤーセールなどの手腕を巡って、評判を落としている。

＊井口資仁《ただひと》　現ロッテの監督で、ＭＬＢで最も成功した日本人内野手。メジャーでプレーするために綿密な準備をしていた。ダイエー時代は２０００年までポテンシャルに見合った活躍ができず、翌年からセカンドに転向し開花した。

り数はこなさない方が良いだろう。

こうした話をすると「エビデンスはあるのか」「無意味な練習はない」とよく言われるが、見た瞬間に感じるべきだと思う。打撃は実戦を想定して、正面からのボールを近い距離から投げてもらって練習するのが本来は理想である。実戦に近い角度やスピードで、打者の苦手なコースや打ちやすいポイントを確認しながら、集中してトレーニングすべきだ。

些細《ささい》なことかもしれないが、**連ティーへの異常なこだわりが、日本の打者の肩の入りすぎやトップの時のバットの振り上げすぎ、目線の下への向きすぎなど、実戦に向かない打ち方に繋がっていると感じられる。**現代の根性論である連ティーよりは、置きティーと正面ティーをメインにして、連ティーをやるにしてもなるべくネットの近くから角度が斜めになりすぎないようにボールを投げ、もう少しゆっくりとしたテンポで、じっくりスイングするべきだろう。打撃の集中力というのはそこまで長く続くものではない。

◆「動くボール」は前で打て

バッティングでよく話題になるのが「前捌き」「後ろ捌き」というミートポイントの位置だ。特に国際大会や、日本人選手がＭＬＢに挑戦した際に盛んに言われるのが「動くボール」への対応である。日本の選手は足を高く上げてタイミングを取り、ミートポイントが前にあるから手元で動く外国人のボールが打てない、足を上げずに後ろで捌くメジャーリーガーは打てるのだ、といった言説がまことしやかにささやかれる。

こうしたバットの芯を外すボールは、よく見て引きつけないと打てないのだろうか？　確かに、ボールが変化し始めるのが遅いためよく見て打たなければならない側面はあるが、ここに落とし穴がある気がしてならない。速くて動くボールを必要以上に引きつけて打ったら、当然タイミングは遅れる。中途半端な140キロ強のボールなら打てるかもしれないが、150キロ近くで変化するボールを必要以上に引きつけ、ボテボテのゴロを打っている打者は比較的多いと思う。彼らはこうしたボールに対して「重い球」と感じていそうだ。

動くボールは変化する時間が短く、変化量も小さいのだから、動く前に手前で捌いてしまうのもひとつの考え方だ。ホップするフォーシームよりもホームベースへの到着時間は早い可能性もあるから、少し手前で打つくらいの意識でちょうど良いタイミングになるだろう。

私は昔から「動くボールはあえて前で捌く方が良い」と考えていたが、150キロで動くボールを実際に打つ能力はもちろん、打席で見る経験もないので確信は持てないでいた。しかし、打撃理論に優れ、解説の鋭さに定評がある元ソフトバンクの松中信彦氏*や、元西武・

中日の和田一浩氏がしきりに同様の発言をしているのを聞き、ある程度正しいのではないかと自信を持っている。ＭＬＢからヤクルトに復帰して、相変わらずその天才的な打棒を披露している青木宣親*もゲスト解説で同様の発言をしており、絶対とは言えないが確信に近いものを得つつある。

◆「フォーム」ではなく「トップ」が全て

打撃フォームについては色々な個性があり、理論も様々だ。極論を言えば、打てるのならどんな形でも良い。もちろん打撃力はフォームだけで決まるものではなく、阪神のロサリオとＤｅＮＡのロペスやソトの明暗が外角への対応で分かれたのは、第2章で説明した通りだ。

とはいえ、安定して結果を残せる選手の形や特徴、共通点を探していくことは、打撃に限らず重要である。Ｊ・Ｄ・マルティネスやクリス・テイラーの打撃を指導したロバート・バン・スコヨク氏は大学野球までしか経験を持たず、動画で良いバッターの動きを研究して、理論を作り上げたそうである（２０１９年からドジャースの打撃コーチに就任）。選手の中でも例えばジョシュ・ドナルドソンはミゲル・カブレラの打撃を参考に真似をしたら、打撃が良くなった。ちなみにＪ・Ｄ・マルティネスもデトロイト・タイガース時代にはカブレラの打撃を参考にしていた。

個人的には以前から、「構え」「フォーム」はある意味どうでもよく、重要なのは「トップ」（と「フォローへの振り抜け」）**であると考えている。**実は、全く同じことを「神ってる」でお馴染みの鈴木誠也が語っていた。トップとは「スイングをスタートする時のバットやグリップの位置」で、ここが狂っていると打撃はうまくいかない。どんなに良いスイングをしても、トップの形やタイミングが悪くては（そもそもこれが悪いのに良いスイングをすることは難しいが）、おそらくしっかりと打てないだろう。多くの一流選手が、トップの位置は大体頭の横、耳の横にあり、これは世界的に共通だ。どんな構えであれ、トップの形や角度はそっくりである。「後ろは小さく、前は大きく」という古くからの格言は的を射ている。ちなみに、MLBのロゴは理想的なトップの位置と角度をしている。

＊松中信彦　平成最後の三冠王。バットを折りながらスタンドに運ぶほどの驚異的な内角打ちの技術を持ち、スライス回転を与えられるため打球が切れない。二冠王となった２００５年オフに日本プロ野球史上最長の７年契約を結んだが、打球が上がらなくなり成績は下降し始めた。

＊青木宣親《のりちか》　小柄だが頭の横にトップを作る打撃スタイルは天才的。MLBでは日本人野手の失敗が相次ぎ実力を過小評価され、入団テストを受けたりジャーニーマンとなったりした苦労人だが、安定して打率.285前後の成績を残し続けた。ベースに覆い被さるようなスタイルで死球が多い。NPB通算打率.329は、４０００打数以上の選手では史上最高。

また、トップで大事なのは形だけでなく「早く作ること」だ。昔から多くの一流メジャーリーガーが、トップを頭の横に早く作ることの重要性を強調しており、これに関しては自分が見てきた経験も含めて確信を持っている。いつでもバットを振り出せる状態になるべく早く入ることが重要であり、このタイミングが遅れていたらスイング自体がどれだけ速い打者でも、ボールに合わせることは物理的に不可能である。「始動を早く」と言われるのは、「バットを早く振り出せ」とか「動作するタイミングを早くしろ」という意味ではなく、「早くトップを作っていつでもバットを振り出せる状態を作っておけ」という意味である。

余談だが、私がよく使う言葉が肩の「入りすぎ」や「捻りすぎ」である。明確に定義するのは難しいが、**テレビの画面でマウンド側から見た時に、右打者なら二桁の背番号の1の位（左打者なら10の位）まで見えるとか、後ろのお尻まで見えるといった状態だ**。体幹を捻りすぎ、上半身と下半身が同じ動きをしている状態とも言える。日本のバッターは「強引になるな」とか「開くな」と言われるせいか、とにかく肩が入りすぎて、バットが素直に出てこない。これも大きな問題である。

感覚的な話に終始してしまったが、打撃における「感覚」は重要である。例えば長嶋元監督の擬音語での指導は、一流選手になると理解できるそうだ。私自身はフィジカルや野球技術に乏しいから偉そうなことは言えないが、なんとなくだが、「グッと来て、ダッと腰を回す」という感覚はわからなくもない。「グッ」とはトップを作る部分なのだろう。**ピッチャーのボールでも「ピュッ」と伸びてくるとか、「ズドン」と重い感じがする、「カクッ」と「スラット」する、「ギューン」と曲がる、「ヒュルヒュル」していて弱い……といった感覚が実は全くバカにならず、重要であると思う。**

第5章

キャッチャー論

本章ではキャッチャーというポジションから野球を捉えてみる。捕手に1章分を割くなんて、と思う方もいるかもしれないが、それだけ重要なポジションなのである。我々ファンの好きな配球に関する話も、この章に入れさせていただいた。また、フレーミングなどあまり知られていないことも紹介している。

◆キャッチャーの5ツール

キャッチャーは本当に重要なポジションだ。一人だけホームベースからダイヤモンドに向かって構え、試合全体を見わたす。全ての投球に関与し、監督もある程度はキャッチャーに試合の進行を委《ゆだ》ねる。キャッチャーは試合の流れを作るグラウンドの監督であり、まさに扇の要だ。全盛期の古田敦也[*]や阿部慎之助[*]、ヤディアー・モリーナ[*]やバスター・ポージー[*]クラスの捕手になるとリーグ全体の行方を左右するほどの影響力を持つ。

そんなキャッチャーに必要な要素は何だろうか？　私の考える「捕手版5ツール」は次の通りだ。

・　バッティング

・フレーミング
・ブロッキング
・スローイング
・野球IQ

昨今では「ボールを捕る」という当たり前のことがないがしろにされて、キャッチャーの

＊古田敦也　史上最高の盗塁阻止率と優れたフレーミングに、首位打者、年間30本塁打や日本タイ記録の4打数連続本塁打を記録し、2000本安打を達成する打撃力。総合力では日本史上最高の捕手で、例えるなら打てて体力があって波の少ない小林誠司。メガネをかけた大人しそうな風貌とは裏腹に好戦的な性格で、現役時代のヤクルト戦は殺伐とした雰囲気で乱闘が多かった気もする。古田の技術は球界で承継しなければならない。

＊阿部慎之助　守備力を過小評価され続けてきたレジェンド。捕手ができなくなっても打撃で勝負できる時点で別格。近年はファーストを守ることが多かったが、2019年から捕手に復帰。最後は捕手で野球人生を全うするという決意を感じる。

＊ヤディアー・モリーナ　世界最高捕手。メジャー版古田。プエルトリコの投手が「モリーナさんのおかげです」（意訳）と言うほどの絶大な信頼感と圧倒的なスキのなさで、日本もWBC3連覇を阻止された。モリーナ3兄弟は全員が捕手で、ワールドシリーズのチャンピオンリングを2個ずつ所有している。

＊バスター・ポージー　日本のジャイアンツが阿部ならメジャーのジャイアンツはポージー。顔良し打撃良しフレーミング良し配球良しと、欠点がない。ホーム上で危険なタックルをされて一時は選手生命の危機に陥る大怪我をし、コリジョンルールができるきっかけとなった。

キャッチング能力が軽視されている印象を受ける。もちろん配球やリードといった盤面の要素、駆け引きや読み合いはレベルが高くなるほど必要になってくる。しかしそれは、あくまで投手の力が備わっている上でのプラスアルファであり、配球それ自体で実力差を完全にひっくり返すことは難しい。おそらく、野村克也氏などの影響で過剰に意識されてしまっているのだろう。古田は入団当時から既にキャッチングやスローイングが完成されていたから、配球やリードを徹底的に叩き込まれたのである。

キャッチングを細かく分けると、ボールをきちんと捕球して審判から確実にストライクのコールを引き出し、また時にはボール球をストライクとコールさせる「フレーミング」、ワンバウンドのボールを後逸せずにブロックする「ブロッキング」で構成される。俗にいう「壁性能」が、キャッチャーには何より重要である。

投げるピッチャーの立場になってみれば、ボールをポロポロとこぼすようなキャッチングの下手な相手に投げるのでは、どうも気分が乗らないし投げにくい。雑なフレーミングのためにストライクを取れないとカウントが悪化しやすくなるし、ブロッキングに不安があると落ちる変化球を投げきることが難しくなる。心のどこかで「大きく弾かれたり後逸されたりしたら困るな」と思うと、置きにいく弱いボールになってしまうものである。キャッチャーとしても自らの壁性能に自信がないと、結果的に窮屈《きゅうくつ》な配球となってしまう。キャッチングの基礎レベルの高低が、配球や投球自体にも影響を及ぼすのだ。

また、「リード」という言葉も非常に誤解されやすいものである。日本の捕手はよく、投手が逆球や甘いコースへの投げミスをすると、立ち上がって投手を怒鳴る。自身はきちんとフレーミングせず、雑にボールを捕る。己《おのれ》のリードを過信して、要求したコースへ投げきれば完璧に抑えられると思い込んでいる証拠である。投手はそこまで計算通り、要求通りに投げきれるものではない。ましてや若くて経験の乏しい投手や制球の悪い投手に、厳しい場面で厳しい要求をすれば大抵は狙ったボールを投げきれず、炎上しやすくなる。捕手に必要なことは、感性や理論、データ、相手との駆け引きも踏まえた上で投手が投げやすいよう構えることであり、投手の手をボールが離れたらきちんとキャッチし、止めて、フレーミングしてストライクを稼ぐことである。**「リード」とは配球だけを指す言葉ではなく、キャッチングを含めた総合的な要素から構成される**。

当然だが、打撃力も重要である。あまりに打てなさすぎる捕手の場合、セ・リーグのようにDHがないと投手含めていわゆる「自動アウト」が2人となってしまい、8番9番に打順が回るイニングの攻撃では何も起こらない。日本に打てる捕手は本当に少ないから、打撃力があれば相対的に大きな差をつけられる。阿部、古田、城島健司、谷繁元信、里崎智也、矢野燿大《あきひろ》などが同時に活躍していた時代は例外的である。最近は西武の森や広島の會澤《あいざわ》翼など、打てる捕手がまた徐々に増えてきている兆《きざ》しもあるので期待したい。

捕手の5ツールのどれかが極端に劣っているとそこが大きな穴となり、チームを勝たせることは難しくなる。全て最低ラインを上回ってはじめて、長所が活きてくる。**捕手は審判と似ており、上手だと目立たずに試合がスムーズに進行するが、下手だと目立ってしまう。**

◆フレーミングという技術

先ほど捕手のキャッチング能力を「フレーミング」「ブロッキング」という言葉で説明したが、最近特に注目を集めているのが「フレーミング」である。本書を手に取るような皆さんなら、一度は耳にしたことがあるかもしれない。

「フレーミング」とはその名前からイメージされる通り、ストライクゾーンとボールゾーンの間、ギリギリのコースに来たボールを、ミットを動かしたり、身体を寄せたりすることで審判からストライクのコールを引き出す技術である。こちらも「百聞は一見にしかず」なので、動画を見てほしい。

フレーミングは審判を欺《あざむ》く行為のようにも感じられるが、野球は人間が行うスポーツであり勝利を目指してプレーする以上、より有利な判定を引き出そうとするのは当然のことであり、サッカーで例えるなら上手な倒れ方をしてファールの笛を引き出すようなものだ。第2章で説明したようにストライクゾーンは審判や選手の特徴、試合展開などで変動するものだし、あれだけ速いボールを判定するのだから微妙な誤差も生じる。**「ストライクとボールどちらとも言える」コースというのは確かに存在し、その判定が試合の行方を大きく左右する。審判がストライクと高確率で判定してくれるような捕り方が実際にあるのだ。**

「フレーミング」には様々な誤解がある。日本では「ミットは動かしてはならない。ビシッと固定するべし」という言説が古くから信じられているが、ミットは動かした方が良いに決まっている。ゾーン外に来たボールをゾーン外で固定すればボールと判定されるのは当然だ。ストレートの場合、ボールは平均5度の角度で落下してくる。140キロ以上で落下しつつ向かってくるボールを捕球する時の衝撃は、相当なものだろう。この時、衝撃を吸収してボールをアウトサイドインで身体の中心に引き寄せるように捕球すると、よりストライクに見えやすい。低めのボールは脇を開け肘を上げてミットを先回りさせ、捕球が完了すると同時に手首が返ってミットが上がってくるイメージである。ミットを固定しようとすると、低めのボールはどうしてもミットが下向きに動いてしまう。その後に上にミットを引き上げると不自然な動きが生じてしまい、ボールと判定されやすい。

また、キャッチャーの構えたコースにボールが来ないと、実際はストライクでも審判はボールとコールしやすい。逆球に対してもなるべくミットを先回りさせて捕球できると、ストライクの判定を誘い出すことができる。

フレーミングに関する迷信

- 審判はミットなど見ていない
- 審判が下手なだけ
- 審判によってストライクゾーンが違うから数値化できない
- 審判を騙しているのでずるい
- フレーミングがうまいと思われるとマークされて判定が厳しくなる
- ミットを動かすのはボール球だと認めたということ
- ミットは投手に向け続けなければならない
- ＭＬＢのキャッチャーはミットを動かさない

・　ミットを動かすと国際試合で嫌われる

◆数字でわかるフレーミングの重要性

フレーミングが注目される理由は、その影響の大きさにある。例えばアメリカのサイト、Baseball Prospectus による2015年のMLBにおける捕手守備指標のトップとワーストは次の通りであり、フレーミングによる差はブロッキングやスローイングのそれと比べて極めて大きい。当然だが、フレーミングは投手がボールを投げる度に行われるので、スローイングやブロッキングより試行回数が圧倒的に多い。ストライクゾーンは試合の要だから、捕手による能力差が相対的に大きくなりやすいのだ。

フレーミング
・トップ……ヤズマニ・グランダル（プラス25・6点）
・ワースト……カルロス・ルイーズ（マイナス18・8点）

ブロッキング

・トップ……ウィルソン・ラモス（プラス2・8点）
・ワースト……ラッセル・マーティン（マイナス4・1点）

スローイング
・トップ……ラッセル・マーティン（プラス2・6点）
・ワースト……カート・スズキ（マイナス3・6点）

ちなみに2018年の指標は次の通りで、フレーミングは誰もが取り組むようになったので差が若干縮小し、走者も盗塁をあまりしないのでスローイングの差はさらに縮まっている。
一方、後述するフレーミング重視とのトレードオフ、また大きく曲がる変化球の増加によってブロッキングの差がやや拡大傾向にあると考えられる。

フレーミング
・トップ……ヤズマニ・グランダル（プラス15・7点）
・ワースト……ウィルソン・コントレラス（マイナス17・8点）

ブロッキング
- ・トップ……タッカー・バーンハート（プラス3・6点）
- ・ワースト……オマー・ナルバエス（マイナス4・6点）

スローイング
- ・トップ……ブライアン・マッキャン（プラス1・1点）
- ・ワースト……ロビンソン・チリーノス（マイナス0・8点）

　ピッツバーグ・パイレーツが限られた資金力の中で、いかにチームを強化するかを考えた時に注目したのがフレーミングである。フレーミング能力が優秀なラッセル・マーティンを獲得してチーム力をアップさせた。マーティンはそのフレーミング技術（もちろんそれだけではないが）でパイレーツをワイルドカードでのプレーオフ進出に導き、トロント・ブルージェイズでもプレーオフ出場に貢献している。世界最高のキャッチャーであるヤディアー・モリーナやバスター・ポージーはもちろん、ヤズマニ・グランダル、*ミゲル・モンテロ、*タイラー・フラワーズ*などフレーミングの名手がいるチームの多くがプレーオフ、ワールドシリーズに進出している。ダルビッシュもドジャースに移籍した際、グランダルやオースティン・バーンズのフレーミング技術に感嘆していた。日本では古田敦也が圧倒的にうまく、阿部慎之助もこの技術に優れていた。現役では小林誠司、梅野、松井雅人、坂本誠志郎が良い。フレーミングはプレーオフや日本シリーズのようなハイレベルの試合では、本当に勝敗を左右するのだ。

◆帰納法的アプローチ

フレーミングは試行回数が膨大かつ、上位の選手はそれなりに固定化されていることから、データに一定の信頼性はあるものと思われる。野球全般に言えることだが、一見して綺麗だったりうまそうだったり、好みのプレーなどは、必ずしも結果に結びつくとは限らない。人それぞれ好みのキャッチングはあるだろうが、フレーミングの数値を稼げるような捕り方というのは存在する。例えば、フレーミングスタッツの上位者のプレーを見てキャッチングを研究し、技術を進化させたフラワーズのような選手もいる。私もツイッターでよく意見を交換するフレーミング研究の第一人者rani氏（@n_cing10）は、キャッチャー経験はないものの、うまい選手のプレーと数字を見て研究し、理論を作り上げている。フレーミングに**限らず、良い選手や数字を残せる選手の動きを観察・研究して共通点を導き出し、帰納的にプレーを進化させていくアプローチは不可欠である**。古田敦也氏が現役時代に心がけていたプレーをテレビなどで解説すると、実際に古田氏の現役時代のプレーを見たことがなかったrani氏と全く同じようなことを言っている、といったことも頻繁に起こる。

日本では「ミットの音がよく聞こえるように真芯で捕るべき」「ミットは動かさずに、投手に向け続けなければならない」といった迷信や思い込みでプレーの幅を狭めていることが少なくないので、フレーミングはすぐにでも改善させられるポイントかもしれない。フレーミングが上手下手以前に、まず意識したことがない選手もいるはずだ。ＭＬＢでもチリーノ

＊ヤズマニ・グランダル　ドジャースの正捕手でフレーミングの天才（２０１９年にブリュワーズへＦＡ移籍）。スイッチヒッターだが右打席ではあまり打てない。打席ではイチローに似た、バットを立てて肩に手を添えながら投手を見るルーティンを行う。

＊ミゲル・モンテロ　フレーミングと打力に優れ、２０１６年にはカブスの「ヤギの呪い」を解いた。元々は強肩だったがどんどん衰えて、２０１７年に１試合７盗塁を許した試合で投手を批判して放出された。

＊タイラー・フラワーズ　自信のあったフレーミングのスタッツが上位でなかったのが悔しくて、上位者のプレーを研究して技術を進化させた努力家。肩は弱く、２０１６年の盗塁阻止率５パーセントは違う意味で驚異的。肩を痛めていたのだろうか、その後は盛り返している。

スなどの選手が、意識を変えることで改善した。移籍したアストロズはフレーミング改善のノウハウを持つように見受けられるので、引き続き注目したい（ただし限界はあり、バッティングと同じく持って生まれた天性の柔らかさによる部分も大きい。元ショートなどのハンドリングが活きたりもする）。

キャッチャーは自分が構えたゾーンにボールが来ると決め打ちせず、ある程度幅広いコースに対応できるような柔軟性を持っておいた方が良い。そうすれば逆球にも反応しやすくなるはずだ。狙ったコースへ投げるのは投手の役割であり自分では結果を制御できないため、捕手自身は「ある程度」割り切った方がトータルで良いキャッチングに繋がる。私が度々述べている「60～80の最適バランス」である。ブロッキングも内野の守備と似たところがあり、何が何でも正面で入ったり両足が揃っていたりする必要はない。投手のボールは速いから、正面に回り込もうとしたら間に合わないことも多い。その場合には片手でのバックハンドをすべきである。それは決して雑なプレーではなく、精度を高めれば効果的である。

◆「古田型」と「里崎型」

フレーミング重視のキャッチングは物理的に、パスボールの阻止とトレードオフの関係にある。フレーミングを重視していた古田敦也は一般的な「鉄壁」のイメージに比べると、実は後逸が多かった。一方で後逸のプロ野球最小記録を持つ里崎智也氏は、フレーミングの能力はおそらく高くなかった。少し専門的になるが、人差し指を2時の方向に向ける「古田型」と、12時の方向に向ける「里崎型」の違いである。

もちろん古田型が全て良いわけでもなく、ボールを後逸しまくってまでフレーミングにのみ固執する必要はない。フレーミングはあくまでも、試行回数が多いプロレベルで差がつく技術であるため、投手のレベルや試合の局面によってはパスボール阻止との最適なバランスが望まれる。ただ完全なトレードオフというわけでもなく、レベルの高い捕手ならばある程度は両立可能であり、単にボールを捕る動作とは明確に異なる技術であるから、その重要性を強調しているのである。フレーミングやスラッターなど新しそうな言葉を使うと、横文字で気取っているとか、それさえやればいいと言っているかのような誤解を受けるが、違う。フレーミングが全てではなく、打撃力やブロッキング、スローイング、配球の総合力が必要であることは、繰り返し述べておきたい。ブロッキングの優れている捕手が、フレーミングでも差をつけられたらなお良いということだ。多くのストライクを導き出し投手を楽にして、自信を与えられる。配球面でもどんどん有利になっていく。

フレーミングの名手であるモリーナに対しては、審判もストライクとコールしてしまう「モリーナゾーン」も当然あるだろう。うまいフレーミングだと、そもそも騙されたという自覚すらないはずだ。騙されたと感じたらストライクにはしない。**フレーミングは「ボールをストライクと判定させる、審判を欺く行為」ではなく、「ボールの軌道を先読みし、アウトサイドインの柔らかな捕球で確実にストライクを稼ぐ技術」と捉えるべきだ。**逆に、投手がストライクゾーンに投げても捕手の捕り方次第ではボールと判定されてしまうこともままある。審判もどちらか迷った時に、捕り方が悪いとストライクと言いにくい。繰り返すが、ミットを動かさなければボール球はボール球である。捕球してからミットを動かすのは単なる「ミットずらし」でしかなく、ボールの軌道を読んで先回りし、アウトサイドインでミットの先端で捕球すると同時に真ん中に引き寄せるのが「フレーミング」である。

◆配球の影響は証明できるか

私も含めた素人は、本当に「配球」が大好きである。1球ごとに結果が目に見えるから、「自分だったらこうする」とコメントしやすいのも一因だろう。投手・捕手・打者・監督・コーチ・審判の脳内全てを覗《のぞ》ける人間は当然いないから、その意図を100パーセント理解できることはない。監督の采配と同じで、ある程度は結果論で評価せざるを得ない面はある。正解は神のみぞ知るわけだ。我々ファンとしては、テレビ画面で俯瞰《ふかん》的に対戦を観察でき、各者の思惑《おもわく》を推測しながら見られるから配球を語るのが面白いのだ。

配球的には相手の読み通りでも球が良すぎて打てなかったり、打者が打ち損じたり、捉えても野手の正面に飛んだり、逆に打者の読みを外しても反応で打たれてしまったり……と、**勝負の結果には配球以外の要素も複雑に入り組んでいるため証明は難しいが、配球の影響は小さいながら確実にある**。また、配球がフレーミングやブロッキング、スローイングなどの能力からも影響を受けることは、先に述べた通りである。

捕手が投手から信頼を得るのは大変なことで、ルーキーや若手が1軍のわがままな一流投手たちを納得、信頼させるのは簡単ではない。投手が投げたい球のサインをすんなり出せるかも重要であり、同じボールでも投手が気持ちよく投げるのと、内心でサインを疑いながら投げるのとでは、おそらく結果は異なってくる。

ＭＬＢの捕手たちによる、打者・大谷翔平への攻め方の推移を見ると興味深い。最初はインコースが打てないと踏んで攻めてきたものの、大谷が対応すると、今度は外中心の配球となり、外を意識させつつまた内に投げるなどしていた。大谷が「品のある球」「いくら払ってでも経験する価値のあること」とまで評価したバーランダーとの対戦でも、1試合4打席の中ですらインコースのフォーシームを見せたり、スラッターでファールや空振りを奪ったり、カーブで緩急をつけたり、アウトハイのフォーシームや外のチェンジアップが来たりと、攻め方が多彩だった。ロマンチックな見方をするならば、配球とは試合あるいはシーズンを通して相手打者との間で繰り広げられる「物語」とも言える。

　投手と打者の対戦は駆け引きであり、プロの打者はわざと狙っているボールを空振りしてタイミングが合っていないと思わせて、同じボールを続けさせて仕留めたりもする。キャッチャーとしても油断がならないので、ちょっとしたスタンスや重心、態度、表情の違いを見極めた上で、もちろんデータも頭に入れながら攻めていくのである。**つまり、配球は感性もデータも両方重要で、様々なパラメータが複雑に少しずつ絡み合っているから結果はランダム・運に見えてしまうのではないだろうか。**

「セイバーメトリクスでは、長期間にわたって一貫して捕手が失点を小さく防いでいるような例は見られない」というデータがあると、それを妄信して「配球は無意味である」という極論に発展させてしまう人も少なくない。そういう人に限って、応援するチームの捕手の配球に文句をつけていたりするのだから始末に負えない。「その日、その調子の、その投手」

はその時限りであり再現性はないので証明は難しいが、コンピュータ的に完全ランダムな配球をした場合との結果を比較できたりすると、配球の効果がわかるのかもしれない。

配球は理論的となりすぎても、ある意味単調で、相手としては読みやすくなる。ある程度のランダム性も必要であり、合理性とのバランスが求められる。人間はどうしても好みや偏りが出るものだから、投手のタイプや試合展開、場面に応じた捕手の使い分けも必要となってくるだろう。試合終盤にリリーフ投手が１００パーセントの力を出すべき場面であれば、フォーシームと落ちる球だけの極端な配球を好む捕手の方が適合するし、ブロッキングやスローイングに優れている捕手が望ましいだろう。先発が長いイニングを投げて試合を作るには、変化量の大きすぎないボールを織り交ぜたり、目先を変えるボールを投げさせたりするタイプが適合する。性格も様々で、「俺について来い」タイプもいれば、投手の細かな機微《きび》を感じ取って丁寧に振る舞うタイプもいる。こうした部分は生まれ持った性質によるものが大きいが、中には名監督のように、色々なタイプの投手を「操縦」できる、場面に応じて様々な顔を使い分けられるキャッチャーもいる。

２０１９年にアリゾナ・ダイヤモンドバックスからレンジャーズへと移籍した、ジェフ・マシスというキャッチャーがいる。彼は通算打率が.198と打撃が本当に非力なのだが、フレーミングとブロッキングが良く、若い頃からコミュニケーション能力に優れ、投手の能力を引き出し続けているため評価されているそうだ。このレベルまで守備に特化した特別な能力があれば、レギュラーではないにしても第2捕手としてチームの戦力となれる。

◆「ビジネス的中間球」の必要性

日本では異常な「低め信仰」や「ストレートは基本」という思い込みからか、ストレート偏重の配球が多く見受けられる。だが低めは、ボールの移動距離が長くなるため打者からすれば意外と速度を感じないものであり、インローなどはうまく打たれて長打となりやすい。球場が狭くて長打を打たれたくないと思うあまり外角や低めにばかり投げると、かえって配球が窮屈になり結果的に打たれやすくなる。多少のリスクはあるが、高めを織り交ぜることで打者が的を絞りにくくなったり、目線がブレたりして他の球種やコースがより活きる。もちろん「真ん中高め」の甘い球と「高めいっぱい」の厳しい球は同じ高めでも異なるので、インハイやアウトハイに正確に投げ込めたら武器になる。また、常にギリギリの勝負ばかりせずに1点はどうぞくらいの余裕や、最終的に2、3点に抑えて勝てば良いといった大局観も配球には不可欠だ。あるいは、打たれても良いような大差がついた場面だったら、餌撒きや情報収集のためにあえて打たれやすい球を投げることもひとつの手だろう。

ストレートは最も打ちやすく、打たれやすい球種である。最近の打者は速い球を打つことに慣れているため、いざとなれば速い球を投げられる前提の下、投球の割合は減らしていくのがベターである。今のMLBはとにかくリスクを抑え、打たれないことを重視しており、**最も平均球速の速いヤンキースの投手陣が最も速球の割合を減らして変化球を増やしている**ことがトレンドを如実に表している。レッドソックスがアレックス・コーラ監督の「好球強打」理論で打ちまくっているように、ファーストストライクや打者有利のヒッティングカウントで、甘いストレートでカウントを取りにいったらそれこそ相手の餌食となってしまう。相手が打ってくるカウントでこそ、ストレートに偽装した「スラット」で食いつかせて空振りか、バットに当たってもファールや内野ゴロといったボールを投げるのが効果的だ。ストレートだと思って打てばアウトになるし、そうでなくともカウントを稼げる。**私が「ビジネス的中間球」であるスラッターの必要性を強調するのもこうしたところにある。**スラッターがあることで、**他のストレートや大きな変化球、逆方向への球種が全て活き、配球が読みづらくなるのだ。先発投手として安定して成功するためには不可欠なボールであると言えるだろう。**そこまで複雑な理論があるわけではなく、ボールの質が高く、良い変化球が複数あれば、配球は単純化できるものでもある。配球に限らず、野球はイタチごっこや化かし合いの連続であり、定石を頭に入れた上での奇策も必要となってくる。データや定石をマスターした上で感覚や機微に優れていることが、野村克也氏が求めているような、真に優秀な「野球脳」だろう。

アメリカではレベルの上昇により「ホームランか三振か」の大味な野球になるとともに、配球も先祖返りして真っ直ぐな綺麗なストレートと緩急が重要となっているのが実に面白い。以前はボールを動かして芯を外すピッチングで球数を節約するのがトレンドだったし、今はそれよりもう少し大きく曲げて空振りを狙っている。ＭＬＢは悪く言えばせこい、良く言えば効率的なスタイルである。ＮＰＢの方が正々堂々の一騎打ちに近く、だからこそ動くボールが有効かもしれない。日本の打者のスタイルや培《つちか》ってきたイメージだと、速くて動くボールを投げられると相当厄介なはずだ。国際大会でもそうしたボールを大して打てていない。ただし日本でもＦＢＲやデータ野球の流れは来ているので、時間差で現在のＭＬＢのようなスタイルになる可能性が高く、既にその兆候が見て取れる。その頃にはＭＬＢの方がポストＦＢＲ時代となり、コンタクトを重視したトレンドに変化しているかもしれない。

◆玉砕戦法「インコース特攻」

配球論の中でも語られることの多い「インコース攻め」。特に日本ではインコースを攻めると「強気のインコース攻め」と評価され、外中心の配球になると「外一辺倒の配球」と批判されがちだが、果たしてインコースを攻めることは本当に効果的なのだろうか。

インコースを攻められた後に外角を投げられると、ゴロの割合が増加するというデータが日米ともに確認できる。投球の基本はやはりアウトコースで、外のボールの方が安全なのは確かである。しかし、一流の強打者ともなれば外しかこないとわかっていれば強く踏み込んで狙ってくるため、打たれる可能性は高くなる。打者は身体の近くや足元にボールを投げられると恐怖を感じるし死球は嫌なので、身体をのけぞらせたり足元を動かしたりして踏み込みが浅くなる。投手からすれば、その後に投げる外のボールの威力を上げるために効果的な戦法だ。古くは「喧嘩投法」で知られた東尾修やロジャー・クレメンス、ペドロ・マルティネスといった一流投手は頭の近くにあえてビーンボールを投げ込み、打者を威嚇《いかく》して投球を組み立てていた。ただ、インコースは一歩間違えれば長打と死球のリスクがあり、ここに投げきるには彼らのような制球力と勇気が必要だからこそ、「強気のインコース攻め」と評される。日本シリーズなどの短期決戦では相手の主力打者にインコースを攻め続けて、打撃フォームを崩させるという作戦もしばしば行われてきた。

　しかし、どうも日本ではこのインコース攻めを過剰に評価する傾向がある。あくまで抑えるための手段であるはずなのに、**抑えることが目的ではなく、インコースに投げることが目的となっているように見受けられることが少なくない**。インコースのストライクゾーンにくるボールは、打者は反応で打てるものでもある。強打者や巧打者であるからといって必要以上にインコースに投げ続ければ、当然のように長打を打たれてしまう。

　この「インコース特攻」の象徴が打者・大谷である。日本時代は球界の宝だから死球を当ててはならない「忖度《そんたく》」があったために死球覚悟の「強気のインコース攻め」はなかったから打てたが、ＭＬＢでは関係なくインコースを厳しく攻めてくるから打てなくなる、という説がまことしやかにささやかれていた。だが、試合を見ていた実感として大谷は内角を多く攻められていた。内角への被投球割合が他の打者より高いというデータもあるそうだ。

　大谷は長身と長いリーチで外のボールにも腕を少し伸ばせば届くため、ホームベースから離れて立つ打者である。また、インコースのボールは長い腕をうまく畳んで打つことができるため、日米で成績を残し続けている。二刀流をやる上で最も重要な右腕を死球から守らねばならないから、死球を避けることにはかなり気を使っているようにも見える。だから日本でも通算死球数は4個で、メジャーでも2個（内1個は試合中の報復死球）である。打ち方がまだ日本式でギッコンバッタンと大きくゆっくりしていたオープン戦ならいざ知らず、すり足気味に修正した後では本来のインコース打ちを発揮するようになった。その象徴がヤンキースのエース、ルイス・セベリーノから打った4号ホームランである。内角97マイルのフォーシームを捉えた大谷の打球は、すさまじいスピードでライトスタンドに飛び込んだ。たったこの1打席でセベリーノは大谷に白旗を上げ、「もう内角には投げない」と試合後のインタビューで答えている。その後の攻め方はアウトコースが中心となった。

◆落合、松井、大谷に見る強打者への近道

大谷は日本ではインコースを攻められないから成績を残せた、というのは嘘だとわかった。ここに「インコース特攻」の答えがあるような気がしてならない。大谷は実際、インコースを最も攻められていたが、ベースから離れてうまく反応で打っていた。メジャーでもそのインコース打ちの能力を遺憾《いかん》なく発揮したら、内角にどんどん投げ込まれることはなくなった。すなわち、**日本では「強打者にはインコースを攻めなくてはならない」という選手の強迫観念や首脳陣からの指示があるのではないだろうか。逆に言えば、強打者は定期的に攻められ**

るインコースの球を確実に捉えることで高い成績を残しているのではないだろうか。

3回の三冠王に輝いた落合博満も著書（『落合博満 バッティングの理屈』ダイヤモンド社）で、実際のところインコースは得意なのに、相手バッテリーはいつも内角を攻めてきた。その度に打ち返されては、「インコースを強気に攻めたのだから打たれるはずがない。ボール1個分程甘かったのか」と思い、チャートでやや真ん中よりに記録してはまた内角を攻めてきたのでほくそ笑んでいた、と明かしていた。

松井秀喜はバットの回転半径が小さく文字通りコンパクトな鋭いスイングだったが、ベースから離れて立っていた。そして、インコース寄りのボールをコマのような回転から打って、ライトスタンドにホームランを量産していた。

余談だが、松井と大谷の違いはリーチの長さとバットの回転半径の大きさ、それに伴う逆方向への飛距離である。巨人時代の松井はベースから離れて立ち、投手が真ん中からインコースよりのボールで無意味に「特攻」してくるところを確実に捉えてホームランにしていた。だから私は、メジャーでは外角のボールには手が届かないからこのままの立ち位置では苦労すると予想していた。すると予想通りアウトローにシンカーを集められるようになり、片手で当てるだけのような泳いだセカンドゴロを量産し、一時は「ゴロキング」と揶揄《やゆ》されてしまった。メディアだけでなくオーナーにまで「ベースから離れすぎ」と指摘され、ジョー・トーリ監督のアドバイスでしぶしぶベースに近づくとバットが届くようになった。その後は近づきすぎた分少し離れて、最適なバランスを見つけていった。

バッターのボックスでの立ち位置は重要で、ベースから離れて立つ打者にとってベース上いっぱいのインコースのボールは、ど真ん中にすら感じられるだろう。強打者相手に強気のインコース攻めでストライクゾーンいっぱいのインコースに投げたら、それこそ毎度返り討ちにあう（本当にインコースが苦手な打者には攻め方に注意しながら投げればよい）。

現役時代「インコースが弱点」と言われていた清原和博も、不振を経て肉体改造をするとともに、少しベースから離れて立つようになった。このような変化に気づかず、それまで通りインコース（＝実質ど真ん中）に投げて特大のホームランを浴びていた中日バッテリーを解説者が酷評していたことを、今でも鮮明に覚えている。

◆クロスファイアに依存する日本の左投手

私はもちろん、内角へ全く投げるなと言っているわけではない。インコース攻めは、投げるボールの質を伴わせれば効果的となる。インハイとアウトローの組み合わせは常套《じょうとう》手段であり、インハイに投げるなら右打者に対してであればシュート回転とホップ成分を強めた、手前味噌になるが「お股ツーシーム」のようなボールが良い。相手が左打者であれば、カッターのホップ成分を上げてインハイに浮き上がらせれば良い。次のボールで外角に逃げていくスライダー、チェンジアップやスプリット、シンカーは効果的となる。

インローに投げるには、バックフットのスラッターが効果的だ。打者の泣き所であり、物理的な対処が難しい。中途半端な「カッター」にはせず、落として「スラット」させることが肝要である。その上で似たような軌道からフロントドアのツーシームを入れると、バッターはのけぞるように避け、見逃しも奪える。インコースを攻めるにはこうした工夫が不可欠であり、単純なフォーシームを投げる場合にはピンポイントでのコントロールが求められる。

日本では左投手が右打者のインコースに投げ込む、いわゆるクロスファイアが異常に好まれるが、これは危険を伴うボールである。インコースを狙ったボールがシュート回転した結果、抜けて真ん中に入り痛打されるシーンも頻繁に見る。インコースは時に有効ではあるが、そこに投げなくてはいけない決まりはない。ボールが抜けているのに無理に要求したら打たれるのは当然であり、こうした要素も加味して捕手はリードをする必要がある。古田敦也は入来智の力むと球がシュート回転する癖を利用して、インコースのシュートで併殺を狙いた

図表５-１　様々な配球パターン

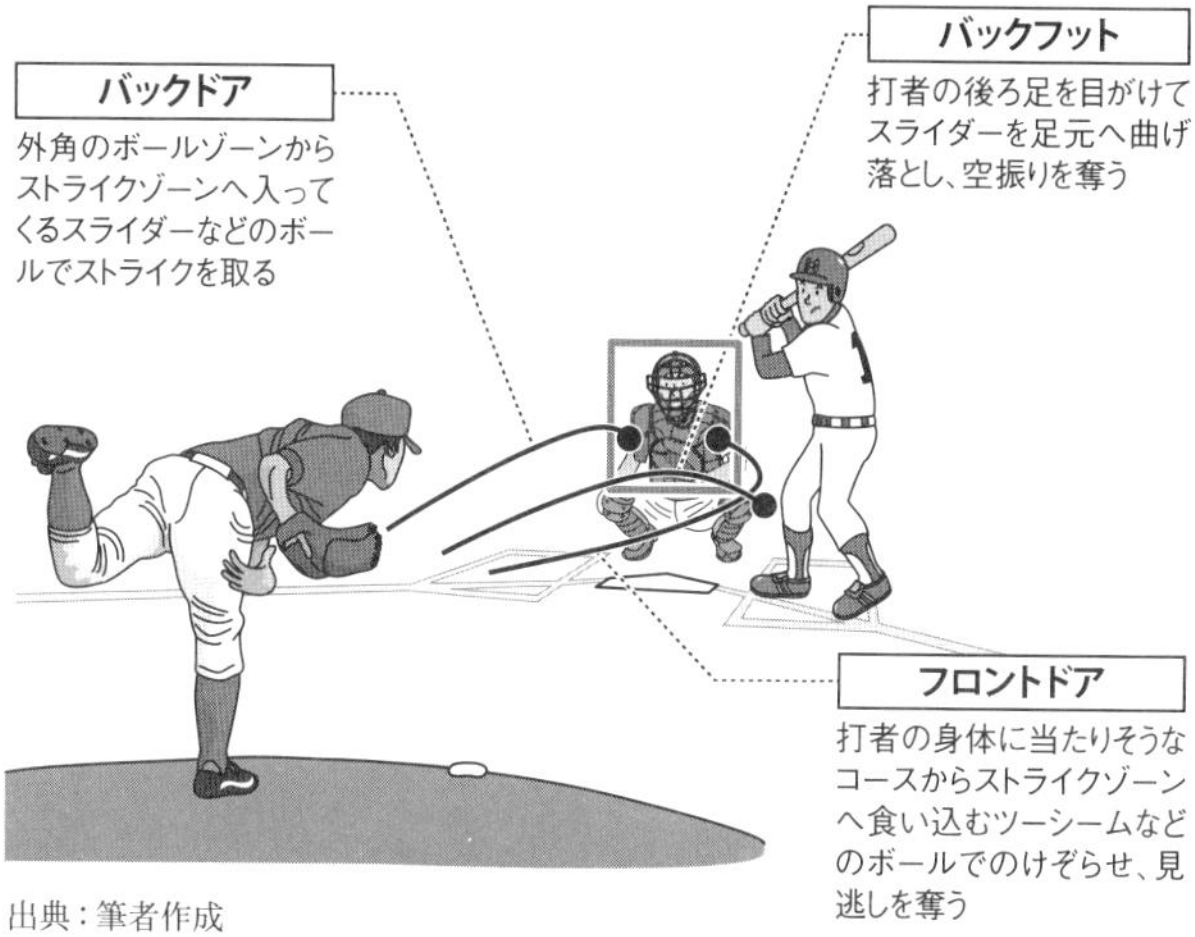
バックドア
外角のボールゾーンからストライクゾーンへ入ってくるスライダーなどのボールでストライクを取る
バックフット
打者の後ろ足を目がけてスライダーを足元へ曲げ落とし、空振りを奪う
フロントドア
打者の身体に当たりそうなコースからストライクゾーンへ食い込むツーシームなどのボールでのけぞらせ、見逃しを奪う

出典：筆者作成

い時はあえてミットを真ん中に構えていたそうだ。**日本の左投手はクロスファイアに偏りすぎなので、右打者のアウトコースいっぱいに外から入れるバックドアや、シュート回転を利用したインコースのフロントドアの考え方も取り入れると、ピッチングの幅が広がるだろうといつも思っている。**

◆野村克也の大いなる功罪

「ＩＤ野球」で選手と監督の両方で頂点に立った、ノムさんこと野村克也氏。80代になった今でもメディアに引っ張りだこで、大きな影響力を誇る。普通ではわからないような経験や技術、考え方を持っているから大いに参考になる。一方で、彼の言っていることが100パーセント正解というわけでもない。

「生涯一捕手」野村の功績はすさまじい。キャッチャーでありながら戦後初の三冠王に輝き、王貞治に抜かれたものの、年間52本のシーズン最多本塁打記録（当時）を樹立。8年連続本塁打王、通算657本塁打も王に次ぐ歴代2位。通算出場試合数3017も谷繁元信に更新されるまではプロ野球記録。通算打席数1万1970は日本記録であり、最も多くの打席に入った選手でもある。ヤクルトの監督になる以前はリアルタイムで見たわけではなく伝聞と映像のみになるが、クイックの考え方の礎《いしずえ》を築き、選手のコンバートや再生をいくつも成功させてきた。そして「ID野球」という、打者としての読みや捕手としての駆け引きなど頭を使ったプレーの重要性を浸透させてきた。「野村スコープ」という配球チャートの図を使った解説がズバズバと的中して好評であったため、ヤクルトの監督のオファーが来たそうだ。ヤクルト時代の監督としての最大の功績は、古田敦也という球界最高峰の捕手を育成したことだ。ON（王・長嶋）も城島健司と阿部慎之助という、球史に残る捕手を起用し育成している。ONと野村氏の功績は現役時代と監督時代を含め、桁違いだ。

野村氏が著書で、松下幸之助の言葉として紹介している次の文章が印象深い。

「〝勘〟というと一般的になんとなく曖昧なもののように思われるけど、習練を積み重ねたところから生まれる〝勘〟というものは、科学も及ばない正確性、適確性をもっている。そこに人間の習練の尊さというものがある」

（『野村の流儀 人生の教えとなる257の言葉』野村克也著　ぴあ）

何事でもそうだが、経験、鍛錬を積んだ人間の感覚や勘の精度は素晴らしいものだ。私はこれが最も重要であると思っている。もちろん人間だから間違えることもあるが、こうした経験や鍛錬に裏打ちされた感覚はバカにならない。ただデータや数字をこねくり回すだけではわからないし、凡人では身につけることのできない、理解できない世界なのだろう。一人の天才に頼る組織は脆《もろ》いかもしれないが、こうした属人的な要素は、ハイレベルの世界になればなるほど不可欠となる。データや数字が独り歩きして、こうした要素を軽視しすぎている昨今の風潮にも疑問符をつけざるを得ない。

一方で、野村氏の影響には負の側面もある。「キャッチャーは守りが全て、全く打てなくても良い」と語っているが、自身は通算657本塁打、三冠王を獲るような超強打者だ。駆け引きや読み、データの重要性を強調しているが、打撃技術やセンスも相当高かったのだろう。日本シリーズの解説で、ある打者に「ストレートしか来ないのがわかっているのに何で打てないんだ」と言っていたが、わかっていても打てない選手はいるのである。例えば、当然だが私の打撃技術やフィジカルでは最初から球種がわかったところで、プロのボールは打てない。「捕手は配球を読めるから打てる」のであれば、ここまで打てない捕手ばかりのはずがない。弟子である古田も読みだけではなく、卓越《たくえつ》した打撃技術を持っていた。

また、ヤクルトの監督時代も古田が好調で、外国人選手が複数人当たり、投手をある意味酷使して優勝しては、翌年に投手が故障したり、打てる外国人を解雇したり、古田が不調や故障で離脱すると4位になっていた。ノムさんの采配や指導、コンバート、再生工場も有効であったとはいえ、結局は戦力が整って選手が好調でないと勝てないのは確かである。その後の阪神監督時代の低迷を見てもわかるように、やはり戦力ありきでなければ采配は機能しない。**現役時代にONと比べて注目されなかった反動からか、野村氏（森祇晶氏も）**[*]**は捕手や監督の重要性を、必要以上に強調しすぎたのではとも思うわけである。**

◆「秀才」里崎智也は意外と保守的

千葉ロッテマリーンズで2回日本一を成し遂げ、第1回WBCでも頂点に立った里崎智也氏。彼もまた、新進気鋭の論客として注目を浴びている。いずれはコーチや監督になる時期も来るだろう。里崎氏は「リードは結果論であり、勝ったか負けたか、抑えたか打たれたかで判断されるから打撃が重要」と、ノムさんとは真逆の主張をしている。これもある意味においては正しい。捕手の評価はどうしても結果論あるいは「ノムさんが褒めているから良い」という風になりやすいのも事実だ。一方、それは極論でもあり、打たれる確率を少しでも下げるような配球やリードを探るのも不可欠だ。それは、現役時代の里崎氏も当然のようにやっていたことだろう。

下剋上や一般的なセオリーを度外視した「強気のリード」で知られる里崎氏だが、実はブロッキング重視のキャッチングをする捕手だった。その結果、１００３試合出場で、パスボールはわずかに19個。約52・８試合に１回の割合である。名捕手・野村克也をしても、２９２１試合中２０７個（14・１試合に１回の割合）、古田敦也も１９５９試合で１０４個（18・８試合に１個）だから、その少なさは特筆に値する（２位は森祇晶の42個／１８３３試合）。里崎氏はその挑戦的な発言やスタイルとは裏腹に、キャッチングスタイルはかなり保守的だった。お

＊森祇晶《まさあき》　巨人Ｖ９を支えた捕手で、Ｖ10を逃した１９７４年に長嶋とともに引退。西武黄金期の監督をつとめ、黄金期を築いた。選手の酷使や気持ちにも配慮し、フィジカルや健康にも気を使っていた。

そらく、フレーミングでストライクを稼ごうとはあまりしていなかったと思われる。本拠地の千葉マリンスタジアムが異常にファールグラウンドが広い球場で、制球の良い投手が多かったからフレーミングよりもブロッキングやパスボール阻止に重点を置いていたと推測され、一定の合理性はある。ノムさんは自分がメチャクチャ打てたから「読みや駆け引きさえ覚えれば普通に打てるのだから、守備が全てだ」と思うのかもしれないし、里崎氏は守備が良かったから「打てさえすればいい」と思うのかもしれない。人間、自分が難なくできることや持っているものには価値を感じないし、誰しもできて当然だと錯覚しやすい。

ノムさんと里崎氏に共通するのが、弱者の目線である。常に戦力に劣る弱者がいかに強者を倒すかの目線で語られているところにその特徴があり、だからこそビジネスなどの文脈でも一般受けするのだろう。南海やロッテという地味な球団で注目度が低かったから、あえて挑発的な発言やパフォーマンスをする必要もあったのだろう。プロ野球選手という一般目線から見れば全員天才である超絶野球エリート集団の中において、野村氏や里崎氏は「天才」というよりは「秀才」であると言えるのかもしれない。

第6章

監督・采配論

本章では監督や采配の視点から野球を読み解いていく。選手個々のプレー以上にファンのつっこみが入りやすい部分でもあり、私も同様に長々と書き連ねてしまった。最新のトレンドもかなり詳しく紹介しているので、そちらを読んでから実際の試合を見ると面白いと思う。

◆大阪桐蔭が体現した野球の本質

２０１８年の夏の甲子園は１００回記念にふさわしい、考えさせられる大会となった。決勝戦は全国から野球エリートを集めてよく組織・訓練された大阪桐蔭。対するは秋田の地元出身者で構成された、完全スタメン固定でエース吉田輝星を擁《よう》する公立高校、金足農業だ。圧倒的なリソースを有する大阪桐蔭が、１人で投げぬいてきた吉田を粉砕し、見事に春夏連覇を成し遂げた。私はここに、野球の本質が詰まっていると感じた。

当たり前だがリソースが豊富なら休養も取れるし、選択肢が豊富にあるため余裕を持って戦える。金足農業の選手たちも優秀ではあったが、吉田１人で連戦を投げ続けたことにより、好選手の揃う大阪桐蔭打線には攻略されてしまった。これはプロ野球でも同様で、結局は各ポジションに優秀な選手が揃っていて層の厚い、穴の少ないチームが強い。

本来、監督の采配（の結果）も、層が厚いチームの方が良くなるに決まっている。「この場面ならこの選手で凌《しの》げるだろう」「こういう選手が結果を出しやすいだろう」といった手札が多い。厳しい場面は能力の高い選手に無理をしてもらえるし、判断自体はミスであっても選手個人の能力でそれを補い、良い結果に変えてしまえる。アライバコンビの「あうんの呼吸」のように、サインなしでも選手たちが自分で考えて、場面ごとに最善のプレーを選択できてしまう。理論的にまともなオーダーを組み、調子や相性、順番や組み合わせなどに配慮して「勝手にやればそのまま機能する」ように並べれば良いのだ。それができない層の薄いチームは、徹底的な割り切りと図抜けた能力を持つ選手への依存で勝つしかないが、依存していた選手に限界がきた時に、代わりを用意できないので詰んでしまう。**野球は本質的に、代わりの選手を多く用意できるチームほど強い。身も蓋もないが、監督の采配云々《うんぬん》よりも、まずは戦力を整えることが重要である。**

日本の監督は編成まで含めて権限が与えられるケースもあり、その場合は、新人や外国人選手の見る目がない監督だと厳しい。「編成型」の側面を持っていた監督の一人が、故・星野仙一氏で、中日、阪神、楽天でオーナーたちに金を出させて自らの確かな目で選手を獲得し、チームを強化した。星野氏と言えば激情型の采配が印象的だが、実はこういう側面もあったのだ。

その星野氏が整えた戦力を活かしてうまく料理したのが、落合博満監督だ。黄金期の落合中日の主力選手は星野第２次政権期に獲得した選手ばかりである。落合氏自身が目をつけた新人は、そこまで芽が出てはいない。その後、ＧＭ*としても低迷の原因を作った。落合氏は選手、現場監督としては超一流だったが、スカウトやＧＭとしては疑問符がつく。だからなのか、中日の外国人補強は森繁和前監督が中心となり行っていた。森氏の外国人獲得のパイプや手腕は素晴らしく、獲得した選手はよく活躍する。人柄も素晴らしいが、現場監督としての適性はあまり高くはなかった。本来はフロントで外国人獲得などをサポートするのが適任なのだろう、２０１９年から中日のシニアディレクターに就任した。どんなにすごいプロ野球人ですら、向き不向きがあるのだと思わされる。

話が脱線したが、**真にプロのチームが目指すべきスタイルは大阪桐蔭型**であり、**戦力や資金に応じて割り切りや酷使、作戦などを駆使して相手との差を補うのだ**。**判官贔屓《ほうがんびいき》の日本人は金足農業に肩入れしがちであるが、なぜ常にそちら側に立とうとするのか理解に苦しむ**。

大阪桐蔭の西谷浩一監督の考え方は、非常に本質を突いている。野球は個人競技の側面もあるからある時期までは徹底的な個人練習をさせてレベルアップに集中させ、その後の段階で大会に向けてチームの結束を図っていくそうだ。プロ野球ですら、形だけのチーム練習に過剰にこだわり、肝心の個人能力が引き上げられていないチームがあるように感じる。

◆良い監督の条件

第1章でも述べたように、野球は独特なスポーツである。攻撃に直接参加しているのは最大でも走者3人と打者1人だけだし、最終的に局面がどう動くかは打者次第であり、投手と打者の対決が連続して試合が成り立っていく。チームスポーツではあるが、個人の力がものを言うことが多い。だから途中加入の選手がいきなり活躍できる一方、監督が魔法のような力で選手やチームの能力を急激にアップさせることは難しい。代打の選手が打ったから有能、投手を替えて打たれたから無能、バントが得点に繋がったから有能……といった近視眼的な捉え方では、監督の実力は到底評価できない。

私が考える良い監督・采配の条件は、選手の調子や能力、相性、データ、第六感もフルにはたらかせて、場面や局面に応じて確率の高い判断を繰り返していき、大筋で正しい哲学を

＊GM　ゼネラルマネージャー。プロスポーツにおいて、チームの編成や方針の決定、選手や代理人との交渉、トレードやドラフトの戦略、選手の昇格や降格といった権限を持つ。予算の範囲内でチームを作る重要な役職であり、監督はあくまで現場のボス、中間管理職である。現カブスのセオ・エプスタインGMのようなスターGMも存在する。

見せることである。試合の後半や短期決戦では介入を強めて試合を動かすことが鍵となるし、長期戦のペナントレースでは選手のコンディション管理やマネジメントが求められる。どちらも重要で試合や場面によりバランスは異なってくるが、野球監督は英語では「マネージャー」であり、「コーチ」ではない。すなわち、よりマネジメント的な側面が強いと言える。

他にも戦力の見極め、発掘、育成、ファンサービス、マスコミ対応、モチベーターといった側面から総合的に判断されるが、全てが完璧な監督はまずいない。

◆プレイングマネージャーという愚行

プレイヤーとマネージャーは明確に異なることを、日本球界（日本社会も）は理解できないようだ。優秀な選手をその評価のみで無理矢理監督に昇格させて、現場をパニックに陥らせる。**マネジメントの経験や適性を持たない優秀なプレイヤーが突然マネージャーに祭り上げられ、チームは優秀なプレイヤーである自身を失い、混乱することを繰り返している。**

巨人の高橋由伸前監督は高橋由伸*という代打の切り札を失い、古田・谷繁元監督は正捕手の古田・谷繁を失った状態でいきなり監督に就任させられたに等しい。これで勝てるはずがない。どうせなら野村克也兼任監督のように、自身がまだ戦力としても十分使える35歳くらいの時点でプレイングマネージャーになった方がうまくいくだろう。

　血気盛んな青年監督は自分が1球1球試合に介入して、全てをコントロールして勝たせてやろうといった思考が空回りしてしまうのかもしれない。だから引退後は一旦、評論家としてグラウンドの外から野球を見たり、コーチや2軍監督などを経験したりするのがベターである。

　野球中継の解説を聞いていても、監督経験者と未経験者では、話の内容がワンランク違うと感じることが多い。広島の監督就任当初は悪い意味で驚くような采配を見せていた野村謙二郎氏も、最後の方はすっかりきちんとした采配をして広島黄金期の下地を作ったし、監督退任後の解説も深くてズバズバと的中する。侍ジャパンの監督として批判の多かった小久保裕紀氏も、どんどん成長して最終的には唸《うな》るような采配をしていたし、退任後の解説も本当に深く鋭くなっている。いつまで経っても同じようなミスをしている監督は学習能力が低いか、元々の考えがズレているのだろう。

　采配で勝てる試合はイメージされるほど多くないが、采配で負ける試合は結構ある。日本

＊高橋由伸　来た球を打つだけで打てる天才打者。1年目から「スイングが完成しているから誰も口出しするな」と長嶋監督が指示していたほど。フェンスに激突して骨折する前の1999年など、松井秀喜より格上の時期すらあった。

では最低レベルを下回った監督が時にいて、悪い意味で戦力差を覆《くつがえ》してしまうことがままある。その監督以外だったらの「たられば」をシミュレーションできないので比較も証明も不可能だが、監督の力量差は良くも悪くも結果に影響していると考えて間違いない。**データや編成中心の見方で、監督の介入効果を過小評価するのも、またバランスを欠いている。**

2018年の日本シリーズにおける、短期決戦の戦い方を心得ていたソフトバンクの工藤公康監督と、ひたすら盗塁死を繰り返した広島の緒方考市監督を見れば「采配の影響は無意味で全ては運である」とは、口が裂けても言えないはずである。

◆監督はシェフであり主婦である

野球の監督は（先述した星野監督のように編成権を持つ人もいるが）、あくまで現場監督だ。与えられた戦力で最大限の結果を出すのが仕事である。優勝したから名監督、優勝できなかったからヘボ監督とは言いきれない。戦力を的確に把握し、故障や翌年以降の影響にも気を配りながら適材適所で起用し、戦力なりにどれだけの結果を出すかで評価されるべきだろう。

戦力相応の結果を出すのは、それなりに難しい。優勝できるだけの戦力を持っていても非効率的な戦いを続ければ勝つのに苦労するし、選手も必要以上に疲弊して故障リスクが高まる。勝って当然というプレッシャーの中で勝つ苦労もあるだろう。逆に、戦力がそれほど充実していないチームでも、徹底した戦術や割り切りで「戦力の割には」結果を出すことも可能である。また、若い選手を起用することで育て、将来に繋げることも必要だ。

監督はシェフのようなもので、素材の良い高級食材が揃っていたら、そこまで無駄に手を加えすぎず、素材の良さを出せば美味しい料理ができる。一方で、普通のものを高級に感じさせる味付けもまた必要だろう。素材が偏っていたらバランスを取って、似たような味付けにならないような工夫をする。素材があまり揃っていなくても、あるものでなんとかする必要がある。冷蔵庫にあるもので料理をする主婦のイメージだ。

肝心なのは「やりたい野球」ではなく、「今ある戦力でどういう野球をするか」である。球場の特性や戦力の特徴を見て、最も効率的に勝利に繋がるような野球を構築する必要がある。それぞれ理想の野球はあるだろうが、プロもアマチュアもなぜ判を押したように「投手を中心とした守りの野球」をスローガンにあげる監督ばかりなのか、理解に苦しむ。

◆采配が狂っていく理由

本書で度々引用している『マネー・ボール』によると、野球とは「確率論的な思考を促す連続メロドラマ」である。投手が1球投げるごとに20秒程度のインターバルが毎回繰り返される。監督はこの間に瞬時に次の判断をしてサインを出したり、選手の守備位置を調整したりする。後からゆっくり振り返れば正解は誰でもわかるが、その場で判断を下し続けることは至難の業だ。監督は選手がプレーしやすい、結果が出やすい判断を下し、お膳立てを繰り返す仕事である。全てを決め打ちして、型に当てはめようとしすぎる監督は問題である。

プロ野球は半年にわたって週に6回、3時間以上の試合があり、攻守に休みがない。全国各地へ移動して、昼間から練習がある。監督も精神的、肉体的に過酷なのは間違いない。傍《はた》から見れば素人でもわかることさえ、プレッシャーや疲労で判断が狂っていくのだろう。ある監督は退任後、自分の采配を見返して「何てことをしてるんだ!」と思ったそうだ。

また、監督自身の来季以降の契約が決まっていなかったり、優勝以外は失敗とみなされたりすると、いつしか選手を守る意識が薄くなって保身のために「選手を酷使してでも勝ってやろう」という心理がはたらいてしまうことも推察できる。あるいは大逆転負けをしたり大逆転優勝をされたりしたらトラウマとなり、その後の判断や感覚が狂ってしまう。

人間も生き物だから「旬」があって、投手は20代半ばくらい、野手は20代後半がピークと言われる。昔の人間は平均30歳くらいで死んでいたそうだから、体力的に衰えていくのは自然の摂理《せつり》だ。年を取れば経験とそれに伴う技術は上がっていくが、フィジカルありきの技術は徐々に披露できなくなる。投手なら球速は落ちるし、打者なら動体視力が衰えたり単純に走れなくなったりする。捕手もフレーミングが悪くなる。野球選手のアスリート性が向上する現在では、このような傾向が顕著である。昔のような腹が出た中年のおじさんではついていけず、今後は選手の引退年齢が早まっていくかもしれない。

同様に、監督などの指導者にも波があり、最盛期を迎えたら徐々に衰えていく。経験を積めば積むほど、年齢を重ねれば重ねるほど引き出しが増え狡猾《こうかつ》になり、人間的な器が大きくなっていくわけでもない。野球に限らず全てに言えることだが、日本ではどうもそう思われていないようで、一度何かを成し遂げたらその功績が過大評価され、延々と居座る傾向が強い。時代の流れが加速する今は新しいものを取り入れられないとすぐに取り残されるが、そんなことはお構いなしに、過去の実績のみからハロー効果*で延々と主要なポジションを独占する。新たな変化に対応できず、自身のことは対策や研究もされている。それでも過去の栄光やプライドが邪魔して、劣化を認められない。監督の老害化、思考の硬直化はこうして起こるのだろう。また、実績ゆえに周りも何も言えない雰囲気となり、イエスマンが増えてしまう。日本では結果が出なくてもコーチの首をすげ替えて、監督は留任することが多い。
昨今のＭＬＢではこうしたオールドスクールな監督は徐々に解任され、若くてコミュニケーション能力が高く、データへの造詣《ぞうけい》も深く選手たちをうまくモチベートしてフロントと選手たちの橋渡しとなれるような監督が増えてきている。アストロズのＡ・Ｊ・ヒンチ監督や、ベンチコーチからレッドソックスの監督に引き抜かれたアレックス・コーラ氏などが代表的だ。一方で、19年間ロサンゼルス・エンゼルスの指揮を執り続けたマイク・ソーシア監督は２０１８年で退任となった。彼の場合は名監督であるし人柄も素晴らしかったが、時代についていけていなかった。

一方、過度なデータ重視により、フロントの言いなりになる監督が増えていくのも問題だ。セイバーメトリクスに偏重するとチーム全体のバランスが崩れ、選手からも不満が出る。若いチームには経験豊富なジョー・マドン監督や、カンザスシティ・ロイヤルズのネド・ヨースト監督のような好々爺《こうこうや》を監督にして「親父さんを勝たせたい」と思わせたり、野球選手としての生き方まで指導させたりするのも手ではある。チームが成熟してきたら、コーラ監督やヒンチ監督のようなタイプが望ましい。個人的に、コーラ監督はかなり良いバランス感覚の持ち主だと感じる。

とにかく、**世の中は栄枯盛衰《えいこせいすい》である。適材適所の人材配置と新陳代謝《しんちんたいしゃ》は必要不可欠だが、日本はあまりにも**（国家レベルでさえ）**これが停滞しており、閉塞感に繋がっている。体験しなければわからないこともあるだろうが、昨今はノウハウの蓄積が進み、経験や年齢のアドバンテージは小さくなってきている。正直、若い世代はかなり優秀なので、彼らに任せて次世代の指導者を育成していくべきだ。**もちろん経験のある年長者にも、アドバイザーとして若い監督を補佐したり、人脈を活かして戦力の補強を助けたりする役割が求められる。

また、日本では育成と勝利がなぜか相反するものとして独立しており、１００のパワーをどう振り分けるかと考えられがちだ。「二兎《にと》を追う者は一兎《いっと》をも得ず」という思考が強すぎるのだろう。「育成のシーズン」とある程度割り切ることも必要だが、若くて有望な選手に勝つための野球を仕込まないでどうするのか。

＊ハロー効果　社会心理学の用語で、ある対象を評価する時に、それが持つ顕著な特徴に引きずられて他の特徴についての評価が歪められる（認知バイアス）現象のこと。後光効果、ハローエラーともいう。「名選手必ずしも名監督にあらず」の根本的な理由か。

◆増し続けるコーチの重要性

監督は全てを統括するポジションだから打撃、投球、守備、捕球、走塁とそれぞれの分野を勉強する必要があるし、他にもトレーニング、コンディショニング、メンタル管理、人心掌握《しょうあく》など様々な要素が求められる。到底1人では全てをまかないきれないから、その道のプロにコーチを依頼する。データ分析やスカウティング部門の人材も必要になる。分業体制で彼らにある程度は任せるため、その能力は極めて重要となる。監督同様、コーチの力で選手が魔法のように急に活躍するわけではないが、コーチの存在は間違いなく大切である。

中でも重要なのが投手コーチである。試合中の起用や継投、シーズン全体での運用はチームに大きな影響を及ぼす。野手出身者と投手出身者ではどうも野球や試合に対する感覚や姿勢が異なるようで、前者は全ての試合に勝とうとして投手をつぎ込む傾向があり、後者は自分の経験もあるので投手の腕を守るために、時には監督の意見に反対することもある。立場が異なると見え方は違うので、監督と投手コーチは不仲であることが少なくない。ただ、こうした議論なくして勝つことは難しいし、不可欠な要素ですらある。

投手コーチは試合中のアドバイスに加えて、技術指導やメンタル管理、コンディションの維持やトレーニングまで、日頃から各投手を見守り管理する必要がある。1軍の投手十数人を1人では見きれないので、なるべく複数人で受け持つのが望ましい。先発経験しかない投手コーチよりはリリーフ経験を持つコーチもいた方が、準備の仕方を理解していることが多い。アメリカや海外の野球も経験していると、様々な考え方や引き出しを持っていてより良い。そういう意味で、吉井理人氏や高津臣吾氏、大家《おおか》友和氏などは投手コーチにうってつけである。また、例えば菅野智之クラスのほぼ完成した投手にうるさく指導する必要はないが、駆け出しのルーキーや若手ならそうではない。コーチングにもバランスが求められる。

面白いのが、超一流打者であった阪神の金本前監督が、実際には野手よりも投手の起用や目利きで手腕を発揮していたことだ。平成最強打者・金本の目線での目利きやボールの質の把握は確かであり、無名選手の発掘やリリーフ投手の起用などがうまい。一方、期待された野手の育成では阪神の現状を見る限り、思ったほどの成果はあげられなかったようだ。フロント入りして投手の獲得に携《たずさ》わっても面白い。他にも三冠王打者の落合監督がナゴヤドームで超現実的な野球をしたり、球界最高捕手の古田監督が2番アダム・リグスという攻撃的な野球を掲げたりするから、意外な個性が見えて興味深い。人それぞれ得意分野や思想は異なり、必ずしも現役時代のポジションやプレースタイルとは一致しないのである。

ちなみに打撃コーチも、事前の準備や練習メニューの考案、得点を最大化させる打順を組むことや試合中の指揮、さらには映像やデータの分析……と仕事量が増える一方である。ドジャースは２０１９年から打撃コーチが３人体制となった。巨人もコーチの総人数を前年の20人から27人に増やしている。今後もコーチの人員増加の傾向は続くと思われる。

◆打順における不毛な「格」

ここからは、より具体的な采配論を述べていく。まずは監督が決める打順からだ。

統計的には打順をいじったところで劇的に得点が増えはしないが、それはあくまでシミュレーションの話であって、長いシーズンを通してあまりに非効率な打順を続けると、それなりに大きな差にはなるとも思う。当然だが、データ上でも1試合に回ってくる打席数には大きな差がある。平均すると打順がひとつ繰り下がるごとに年間で15〜20打席ずつ減少していくのだから、良い打者を後ろの打順で使う理由が見当たらない。

打順論は突き詰めると、チーム内で優れた打者が走者を返すパターンと、出塁して返してもらうパターンをいかに増やすか、また優れた打者になるべく多くの打席を回すか、が鍵となる。出塁できる選手を長打が期待できる選手の前に並べること、良い打者を並べて相手投手にプレッシャーを与え、出塁させたらまずいと思わせて良い打者でもストライクゾーンに投げざるを得ない状況を作ること、その選手が自然にプレーすれば最も状況が良くなる並びを作り、お膳立てをすることさえ徹底できれば、大きく外すことはない。

ところが、昨今の日本野球はあまりに形式にこだわるため、「誰を何番に置くか」から話が始まる。真っ先に出てくる花形が1番と3番、そして4番だ。この時、2番は地味な「繋ぎ役」となる。同じ上位打線でも、なぜか1番や3番よりは「格」が下がると捉えられるのだ。この考えに監督も選手も、小さい頃からがんじがらめに縛られているのが問題である。

具体例をあげよう。2018年の巨人は坂本勇人を主に1番で起用していた。貧打の8番小林、9番の投手と、2番打者として「繋ぎ」を強制された若手の吉川尚輝や田中俊太に挟まれていたのだ。坂本の申告敬遠は10個で、リーグトップだった。例えば、下位打線が稀に出塁し、投手の送りバントで2アウト二塁や三塁の場面で1番の坂本に回ってくる。ここで2番はまだ若い経験不足の打者で、しかも2番という打順による不要な制約を背負っているため、あまり打てない。坂本とまともに勝負するのは損だから、敬遠される。ここで2番に代打を起用するところまでが巨人の様式美で、これを延々と繰り返している。おかしいと思わないのだろうか。

坂本は自分で出塁もできれば走者を返すこともできるオールラウンダーだから、多くの打席が回ってきて走者が出塁している確率も高い2番か3番に置いて、後ろは成長著しい岡本和真が坂本をプロテクトするのがまっとうな考えだろう。だが、2番坂本はちょっと試しただけですぐに元に戻ってしまった。日本的価値観で「格下」の打順に置くのが失礼だと思ったのか、坂本が嫌がったのか……。坂本を1番で使うなら2番に坂本をプロテクトできるだけの打者を置くか、3番坂本4番岡本で妥協するべきだ。1番坂本4番岡本ありきの打順の決め方は明らかに非合理である。要するに坂本と岡本が遠すぎるのだ。**上位打線を詰めると下位打線が薄くなるという批判もあるが、打てる選手を近くにまとめるメリットは、分散させるメリットを上回るので問題ない。大して層が厚くもないのに優秀な打者をばらけさせ、全体の力が薄まっている。何かを得るためには何かを捨てる必要がある。**

『勝てる野球の統計学』(岩波書店)によると、無死走者なしでの打順別得点期待値を見ると1番から始まる場合は0・518点、2番は0・548、3番0・523……と続く。日本の監督が組む打線の場合、2番から始まる回が最も得点を期待できるのが現状だ。日本では2番に貧打者を据えることが多いが、それでも2番から始まる打順が最も効率的なのである。これは**日本人が3、4、5番に据えるような打者を2、3、4番にずらすべきだ**という私のかねてからの主張を科学的にも示しているように感じる。わざわざ2番に打力の劣る打者を入れて、優れた打者を分断し、貧打者に多くの打数を与える意味はない。

監督だけでなく選手側も打順を気にしすぎだ。2番に置かれた打者は必要以上にチームバッティングを意識し、本来の打撃を崩してしまう。広島のマーティ・ブラウン監督時代の前田智徳*や、中日の京田陽太などがその典型だ。逆にヤクルトの青木はMLBの経験もあってか本来の2番打者の役割を理解しており、小川淳司監督が青木に2番を打たせるのは失礼と考えていた際も、自分がむしろ適任と返答したようである。仰木《おおぎ》彬監督はオリックス時代、監督の所信表明演説たる開幕スタメンで何度もイチローを2番で起用している。栗山英樹監督も大谷を2番で起用する構想を持っていた。「2番＝繋ぎ」となるのがおかしい。この打順だからこういう打撃をしなければという決まりは、本来存在しない。ただし、選手がどうしてもしっくりこないのに無理に型にはめたところでネガティブな影響しか出ない。青木のような選手がいるならともかく、2番には必要以上に打順の意識がない外国人選手を起用するのも手である。

＊前田智徳　6年目の絶頂期に右足アキレス腱断裂の大怪我を負い、以後は下半身の故障との戦いが続いたが、通算打率3割、2000本安打を達成した。天才と評されるが、再現性の高いオーソドックスなフォームはむしろ秀才的。引退後は現役時代のストイックな印象とは裏腹に、甘い物好きのキャラクターで癒しを与えている。

あるいはこうした固定観念を逆手《さかて》にとって、パワーはあるが強引になりがちな打者を矯《きょう》正《せい》する「裏技」もある。栗山監督が大田泰示を2番に置いたのはそうした育成の意図があったのだろう。長野も広島でこのような起用法をされたら良さが活きると思う。

◆「2番最強打者論」の本質

打順論は基本線として、

① 長打率が最高の打者を3番に置く
② 残りでOPSが最高の選手を4番に置く
③ 残りで出塁率が最高の2人を1、2番に置く（長打率が高い方を2番に置く）
④ 5番以降は残りをOPS順に並べる

程度を基本にして、後は5番以降に足の速い選手がいたら1番と入れ替えるなど応用すれば、そこまで損はしないと考えられる。

2018年のシーズン途中からこの打順に変えて躍進したのがヤクルトである。出塁率が高い坂口智隆を１番、より長打力と選球眼のある青木を２番に置き、なんでもできる山田哲人を３番、長打力のあるウラディミール・バレンティンを４番に置いたことで打線の切れ目がなくなった。バントなどの余計な介入が不要になり、各打者が自然とスイングするだけで得点が入りやすくなった。巨人と同様に１番山田の後に貧打の若手を起用したり、出塁率が高く打率を残せる坂口を６番で使ったりする理由は存在しない。打順をそこまで複雑に考える必要はない。

２番にチーム最高ＯＰＳの打者を置く「２番最強打者論」は、この②と③における４番と２番を逆にした応用版である。メリットは良い打者により多くの打席を回せることだが、条件は９番と１番の出塁率が高いことと、この組み方をしても４番の打力が３番の敬遠を阻止できるレベルであることだ。おそらく前者の条件が厳しく、ＮＰＢで可能なのは西武や広島、ソフトバンクくらいだろうか。野手の層が厚いＭＬＢにより適合する作戦だろう。

余談だが、１番に長打力のある打者を配置するのも時には有効だ。というのも、走者がいない状態で回ってくることが多く、制約なく打てるポジションだからである。ここに荒削りで経験の少ない若手や、併殺の多い選手、走者がいる際に力んでしまう選手を置く手がある。こうした考え方で打順を決めるのは合理的だ。アストロズのジョージ・スプリンガー*はこの典型である。なおその場合、経験のあるオールラウンダーがそうした選手をサポートするのが望ましい。やはり小柄な貧打者でもなく、鈍足や扇風機でもない日本的な3番の巧打者が、実は理想の2番打者なのである。

◆「ジグザグ打線」の真の意味

日本では左右の打者が交互に並ぶ「ジグザグ打線」や、相手投手の利き腕と反対側の打者を並べる、いわゆる「左右病」など、極端に考えるケースが多いように思う。利き腕に過剰にこだわる必要はない。例えば外へ逃げるチェンジアップや内へ食い込むカッターを得意とする左投手は右打者を苦にしておらず、左打者への方がむしろ投げにくい場合も少なくない。単純な相手の利き腕ではなく、実態を見るべきだ。左のアベレージヒッターに出塁させ、クイックで球威が落ちたクロスファイアを右の大砲が狙うといった機能性が不可欠である。

本当のジグザグ打線とは、積極的にスイングする「積極型」と、ボールを良く見る「待球・出塁型」を交互に並べることだ。ＯＰＳも分解するとＳＬＧ側（スイングして塁打を稼ぐ側）とＯＢＰ側（出塁してアウトにならない側）の２つの要素がある。出塁する人と返す人が交互に並んでいると良いという、単純な話である。もちろん出塁は重要だが、結局は返す人がいなければ点は入らない。過度に出塁型を重視すると、こうした罠に陥ってしまう。チャンスや得点圏で四球を選んだところで大した意味はない。落合監督が「真の4番はアレックス・ラミレス*」と言っていたのが、これを象徴している。ラミレスのように積極的にスイングをしていき走者を返し打点を稼ぐ打者もまた必要なのだ。2011年の日本シリーズ、「森福の11球*」で知られるノーアウト満塁になる前のシーンでも、和田一浩が走者二、三塁で四球を選び満塁にしてしまったことを落合監督は悔やんでいた。結果的に内野ゴロで1点だとしても、打ってほしかったとのことである。

＊ジョージ・スプリンガー　2年連続開幕戦先頭打者本塁打や開幕9試合で4本の先頭打者本塁打を放つなど、先頭打者本塁打が多い。2017年のワールドシリーズでは4試合連続を含む5本塁打を放ち、シリーズMVPに選ばれた。クリーンナップもできる打撃力だが、併殺が多いため1番で起用されている。子供の頃には吃音でいじめられた経験がある。

＊アレックス・ラミレス　来日当初は外角の変化球に弱かったが徐々に克服し、配球を勉強して日本球界を代表する打者に成長した。チャンスに強く、8年連続100打点以上を記録。現役時代の晩年から監督になることを目標に勉強し、DeNAの監督就任後もその経験が活かされている。2017年は3位から日本シリーズまで進出したが、2018年はデータに依存しすぎ、かつ目先の勝利を求めすぎたか。

＊森福の11球　2011年のソフトバンク対中日の日本シリーズ第4戦、2対1でソフトバンクが1点リードの6回裏、ノーアウト満塁の絶体絶命のピンチ。ここで登板した現巨人の森福允彦が、小池正晃を空振り三振、平田良介をレフトフライ、谷繁をショートゴロに抑えてピンチを脱した名場面の11球。森福は続く7回も三者凡退で仕留め、ソフトバンクの日本一に大きく貢献した。

俊足型と大砲型が交互に並んでいるのもまた、相互作用がはたらき得点力を増加させる。２０１８年の西武はこうした考えで打順が組まれていたように見える。足の速い打者は内野ゴロでも併殺にはなりにくいと考え、必要以上の送りや繋ぎを求めない。そして一塁に残れば盗塁を相手に警戒させて、次の大砲型の打者が球種を絞りやすくなったところを狙うのである。あるいは、大柄な選手の間に小柄な選手がいると、相手投手としては的が変わり、ストライクゾーンが狭まったりするので投げにくくなる。こうした複眼的な思考で打順を組むべきであり、謎の格式に囚われたり表面上の数字だけ見たりしていては、低レベルの域を出ない。

◆日本人の異常な送りバント信仰

日本人の送りバント好きは異常である。一種の信仰と言っても過言ではない。

私は西武黄金期の平野謙や元巨人の川相昌弘がバントを大量にしていたバント全盛期の90年代前後から、子供ながらに「無駄だなぁ、何でこんなに送りバントばかりしているのだろう」と思っていた。ある意味普通の感覚でもある。**こういうことを言うと度々「エビデンスがない」と批判を受けるが、数字を見るまでもなく普通の感覚でわかることはある。**相手にアウトを献上する代わりにひとつ進塁するだけの作戦だし、確実に成功するとも限らない。なるべくアウトにならない方が良く、打てなければ得点は入らないという野球の本質がよく詰まってもいる。送りバントが得点に繋がりにくいことは、統計的にも明らかになっている（『勝てる野球の統計学』など）。感覚的にも数字的にもバントはかなりの悪手《あくしゅ》なのだが、なぜ日本ではこうも送りバントが多いのだろうか。

基本的に昔の監督はバントをしない。V9時代の巨人の川上哲治監督がいわゆるドジャース戦法*を持ち込んだことから始まったと思われる。ONの前の2番打者に最も多く起用されたのが土井正三で、得点圏に走者を進めてONに返してもらうことを期待したのだろう。傑出した打撃力を持つ3・4番を擁していたので、徹底的に先制点にこだわることができた。2番セカンドで小技の得意な小兵の土井正三が、その後の日本的な「理想の2番像」となっていったと考えることもできる。その後、80〜90年代前半にかけて黄金期を築いた森監督率

＊ドジャース戦法　ドジャースの前身であるブルックリン・ドジャースが採用した貧打のチームでもバントやエンドランを用いて得点を奪い、守備ではバントシフトや細かなカバーなどのチームプレーを徹底する内容が骨子となっており、スモールボールの礎となった。日本では巨人の川上監督が採用して徹底し、野球教本として広く知られるようになった。

図表6-1　NPB 1試合あたりの犠打数の推移（1936〜2018年）

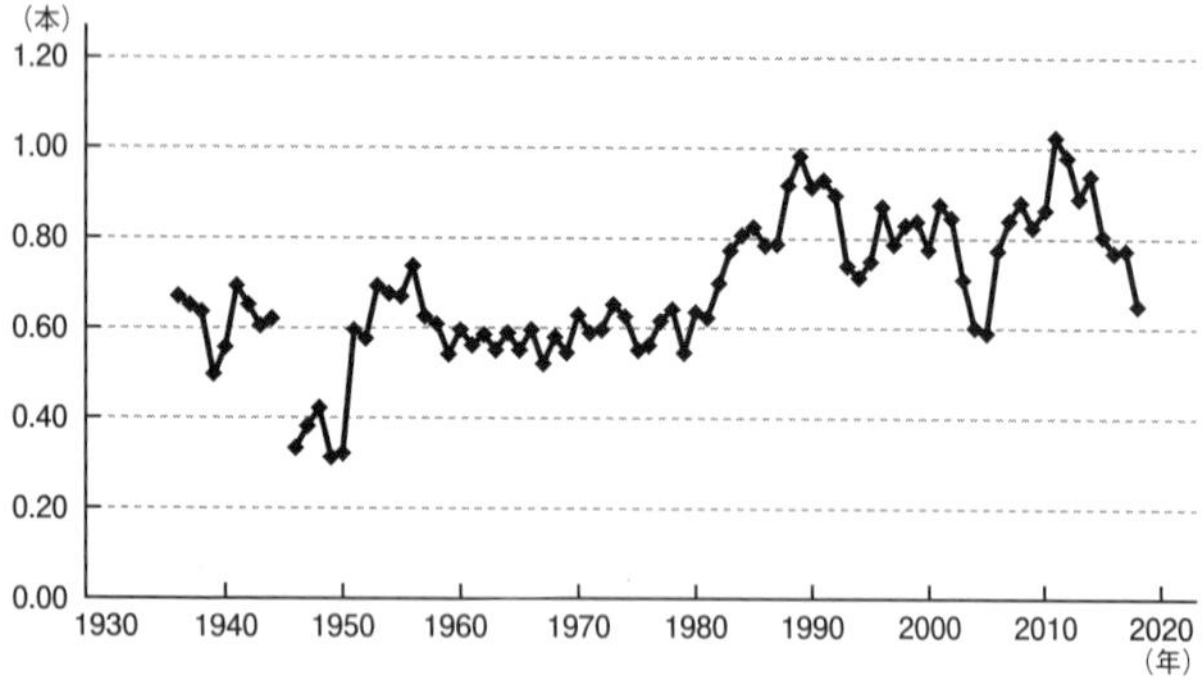

出典：日本プロ野球記録のデータを基に筆者作成

いる常勝西武が、送りバントを多用していた。また、巨人に川相昌弘が現れ多くの送りバントを記録していた。この時代の野球を見て育った選手が指導者となり、バントをするのが当然だと疑問も持たずに実行しているのが真相だと思われる。

　高校野球を筆頭にアマチュアや学生でも、送りバントが多用される。日本人らしい小技、自己犠牲といった言葉と相まって古今東西の日本野球界に広まったのだろう。決まった型を、疑問を持たず繰り返したがる日本人の精神にも合っていた。金属バットかつ守備が未熟でＢＡＢＩＰ*がプロより高い高校野球こそ、なおさら打った方が良いのだが……。

　徹底的にバントを否定してきたが、有効な場面が全くないわけではない。打者の打撃力があまりに低い、あるいは次の打者の打撃力がものすごく高いのならば、バントした方が良いだろう。データ野球のアストロズだって、走者がいて打者が9番の投手だったら深く考えずに送ってくる。ただし、日本のチームは先述したように、2番に穴を開けて1番が出た際にはバントが有効とならざるを得ない状況をあえて設定しているのが問題である。

また、試合終盤では1点の重みが強まる。勝ち越し点や追加点を取る確率を高めるような送りバント（盗塁なども）には価値がある。試合終盤で相手が警戒する中でバントを決める「ピンチバンター」川相や、盗塁を確実に決める鈴木尚広が重宝されたのはこのためだ。

とはいえ、日本球界の送りバント多用は常軌《じょうき》を逸している。ビハインドの場面で長打が必要なのに送りバント、バントの苦手な強打者でも送りバント、ランナー一、二塁なら無条件で送りバント……。とりあえず走者が出たら「堅実に」送る。送ってからタイムリーヒットがでなければ、チャンスは作ったがあと一本が出なかったと嘆《なげ》く。バントさえ決めれば怒

＊BABIP　「本塁打を除くグラウンド内に飛んだ打球が安打になった割合」を示し、バリエーションは様々だが（安打−本塁打）÷（打数−四死球−三振−本塁打）で算出される。投手のタイプにかかわらず長期的には差がほぼないことが証明されており、平均値（年代によって差はあるが、約.300前後を推移）を大きく外れたら味方の守備力や運が関係していると言われる。ただし、稀にBABIPを低く抑えている投手も存在する。BABIPに関する要素の内訳は運が44パーセント、投球能力が28パーセント、守備力が17パーセント、球場が11パーセントとされている。

られない。打ちにいって併殺になれば、結果論で徹底的に叩かれる。併殺を過剰に恐れ思考停止して、どうせアウトになるなら送らせて、失敗したら選手の責任にもできる。

本当にバントが「堅実策」「安全策」で、ヒッティングは「強攻策」「ギャンブル」なのだろうか。動かずに結果が出ないと無策と言われるだろうし、あえて動かない選択を取る難しさはあると思う。だが、選手や監督を評価する側も結果論ではなく、本質を見るべきである。自然に打たせる＝無策ではないのだが、そうは理解していない人も多いように思う。

◆小技の野球は弱者の野球

日本人に骨の髄《ずい》まで染み込んだ、「一発に頼るのは確率が低い、コツコツと堅実に繋いで1点を取って守りきろう」という思考は、本当に正しいのだろうか。

実は、長打型の打線は得点の分散が小さくなり、出塁型のチームは分散が大きくなる傾向がある。要するに、ホームランや長打が期待できるチームの方が、連打は出なくてもどこかで得点が入りやすく、連打で繋いでいくチームは繋がった時には大量点になるものの、繋がらない時は繋がらず、意外とゼロかヒャクかになりやすいということである。「一発でしか点が取れない」チームは、どこかで一発が出るので逆に安定して得点を計算できるわけだ。

V9時代の巨人や常勝時代の西武である。さらに言えば西武は1987年の日本シリーズで相手（ウォーレン・クロマティ）の緩慢守備を見抜き、シングルヒットでファーストランナーの辻発彦が一気にホームまで還ってきたり「も」できるから強かった。

逆に「マシンガン打線*」のような横浜打線や、（丸や鈴木誠也が長打力をつけるまでの）広島打線は、打率こそ高いが長打力は不足しているため運次第になりやすく、得点の分散が大きかったと言える。優勝した1998年の横浜は鈴木尚典やロバート・ローズが20本塁打近くを放ち、下位打線にも進藤達哉や谷繁など低打率でも10〜15本塁打を打てる打者がいたことも見逃せない。余談だが、権藤博監督*はバントを極力せず、選手の良い意味での自主性に任せ、中継ぎのローテーション性を採用するなど、自身の経験もあってか先進的な思考の持ち主だ

＊**マシンガン打線**　1998年から99年にかけての横浜ベイスターズの打線の愛称。打率の高い中距離打者やミートカの高い打者が並び、一度繋がりだすとたたみかけるような連打でビッグイニングを作るスタイルから、こう呼ばれるようになった。実は最も打率と得点力が高かったのは日本一になった98年ではなく、翌99年。チーム打率.294は当時の日本新記録（2003年にダイエーの「ダイハード打線」が.297で記録更新）。送らずに打たせていくから、併殺もリーグワーストを記録していた。

＊**権藤博**　杉下茂の中日のエースナンバー20を引き継ぎ、1年目に429・1回を投げて35勝、防御率1・70、32完投を記録し、沢村賞、新人王を獲得。連投に次ぐ連投で「権藤、権藤、雨、権藤」という流行語が生まれたほど。自身は酷使がたたって実働5年で引退。その経験から投手コーチとして中継ぎローテーション制の採用など先進的な考えを持ち、投手の腕を守ろうとした。

った。

ともかく、日本人はバントやエンドラン、盗塁など小技を過大評価していると同時に、簡単にできるものだと思いこんでいる一方で、長打を過小評価すると同時にほとんど出ないものと、その確率を低く見積もりすぎている。実はプロレベルなら、ちゃんと狙いさえすればホームランや長打はそれなりに打てるものである。長打力による得点力を軽視していると、長期戦で「楽に」勝ちきれずに投手に負担がかかるので、その影響がジワジワと効いてくる。例えば2016年にソフトバンクがリーグ優勝を逃したのには、長打力のある李大浩《イデホ》が退団した穴が大きかった。その反省を踏まえて翌年はアルフレド・デスパイネを獲得し、王座を奪還したのである。

「小技の野球」はあくまでも「弱者の野球」である。定石、王道をいった上でたまに意表を突くから効果的なのだ。相手のスキを見逃さない思考も重要だとはいえ（例えば2018年夏の甲子園準々決勝で金足農業が見せた「サヨナラツーランスクイズ」はスキを突いたプレーの極みだ）、王道から外れた野球観を持った監督がプロにもアマチュアにも多すぎる。世界の盗塁王こと福本豊が、塁に出る前にまず打てなければ話にならないと、走塁より打撃の指導をした逸話が本質的である。

◆ビッグボールとマネーボールが勝てない理由

小技の効率の悪さや長打の重要性を強調すると、典型的な素人、俗にいうセイバー論者*がビッグボール*を過信して、スモールボール*を嫌っていると思われるだろう。そうではない。長期戦のペナントレースではビッグボール、短期決戦ではスモールボールの比率を高めていくのが基本である。そのバランスがあまりにもおかしいと指摘したいのだ。何でもかんでもビッグボールをやったところで最後まで勝てないのも、また真理だ。

2018年のヤンキースは二桁本塁打を記録した選手がなんと12人もいて、チーム本塁打数も史上最高の267本をマークした。どこからでもホームランが出る打線は、長期戦で見

＊セイバー論者　野球における統計分析や数字・指標、セイバーメトリクスを絶対的な価値と捉え、勝利に繋がる数字を稼ぐプレーのみを絶対とする人たちのこと。勝利至上主義ともある意味では近い。野球からエンターテインメントが消えつつある最大の理由。

＊ビッグボール／スモールボール　野球における戦略の考え方。スモールとビッグではアウトに対する考え方が異なり、そもそもアウトにならずに長打を打てば最も効率的と考えるのがビッグボール。同じアウトになるにしても進塁打や犠打、犠牲フライなどの「生産的な」アウトを重視するのがスモールボール。日本のトーナメント中心のアマチュア野球、その頂点の高校野球では強打者も少ないので必然的にスモールボールが支配的な思考となりやすく、多くの選手が大人になってもこの感覚で野球を続けている。スモールは守備重視、ビッグは守備軽視といった誤解も多いが、この言葉と守備力は関係ない。スモール・ビッグ問わず守備が大事なのは当然。

ればどこかで一発が出るため、高い確率で得点を期待できるはずだ。だが、プレーオフを勝ち上がることはできなかった。プレーオフに出てくるレベルのチームの超エース級が相手となると、160キロ近い真っ直ぐなフォーシームと鋭いスラッターやカーブなどでいとも簡単に三振に打ち取られ、チーム全体が「扇風機」と化してしまったのだ。ヤンキースは長打を打つ以外の戦術がなかったので、純粋に力負けした時に手も足も出なかった。

本当に強いチームはヤンキース（と、それと似たようなチーム構成のドジャース）を破り最終的にこの年のワールドチャンピオンとなったレッドソックスのように、長打も打てる上に小技もできる。今のMLBはビッグボールに偏りすぎだし、日本は（徐々に是正されてはいるが）スモールボールをやりすぎである。真理はややMLBよりの中間にあるのだろう。過度に一発に偏った打線はハイレベルな投手相手だと通用しなくなるので、コンタクト能力や選球眼に優れたアベレージヒッターや走塁、小技のスキルも必要となる。また、下位打線の意外な一発もポイントで、レッドソックスは上位打線が抑えられても9番のブラッドリー・ジュニアが2ホーマーを放ってリーグチャンピオンシリーズのMVPに輝き、前年王者のアストロズを倒した。

マネーボールやFBRにしても、結局は弱者から生まれた戦術である。マネーボール以降のアスレチックスはプレーオフで勝ち抜いたことがないし、その上位互換のような存在であるドジャースも、安定こそしているが結局は最後に勝てない。『マネー・ボール』でGMのビリー・ビーンは「わたしの任務は、チームをプレーオフまで連れてくることなんだ。そのあとどうなるかは、たんなる運だ」と言っているが、さすがにそれは違うと思う。

誰もが長打を狙い、守備シフトが発達し投手がハイレベルで打てないからこそ、イチローのように狙った場所へ打球を飛ばして打率を残せる打者の価値が、相対的に高まってくるのではないだろうか。「8割の力感」を会得しているJ・D・マルティネス、常に高打率を残せるベッツやアルトゥーベのような本物の打者を獲得するには高額の資金が必要だし、自前で育成するのも簡単ではない。だから、どうせ打てないのなら四球が多く、当たった時には長打になるフライが多い打者を集めるのが効率的なのは理解できる。しかし、紙一重の勝負になるほど「狙って」ヒットを打てる打者が必要になるのだ。**ホームランも盗塁もただ数が多ければ良いわけではなく、大きな舞台の、ここぞの場面で決められる選手に真の価値がある。選手も言い方は悪いが、シーズン中に弱小チーム相手に数字を稼ぐ「雑魚専《ざこせん》」と、互角以上の相手にも結果を残せる「本物」に分かれる。だが長期的な統計データばかりを見ると、こうした違いが均《なら》された結果、本物が過小評価されてしまう。**

レッドソックスはシーズンの本塁打数こそ30チーム中9位（それでも200本は超えている）だが、得点数は1位だった。コーラ監督のデータディレクター的な指示の下、「8割の力感」でライナーを打ち分ける最適バランスに到達していた。レッドソックスは得点圏になると、あえて打球角度を下げて安打になる確率の高いライナーを狙った結果として、ここぞの場面で打てたのであり、指標を見ても、ワールドシリーズを戦ったドジャースとの差は明らかである。

プレーオフ平均打球角度（Statcast）
・レッドソックス　ランナーなし……13・3度　得点圏……9・2度
・ドジャース　ランナーなし……14・7度　得点圏……16・7度

プレーオフ xwOBA*（Statcast）
・レッドソックス　ランナーなし…….310　得点圏…….411
・ドジャース　ランナーなし…….291　得点圏…….269

◆「トータルベースボール」の実践

私が近年で最も応援していたチームが、2010年代前半にア・リーグ中地区で4連覇を果たしていたデトロイト・タイガースである。大ファンのミゲル・カブレラが三冠王をとったりバーランダーが投手三冠とサイ・ヤング賞、リーグMVPを総なめにしたり、シャーザーが覚醒し始めたり、カブレラの後ろを打つプリンス・フィルダーを獲得するなどして、大砲やパワーピッチャーの揃う王道型の大型チームであった。ところが、タイガースはこれだけのメンバーが揃っていたのに2012年はワールドシリーズでサンフランシスコ・ジャイアンツに、2013年にはリーグチャンピオンシリーズで当時上原と田澤純一のいたレッドソックスに苦杯を喫《きっ》し、2014年は中継ぎが大炎上して地区シリーズでボルティモア・オリオールズに敗れた。

チームとしては強打者が揃っており、典型的なビッグボールである。投手陣も2014年

＊xwOBA　Expected Weighted On-base Average の略で、Statcast が計測した打球の初速と角度をもとにした「質」によって算出される、ヒットになる「はずの」確率（相手投手の視点で言えば疑似的な被打率）。客観性は高いが、空振りを取りやすいボールだと率が過度に下がる傾向もあり、投手がそうした球ばかり投げる遠因になっているかも。逆に、アリエッタのスラッターのような絶妙な塩梅の変化球は過小評価されている気がする。

にはバーランダー、シャーザー、リック・ポーセロ、プライスとサイ・ヤング賞投手が4人もローテーションに並ぶなどパワーピッチャーをズラリと揃えており、まさに王道型のメンバーと野球内容だった。しかし、カブレラやフィルダーを筆頭に守備は酷《ひど》かったし、走塁でも各駅停車の選手が多かった。またリリーフの層が薄く、バーランダーらが無理して長い回を投げざるを得なかった。当時のタイガースは確かに強いがペナントで勝つ地区優勝止まりのチームであり、短期決戦を勝ち抜けるような守備や走塁、小技、継投策、リリーフの層を持っておらず、そこから決壊して敗れていったのだ。

タイガースと対照的なのが、2015年にワールドチャンピオンとなったカンザスシティ・ロイヤルズである。派手な選手こそいないものの短期決戦仕様の好チームで、どのような試合展開になっても負けない力があった。上位打線はコンタクト能力や走力、野球IQに優れた選手が並び、クリーンナップには走者をきっちりと本塁へ返すことができてキャプテンシーや人間性も素晴らしい、エリック・ホズマーという選手がいた。6番や7番にも長打力がある打者が控えており、さらに8番や9番にはチームリーダーで中距離バッターのアレックス・ゴードンやアレックス・リオスが座っていた。シーズン途中には捕手以外の全てのポジションを守ることができる上に、一定以上の打撃力と走力を備えるスーパーユーティリティのベン・ゾブリストを獲得した。このシーズンのロイヤルズは下位打線まで満遍《まんべん》なくコンタクト能力や長打力、勝負強さを兼ね備えたチームで、速球に強く、ワールドシリーズでもノア・シンダーガード、デグロム、ジェウリス・ファミリアらメッツの豪腕投手陣の速球を試合のどこかで打ち崩していた。

先発投手も支配的ではないが試合は作れるベテランや速球派の若手が揃っており、鉄壁のリリーフ陣に繋ぐまで5回まで投げれば構わないという気持ちで、短いイニングを全力投球していた。そして6回以降は鉄壁のリリーフ陣が抑え込む。守備も固くて走塁も良かった。

抜群の打撃成績ではなくても70点の「最低限」ができて走塁や守備でも「細かい野球」ができる野球IQに優れたホズマーやゾブリストのような選手は、1人で劇的にチームを変えるわけではないが、優れたチームの一員だとより活きる。ジャロッド・ダイソンという、メジャー版の鈴木尚広とも言えるような代走のスペシャリストもいた。昨今では爆発力はなくてもこのようにひとつも欠点のない、完璧に近いチームが最後まで勝ち残ることが多い。

全ての分野で欠点がなく小技でもプラスアルファが作れて、速球に強く相手投手陣をどこかで攻略でき、強力なリリーフ陣と守備でリードを守りきれたロイヤルズ。**彼らが実践していたのはビッグボールでもなければ、スモールボールでもない。両方できる上に守備や走塁**

まで良く総合的に優れている、いわば「トータルベースボール」である。

本章の冒頭、大阪桐蔭の話で触れた通り、やはり野球は各ポジションに穴がなく、選手層の厚いチームが有利ということだ。主力の数人が傑出した能力を持っていても、他のポジションや下位打線が弱くては、相手からすれば主力さえ集中して封じ込めば良くなってしまう。

このロイヤルズに似たチームが、２００５年や２０１０年に下剋上を果たしたロッテである。圧倒的なスターは多くないが、下位打線まである程度打てる選手が揃っていた。ちなみに、ベースボール史上最高のチームのひとつに数えられる１９９８年のヤンキースも、50本も60本もホームランを打つ選手こそいなかったが、9番のスコット・ブロシャスですら打率.300、19本塁打、98打点を記録するほどで、3割15~20本くらいをマークできる選手がズラリと並んでいた。２０１０年の今江年晶が9番中心で打率.331、10本塁打を残していたのと似たイメージである。２００５年には4番としては物足りない李承燁《イスンヨプ》が下位打線で活躍し、打率は.260ながら30本塁打を記録していた。こうした本質を見ずに、ロッテは「繋ぎ」だけで勝ったというのもまた幻想だ。２００６年のＷＢＣ日本代表も代表的な例で、出場国中チーム打率1位、本塁打1位、打点1位、長打率3位の圧倒的な打撃力と、要所には小技も絡めて優勝した。ビッグ寄りだがスモール的なプレーもでき、投手も守備も全て良いに越し

図表6-2　2006年WBC　国別打撃成績（打率順上位5カ国）

チーム	打率	試合数	安打数	本塁打数	打点数	盗塁数	長打率	出塁率
日本	.311	8	84	10	57	13	.478	.390
米国	.289	6	57	9	32	1	.482	.359
プエルトリコ	.286	6	58	8	31	7	.448	.365
キューバ	.283	8	79	8	41	3	.419	.357
カナダ	.279	3	29	2	17	2	.510	.419

出典：日本野球機構オフィシャルサイトなどから筆者作成

たことはないのだ。チームごとにストロングポイントを持ちつつ、弱点でも最低ラインを超えていなければ、ハイレベルな世界では勝負の土俵にすら立てない。全てが揃った「トータルベースボール」を目指すべきである。

◆真の「守護神」はストッパー

ここまでは打線を中心にチームや采配を見てきたが、ここからは投手の話に移る。

野球の采配で最も難しいのが継投だと言われる。投手を続投させるか、交代させるのか。監督の判断ひとつで展開がガラリと変わり、裏目に出れば勝てるはずの試合を落として「ヘボ継投」とファンやマスコミに叩かれる。私もエセ野球評論家として、投手の継投には最もうるさく一家言《いっかげん》を持つ。

「勝利の方程式」という言葉がすっかり定着したように、リリーフ投手はセットアッパー2人と最終回を任せるクローザーの3枚

図表6-3　ビジターチーム攻撃終了時の勝率

表	点差										
	−5	−4	−3	−2	−1	0	1	2	3	4	5
1回	−	−	−	−	−	46.3%	59.4%	71.5%	81.7%	89.5%	94.9%
2回	3.0%	7.4%	13.5%	22.0%	33.2%	45.9%	59.3%	71.5%	81.7%	89.5%	94.8%
3回	2.7%	6.9%	12.7%	21.0%	32.2%	45.4%	59.3%	71.8%	82.0%	89.7%	94.9%
4回	2.3%	6.3%	11.6%	19.6%	30.7%	44.7%	59.7%	72.6%	82.7%	90.1%	95.1%
5回	1.9%	5.3%	10.0%	17.5%	28.6%	44.0%	60.5%	73.9%	84.0%	91.0%	95.6%
6回	1.3%	4.0%	8.0%	14.6%	25.4%	43.0%	62.1%	76.2%	85.9%	92.3%	96.3%
7回	0.7%	2.6%	5.5%	10.8%	20.6%	41.6%	65.1%	79.5%	88.6%	94.0%	97.2%
8回	0.2%	1.1%	2.7%	5.9%	12.9%	39.7%	70.6%	84.4%	92.0%	96.1%	98.3%
9回	−	−	−	−	−	36.8%	84.3%	92.8%	96.7%	98.6%	99.5%

出典：Baseball Lab Archives「見込まれる勝率」

は、安定した投手が欲しい。3枚いれば、先発は最低6回まで投げきれば構わないと安心できる。リリーフの重要性は増す一方で、**負けている試合を逆転することも時には必要だが確率は低いため、先行逃げ切りの勝ち試合を増やす方が重要である。**

このために、中継ぎをAチームとBチームに区分して運用する考え方がある。Aチームには実力や経験の十分なセットアッパー、クローザーが入り、なるべく接戦で起用する。Bチームには将来が期待される若手や使い方次第では活躍できる投手、ワンポイントやロングリリーフ、敗戦処理要員などが入る。試合展開によっては試合をある意味「捨てて」、Aチームは投入せずに休養に充《あ》て、Bチームの投手に投げさせて経験を積ませる。3巡目理論や100球の経験則の通り、先発投手は誰でも6回や7回に疲れてくるし、打者も球筋に慣れてくるため危険である。ここでの投手交代が鍵を握る。交代が早すぎても後ろの負担は増えるし、先発を引っ張りすぎてもピンチを拡大してから厳しい場面での継投となり、結局中継ぎの負担は増大する。こうした厳しい場面で、イニングの途中からでも、右左関係なく力で抑え込めて、さらにイニング跨ぎまでできる投手がいるチームは強い。例えばクローザー転向前の元中日の岩瀬仁紀や浅尾拓也、元阪神のジェフ・ウィリアムス、元ソフトバンクのブライアン・ファルケンボーグである。最近のMLBではインディアンス（2019年からカージナルス）のアンドリュー・ミラー*やミルウォーキー・ブリュワーズのジョシュ・ヘイダー*らがこれにあたる。

日本では「守護神」という言葉がもてはやされ、9回を投げるクローザーに最強投手を持ってきて完璧に抑え込むイメージが強いが、実は正しくない。9回は試合の全てがかかって

*アンドリュー・ミラー　201センチの長い手足で左の低いアングルから快速球と大きなスライダーを投げ、三振を量産するリリーフ投手。今季からカージナルスに移籍。素質を買われバーランダーを上回る契約金でタイガースにドラフト1位で入団したものの球種が少なく先発では期待された活躍ができなかったが、リリーフに転向して開花した。
*ジョシュ・ヘイダー　左のスリークォーターに近い低いアングルで、下から浮き上がるような100マイル近いフォーシームと鋭いスライダーで三振を量産するリリーフ投手。2018年は55試合に登板して防御率2・43、81・1回を投げてなんと143奪三振。1試合での投球数は40球を目処として、連投は2連続までで中2日以上の休養を取る起用をされた。

いるから精神的なプレッシャーは相当大きいが、1イニング限定での登板だと準備もしやすいし、回の頭から投げることができる。必ずしも上位打線と当たるわけでもないので、実はそこまで難易度が高いわけではない。9回はストライクゾーンも広がりがちだから、球威で圧倒するよりも制球が良く駆け引き、出し入れのできるタイプが適合する。広島の中崎などがこれにあたる。より厳しいのは、6〜8回に先発投手や交代した投手が作ったピンチに途中から出ていって、相手の主力と対戦する中継ぎである。登板のタイミングも予想しにくいので、準備の負担も大きい。**「火消し」を求められる投手は圧倒的なボールや制球力が重要であり、能力的には最も高いものが要求される。**山口鉄也や、オリックス時代の抑え転向前の平野佳寿、全盛期の藤川球児がここに配置されていたのは合理的である。

このように、セットアッパーとクローザーは求められる能力が少し異なっており、クローザーは圧倒的な能力よりも精神的にタフで、試合をなんだかんだあっても締められるタイプが望まれる。多少は走者を出してもリードを守りきる、あるいは1、2点取られても同点までは許さないような図太さと経験、様々なアウトの取り方が求められる。若い頃に勢いや球威でセットアッパーとして使われ、徐々に力が落ちてきた頃にクローザーへ転向するのが望ましい。肉体的負担はクローザーの方が低い。

「ストッパー」は「セットアッパー」に近く、「クローザー」とは少し異なる。クローザーは９回や最終回、試合を締めくくる投手で、セットアッパーは７回、８回に出てきてクローザーに繋ぐ投手、そしてストッパーは７回、８回から出てきてそのまま最後まで投げきって試合を完了させるような投手である。ちなみにアメリカの大学野球では、明確に「ストッパー」という役目があり、表彰も行われているそうだ。昔の日本でもこうしたストッパーが多かった。時代の変化とともに分業細分化が進んでリリーフは１イニングごとに交代するのが普通になっていたが、ここにきてＭＬＢではストッパーが復活してきている。負担が大きいので休養を普通より多く与える必要もあるが、それでリリーフ陣を回せるなら有効だろう。

個人的には、楽天の松井裕樹などは制球こそあまり良くないがボールの質はものすごいので、ヘイダーのように登板間隔や休養、球数に気を配りながらストッパーの役割を担っても面白いと思う。

◆レバレッジで考える継投ルール

継投レバレッジという考え方がある。局面ごとの重要性を難易度、勝利の確率から計算し、投手起用を決める方法だ。**野球は常に勝てるものではなく、優勝チームでも年間60試合**（Ｍ

LBなら70試合程度）は負けるものである。決して手を抜けというわけではないが、全部の試合を勝とうとして常に良い投手から起用していくと、選手が疲弊してしまいトータルではかえって勝てなくなるのだ。シーズン終盤の勝負どころやプレーオフなどの重要な試合、相手の中継ぎに難があり逆転が見込める場合には逆転を狙う采配もある。しかし、年がら年中それをやっていたらAチームの投手は疲弊し、故障してしまう。**長丁場《ながちょうば》では「ある程度」温存しておき、レバレッジの高い局面で万全の起用をできるように準備しておくことが重要なのである。**Bチームが経験や自信をつかめば投手陣全体の層が厚くなり、采配もより楽になる。投手力が底上げされれば、ドラフトで野手を指名する余裕も生まれる。

1、2点の僅差でのリードは当然として、3点リードの場面でもセーブやホールドがつくためAチームのセットアッパーやクローザーが起用されるが、4点差以上なら温存するのが普通の考え方だ。だが、日本にはこれすら理解できず4点差でも手を抜かずに主力投手をつぎ込むチームが散見される。これでは無駄に疲弊して、他の接戦を落としてしまう。クローザーが登板していることが多いのである意味当然だが、3点差ですら逆転負けを喫することはめったに起こらないので、温存しても良いだろう。一方、ホームチームは9回表1点ビハインドでの勝率も10パーセント程であるから、ここでわずかな可能性にかけてAチームをつぎ込む必要はない。私は日頃からこうした話を感覚的に捉えて、データで補強して強調しているにすぎない。

2018年4月18日の西武対日本ハムで、日本ハムは8回表が終了した時点で8点リードしていた。勝利濃厚の場面で余裕の継投に入ったが、ここから西武の強力打線に捕まり、まさかの大逆転負けを喫した。手を抜いたわけではないし妥当な継投だったが、西武の強力打線が試合をひっくり返してしまった。**こうしたミラクルを起こせるチームが強いと同時に、このような展開は年間を通じても1試合か2試合程度の、ある意味「事故」である。勝負事には現場の人にしかわからない恐ろしさも確かにあるだろうが、まさかの大逆転を恐れて8点リードした試合でAチームを必要以上に投入する必要はない。こうした事故は割り切る「大局観」が肝要である。**

日本人は極度の心配性で、実際に登板するかわからないのにブルペンで何度も準備する。巨人の中継ぎ投手田原誠次は、2016年にはなんと143試合中128試合もブルペンで肩を作っていたそうだ。しかし、これでは試合で投げなくても疲弊してしまう。日本以外の投手はブルペンでは投げる直前まで肩を作らずに、出番の直前に10球程度、数分で肩を作って出ていくのが普通であるという。海外経験者の吉井理人氏や高津臣吾氏、大家友和氏などは短時間で肩を作るノウハウを持っているようだ。体質などもあるだろうが、投げない日はブルペンでも一切投げずに腕を休める勇気と大局観も必要である。逆に、肩を一度作ってしまったのなら、もったいないから投げた方が良い。ブルペンで3回準備したら1試合登板とみなして査定するチームもあるようだ。

中継ぎだけでなく先発投手も、調子が良かったり中継ぎに不安があるからといって、何度も130球以上を投げさせたり、中4日、5日を繰り返したりすると徐々に疲労が溜まって調子を落とし、最悪の場合は故障に繋がってしまう。杉内俊哉や涌井秀章はこのパターンが多かった。なるべく先発も長く投げすぎずリリーフも登板過多とならないバランスを、手持ちの人員構成から探っていくのが継投の基本思考だ。

◆先発投手のリリーフ化

球速上昇の話などでも触れたように、最近の投手のレベルアップぶりはすさまじい。体感的に、MLBでは2008年頃から投手のレベルが急激に上昇し始めた印象を受ける。アスレチックスやヤンキースなどで活躍した強打者のジェイソン・ジアンビは「昔はエースクラス以外に95マイル以上を投げる投手は多くなかったから力の落ちるローテ4、5番手を打ち込んで打撃成績を稼げば良かったが、今ではローテ下位のマイナー上がりの若造でも、当たり前のように95マイル以上を投げる。難しい時代になった」と語っていた。今や１００マイルも珍しいものではない。日本でも１５０キロは特に驚く数字ではなくなった。

このように全体の平均レベルが向上すると、突き抜けることが難しくなってくる。例えば平均95マイル、１５３キロを投げる先発投手も今では平均より1、２キロ速い程度だ。昔は少し力を抑えながら投げても平均を軽く上回れていたのに、今ではちょっと手を抜くだけで下回ってしまう。打者もパワーが上がっているから、抜いたボールでなんとなく誤魔化すか、打たせて取ることが以前より難しい。下位打線にも平気で一発を打たれる。

先発投手は7回１００球を投げるとしたら当然、全てを全力投球できるわけがない。試合を通じてペースを配分し、イニングや場面、打者ごとに強弱をつけて投げ分ける。例えばシャーザーなどはこの調節がうまくて、４回を投げるのに80球くらいかかっていたら5回の下位打線はヒョヒョイと打たせて7球くらいで片付けたりできる。派手な三振のハイライトだけを見てもわからない部分だ。また、大型車である先発投手は、立ち上がりはまだエンジンがかかっていない。のらりくらりと凌いでいくうちに徐々にエンジンが温まり、いわゆる尻上がりで調子が上がっていく先発完投型の投手も、かつては少なくなかった。しかし、今ではよほどずば抜けた投手でない限りはそんなことはできず、たちまち捕まってしまう。

この代表格が前田健太である。日本を代表する投手のマエケンですら、平均球速は約92マイルでＭＬＢ平均を下回っている。スライダーや強化したスプリットチェンジ、ノビのあるフォーシーム、フィールディングなど全て揃った素晴らしい投手だが、メジャーレベルでみるとスペック的にはこれが普通である。だから、マエケンが長いイニングを投げようと無意識的に日本時代の感覚で立ち上がると、早い回で捕まり大量失点してしまう。

こうした力感を是正して、最初から全力投球に近い感覚で投げさせるために、チームは前田にリリーフを経験させた。もちろん契約の問題やチーム構成との兼ね合いなどによるものではあったが、裏にはこういう意図もあっただろう。そして、センス抜群のマエケンはリリーフにもすぐに適応し、いきなり１００パーセントに近いパワーで投げる感覚をつかみ、プレーオフやワールドシリーズで活躍した。その後先発に戻ると、その力感で多くの三振を奪い、一方で最初から飛ばして投げているから80～１００球ほどでスタミナ切れを起こし、５～6回程度を抑えて降板する形が増えている。今後は先発ローテーションの下位や中継ぎエース、ストッパーでの起用などユーティリティ投手として活躍していくことが予想される。

先発投手の早いイニングでのスタミナ切れはマエケンに限った例ではなく、メジャー全体の投手に当てはまる傾向である。先発投手が少し抜きながら抑えられる場面が減り、これまでだったら6～7回を投げられた投手が4～5回を投げるのがやっとになってきている。**6～7回を目指してダラダラと打たれて降板するよりも、初回から飛ばしていけるところまでいく方が効率的になっているのだ。先発がペース配分をせず、初回から飛ばす「リリーフ化」が進んでいるとも言える。配球もまた、ボール球になるくらい大きく変化させて打たせない、リリーフ的な要素が強まっているのも事実である。「先発のリリーフ化」は球速上昇や三振の増加に拍車をかけている。**

◆オープナー、ブルペンデー、規定投球回

先発がリリーフ化する一方、長いイニングは無理でもイニング跨ぎをして2～3回くらいなら抑えきれるリリーフ投手も増えている。これまでだと3巡目に捕まっていたような先発投手がロングリリーフに転向して、イニング跨ぎをするケースも多い。**要するにほぼ全ての投手が平準化されてきており、先発とリリーフの垣根が低くなっているのだ。**先発投手も中4日で6～7回を投げきる人ではなく、中4日で5回を投げるロングリリーフのようなイメージに変わってきている。こうなると投手の年俸も平準化されてくるだろうし、ワンポイン

トのようなタイプは登録人数の枠を浪費してしまうので居場所がなくなりつつある。相手の左右に関係なく、最低でも１イニングは投げきれないと使いにくい。

いきなりリリーフ投手を先発させる「オープナー*」や、リリーフ投手のみが登板する「ブルペンデー*」などの試合も増えてきている。中２日で投げるヘイダーのような投手が順番に出てきて、３人くらいで試合を賄《まかな》ってしまうことも十分に考えられる。打者としても当然、同じ投手が投げ続けるよりも異なる（レベルの高い）投手が出てきた方が対応しにくい。２０１３年のＷＢＣでリリーフ投手ばかりを揃えて優勝したドミニカ共和国のようなチームが増えていくと予想される。日本の先発投手至上主義の考え方ではちょっと想像しにくいかもしれないが、ＮＰＢでも菅野智之クラス以外はこうなっていくと思われる。事実、２０１８年に日本一になったソフトバンクは規定投球回数に到達した投手が０人であった。これはリーグ全体に言えることで、セ・パ両リーグともに以前は15〜20人近くいた規定投球回数の到達者が、今では８〜９人しかいない。投手交代を増やしすぎると中には不調の投手もいて失敗するリスクも上がるはずだが、今の投手たちはハイレベルで計算通り抑えられるケースが増えてきているということでもある。こうなってくると、勝利投手の記録が先発投手につく割合が減っていくだろうし、規定投球回数という概念すら見直される可能性がある。

まだ年俸調停権や実績を持たない、若くて強力なリリーフ投手たちが酷使されている上に年俸も安く抑えられている現況は、正直好ましいものではない。こうした投手たちは地位や年俸の向上を訴えるだろうし、相対的に仕事量の減った先発投手の年俸はやや下がる方向に力がはたらいていく。一部のスーパー投手を除いて巨額契約も減っていくだろう。貢献度が数字でより明確になれば、実績に応じた固定給プラス完全出来高制のような年俸体系に近づいていくかもしれない。

◆ポスト分業化時代のユーティリティ

投手だけでなく、野手にも酷使がある。週6日も試合のあるプロ野球は独特なスポーツで、

＊オープナー　初回に力のあるリリーフ投手を先発させて上位打線を封じ、2回や3回から本来の先発投手が投げる戦術。本来の先発が上位打線と対戦する回数を減らせるため、3巡目で捕まるタイプを助けられる。若い先発投手の育成にも役立つ。以前から理論的には提唱されていたが、タンパベイ・レイズが実際に導入し、一定の成果をあげた。年俸の安いリリーフを活用する資金力の乏しい球団により適合する考え方。29人目の登録が可能となった日本でも導入されそう。

＊ブルペンデー　オープナーの派生系で、リリーフ投手のみの継投で試合を投げきる考え方。日本でもいわゆるローテの谷間の試合では、ある意味オープナーやブルペンデーに近い起用法がされてきたと言えなくもない。左投手を先発させて相手打線に右打者を並べさせ、すぐ右投手に交代する策も、昔からあったが復活してきた。

野手は体力の消耗も少ないと考えられがちだが、最近はそうでもない。無理して試合に出続けた結果、身体の負担が強まって故障したり、限界を超えて急激に衰えたりするケースも散見される。特に捕手の負担は大きくなる一方で、投手のボールの高速化、変化の鋭角化、球種の増加、データやサインの複雑化の上に、フレーミングやブロッキング、最低限の肩力など、求められる要素が増え続けている。そのため、全試合で1人の捕手が出場し続けるのはほぼ不可能になりつつある。**野手も捕手も主力と力が変わらないレベルの控えを作る重要性が増してきており、選手をうまく「回していく」運用の概念がこれまた不可欠となってきている。**ソフトバンクは甲斐キャノンで一躍有名となった甲斐も素晴らしいが、実力的に遜《そん》色《しょく》のない高谷裕亮を起用できることも大きかったように思う。

　投手1人あたりの投球イニングが減少してより多くの投手が登板するということは、その分だけ野手の登録選手数を削る必要がある。かつてメジャーロスター（選手枠）25人の構成は野手14人投手11人が一般的だったが、最近は野手12人投手13人が主流だ。この時、複数のポジションをハイレベルでこなせて主力と遜色ない打力を持つユーティリティ選手がいれば、大変心強い。アストロズにはマーウィン・ゴンザレス（現在はＦＡ）、ドジャースにはクリス・テイラーやキケ・ヘルナンデス、シカゴ・カブスにはベン・ゾブリストやイアン・ハップ、ハビアー・バイエズ、レッドソックスにはブロック・ホルトなど、ＭＬＢの強豪チームには「スーパーユーティリティ」が増えている。
　私が元巨人（２０１９年からＤｅＮＡ）の中井大介を諦めきれないのも、ここにある。フィジカル的なポテンシャルは高く、内野もショート以外はこなせて外野も守れる。パンチ力のある打撃をあと一歩伸ばすことができたら、スーパーユーティリティになれるのだが……。守備も守備範囲は広いのにグラブ捌きやスローイングの乱れで低く評価されている。西武は外《との》崎《さき》修汰が内外野を守れるので、中村剛也が怪我や不調時にはサードで出場させて、復帰すると外野に回すことが可能だ。こうすれば主力の不在を補い、休養を与えられる。ちなみに、最近ではＤＨに打撃専用の選手を置くのではなく、休養用のポジションとしてうまく活用することが増えている。

　巨人の４番として大きく飛躍した岡本和真もサード、ファースト、レフトと多くのポジションを守れて、どのポジションでも打撃成績を落とさないから重宝する存在だ。サードが本職でありながらファーストや外野もこなす、カブスのクリス・ブライアントと似たような選手である。ベストナインやゴールドグラブ賞の選考で、どのポジションとして扱うべきかわからない選手も増加していくだろう。投手のリリーフ化とも似た現象である。守備シフトの発達で、例えばサードにも二遊間並みのピボット能力が求められたり、セカンドはほぼライトのようだったりする。そのポジション固有の動きしかできない選手は淘汰《とうた》されやすい。

　ポジションを固定せず、様々なことを高いレベルで維持できるスーパーユーティリティは、補強戦略も楽にしてくれる本当にありがたい存在だ。キャッチャーと内野手は親和性が高いから、キャッチャーと内野を両方こなす選手も増えるかもしれない。力のある捕手を２人揃えられれば併用できる上に、３番目の捕手を削って投手を多く登録できる。

　さらに、**大谷の出現もあり二刀流選手も増えていくことだろう**。ＭＬＢでは、大量失点して負けがほぼ決まった試合では、投手の無駄遣いを避けるためとファンサービスの意味合いで野手を登板させることが多々あり、２０１８年には１９６１年以降で最多となっている。今は「打たれてもいいや」という半分お遊びのような選手も多いが、例えばここで、ある程度なら計算できる投球をしてくれる野手がいれば、話は変わってくる。それにより逆転できる試合があればかなりお得だ。そのため、投球にも本気で取り組む野手が現れてくるだろう。シンシナティ・レッズの二刀流選手マイケル・ローレンゼンは、本職こそリリーフ投手だが時たま代打でホームランも放っているし、内野を本職とするマット・デービッドソンも投球センスが高く、２０１９年から二刀流に挑戦するようである。**ハイレベルなプロ野球では分**

業化が進む一方であったが、運用の概念が不可欠となった昨今は、かつての高校野球のように様々なポジションをこなす選手が増加していく「ポスト分業化時代」に突入していると考えられる。

◆180度異なる短期決戦

長期戦での勝者が最も称《たた》えられるべきではあるが、長丁場を制した一流チーム同士が負けられない一戦必勝の短期決戦を戦うのは、本当に面白い。MLBのプレーオフは一流チームの一流選手たちによる「大人の甲子園」で、その面白さは群を抜いている。日本シリーズでもセ・パ両リーグの優勝チームによる、数々の名勝負が繰り広げられてきた。ワールドシリーズ制覇以外は失敗とみなされるヤンキースの主将を務めたジーター曰く、レギュラーシーズンは「予選」だそうだ。長期戦だけでなく短期決戦も勝ち抜けるチームが「真の王者」とも言える。短期決戦はチームのピークを持ってこられるか、ここぞの場面でビッグプレーを決めきれるかが命運を分ける。それらを全て「運」と切り捨てる一部の風潮はいかがなものかと思う。

レギュラーシーズンは60敗できるし、この短期決戦に備えて出し惜しみをする必要もある。

長丁場だからある程度の捨て試合は仕方ない。だが、短期決戦ではほぼ「絶対に負けられない戦い」に近い（とはいえ7回戦制の場合は「3敗まではできる」という捉え方もできるので、そのバランスの中でのやりくりは必要だ）。

短期決戦はシーズン中ほど捨て試合が作れないので、先発投手の見切りも早くなる。ローテーションの間隔を詰めて投げることも可能だから、登板日でない先発投手や先発ローテーションから漏れた投手も「第2先発」としてブルペンに待機する。2016年のクライマックスシリーズ（CS）と日本シリーズの日本ハムは第2先発でルイス・メンドーサやアンソニー・バースが活躍したり、吉川光夫がロングリリーフで残っていたり、日本シリーズ第1、2戦の負け試合ではAチームが温存されていたりと、相当綿密な計算がされ、かつ保険もかかっていた。圧倒的なクローザーのクリス・マーティンが日本シリーズを故障で欠場したにもかかわらず、完璧な投手運用だった。6戦連続で今村猛とジェイ・ジャクソンを投入し、結局は打たれた広島と対照的である。

ちなみに、MLBは球数管理が厳密で、常に100球で交代させるイメージがあるかもしれないが、プレーオフの終盤ではエースが中1日や中0日で登板することも全く珍しくない。最後にはカーショウやクリス・セールを抑えに投入して相手を振り切ることもある。そのためにも、シーズン中はなるべく無理をしないでおくのだ。

２０１８年の日本シリーズを制したソフトバンクも、武田翔太と石川柊太*というパワーピッチャーをロングリリーフとして待機させ、先発を早く交代させてもセットアッパーの加治屋蓮とクローザーの森唯斗に繋ぐ役目を果たしていたのが大きい。こうした投手を複数準備できると、序盤と終盤の2つの山場に対応できるから心強い。リーグ優勝した西武にはこれが欠けていた。以前は6~8回に来ていた試合の山場が「先発のリリーフ化」によってまず3~5回に来るようになっており、例えばブリュワーズは、２０１８年のプレーオフではクローザーのコーリー・クネイベルをこのひとつ目の山場でセットアッパー的に起用していたし、２０１７年のＷＢＣでも小久保監督が平野佳寿を同様の形で投入していた。もはや「セットアッパーは7回8回」という思考停止の継投法は通用せず、ある程度パターン化の必要はあるものの、柔軟で臨機応変な起用が求められる。投手も様々な起用法に対応すべく、出番の前で一気に肩を作る方法が望ましい。

*石川柊《しゅう》太《た》　千賀滉大に次ぐ、ソフトバンク育成の星。１５０キロ台中盤のストレートと伊藤智仁の高速スライダーを参考にしたパワーカーブを武器としているが、スラット気味のスライダーやスプリットも素晴らしい。ももいろクローバーZの大ファンとしても知られ、田中将大に次ぐアイドルオタクの一流投手となりそう。

また、短期決戦では、チームの中心選手だとしても不調なら見切る冷酷さも必要だ。シーズン中なら復調するまで我慢できるが、短期決戦にそんな時間はない。情に厚い監督はこうした舵取りが苦手なのか、選手と心中してしまうことも少なくない。

また、短期決戦ではデーブ・ロバーツ現ドジャース監督が現役時代に決めた「ザ・スティール」[*]のような一か八かのプレーも必要な局面が出てくる。こうしたビッグプレーを決められるか否かが勝敗を左右する。長期戦では物量さえあれば細かな部分での粗はあっても勝てるが、短期決戦ではそれに加えてあらゆる部分での繊細さや緻密さ、大胆さもまた求められる。**長期戦で求められる大局観は、試合を作る投手と長打中心の得点分散を小さくする打線、短期戦では相手を完璧に封じるパワーピッチャーと走者を確実に返すコンタクト中心のバランスなのかもしれない。**

◆ピッチャーズパークとバッターズパーク

野球がいかにもアメリカ発祥のスポーツだなと感じるのが、あれだけ細かくデータや記録の連続性、一貫性にこだわる割には、根本的にプレーをするグラウンドの大きさや形状が球場ごとに全然違うところだ。同じ大きさのフィールドは皆無であるどころか、左右が非対称だったり、フェンウェイパーク＊のように外野フェンスの高さが同じ球場内で異なったりする。私たちはこれを当然のことのように受け止めているが、冷静に考えれば球場ごとに環境がここまで異なるのはおかしな話である。

大抵の日本の球場は左右対称ではあるが、当然のようにフィールドの大きさやフェンスの高さは違うし、芝も天然芝か人工芝か、また同じ人工芝でも材質が異なる。屋外か屋内か、海沿いか高地か、温暖地か寒冷地かといった様々な条件があって、当然のことながら選手のプレーはこうした球場の影響を大きく受ける。狭い球場なら当然ホームランは出やすいし、ファールグラウンドが広い球場なら当然打者は不利になる。

＊ザ・スティール　2004年のア・リーグ優勝決定シリーズ第4戦、3対4で迎えた9回裏に代走で起用されたレッドソックスのデーブ・ロバーツが、100パーセント走ってくるとわかる場面で牽制を3回受けた後に決死の覚悟で決めた盗塁のこと。この後同点に追いつき、延長戦でデビッド・オルティーズのサヨナラホームランで勝利したレッドソックスは0勝3敗、1点ビハインドでヤンキースのマリアノ・リベラが9回のマウンドに立ちはだかるという絶体絶命の状況から息を吹き返し、4連勝の大逆転を果たしてそのままワールドシリーズ制覇までかけあがり、「バンビーノの呪い」を解いた。

＊フェンウェイパーク　1912年に開場したMLB最古の球場で、ボストン・レッドソックスの本拠地。レフトが94・5メートルと狭く、簡単にホームランが出ることから「グリーンモンスター」と呼ばれる高さ11・3メートルの巨大フェンスが設置され、親しまれている。打者有利の球場で施設は古く不評の声もあがっているが、独特の雰囲気で人気を博している。

図表6-4　2018年NPB各球団本拠地（1軍）のパークファクター

順位	球場名	球団名	得点	本塁打	単打	二塁打	三塁打	四死球	三振
1	明治神宮球野球場	東京ヤクルトスワローズ	1.41	1.78	1.09	1.13	1.06	1.09	1.03
2	メットライフドーム	埼玉西武ライオンズ	1.24	1.30	1.05	0.94	1.83	0.94	0.94
3	横浜スタジアム	横浜DeNAベイスターズ	1.11	1.24	0.99	1.07	0.54	0.87	0.92
4	楽天生命パーク宮城	東北楽天ゴールデンイーグルス	1.06	1.10	1.06	0.88	0.73	1.02	0.97
5	マツダ スタジアム	広島東洋カープ	1.01	1.02	1.02	0.83	1.58	1.05	0.98
6	京セラドーム大阪	オリックス・バファローズ	0.97	0.89	0.99	0.97	1.01	1.14	1.02
7	東京ドーム	読売ジャイアンツ	0.95	1.12	0.92	1.01	0.61	1.14	0.97
8	ZOZOマリンスタジアム	千葉ロッテマリーンズ	0.90	0.88	0.98	1.04	1.65	0.96	1.00
9	札幌ドーム	北海道日本ハムファイターズ	0.89	0.64	1.05	1.16	0.89	0.83	0.95
10	福岡 ヤフオク！ドーム	福岡ソフトバンクホークス	0.88	1.07	0.87	1.06	0.53	1.11	1.15
11	阪神甲子園球場	阪神タイガース	0.82	0.60	1.06	0.87	1.10	0.94	1.06
12	ナゴヤドーム	中日ドラゴンズ	0.77	0.49	0.94	1.11	0.93	1.02	0.99

※各イベントの発生確率を平均を１とした比率で表記

出典：日本プロ野球RCAA&PitchingRunまとめblogのデータを基に筆者作成

こうした球場の特性を評価する指標がパークファクター（ＰＦ）であり、得点や本塁打といったイベントがその球場でどれだけ発生しやすいかを示している。数値が大きければイベントが発生しやすい、数値が小さければ発生しにくい球場であることを意味する。ＰＦの算出方法は、該当球場を本拠地とするチームが残した「本拠地と他球場の成績比」がベースとなる。２０１８年のＮＰＢのＰＦを見ると、これだけ打者有利／投手有利が異なるのだから、単純な記録だけで選手やチームの実力は比較できないことがわかる。

例えばナゴヤドームはフィールドが広大でファールグラウンドも広く、マウンドも高く、外野フェンスも高くて色も青くてどこか暗い

図表6-5　2018年NPB各球団本拠地（2軍）のパークファクター

順位	球場名	球団名	得点	本塁打	単打	二塁打	三塁打	四球	三振
1	阪神鳴尾浜球場	阪神タイガース	1.23	1.83	1.12	0.78	0.73	0.96	0.93
2	ロッテ浦和球場	千葉ロッテマリーンズ	1.17	1.36	1.05	1.18	0.95	1.04	0.99
3	読売ジャイアンツ球場	読売ジャイアンツ	1.08	0.82	1.08	1.25	0.79	1.11	0.89
4	タマホームスタジアム筑後	福岡ソフトバンクホークス	1.07	0.86	0.85	1.31	0.98	1.10	1.14
5	西武第二球場	埼玉西武ライオンズ	1.02	1.18	0.98	1.04	1.70	0.90	1.23
6	ファイターズ鎌ヶ谷スタジアム	北海道日本ハムファイターズ	1.01	1.49	0.98	0.91	0.49	0.89	1.04
7	ヤクルト戸田球場	東京ヤクルトスワローズ	0.97	1.04	0.90	0.89	1.43	0.99	0.89
8	ナゴヤ球場	中日ドラゴンズ	0.95	0.84	1.06	1.31	1.09	0.96	0.94
9	横須賀スタジアム	横浜DeNAベイスターズ	0.92	0.73	0.93	0.93	1.15	1.02	1.06
10	由宇練習場	広島東洋カープ	0.90	1.34	0.89	0.76	1.34	1.02	1.09
11	森林どりスタジアム泉	東北楽天ゴールデンイーグルス	0.85	0.53	1.13	0.86	0.85	1.10	0.89
12	オセアンバファローズスタジアム舞洲	オリックス・バファローズ	0.77	0.32	1.11	0.97	0.90	0.91	0.91

※各イベントの発生確率を平均を1とした比率で表記

出典：日本プロ野球RCAA&PitchingRunまとめblogのデータを基に筆者作成

雰囲気の球場だから、個人的には打者にはかなり不利ではないかと思う。あの球場で打撃成績を残して、広いフィールドを守っていた落合監督時代の野手は相対的に優秀であったという話も理解できる。余談だが、フェンスの色もＰＦに影響を与えるようで、オリックスの本拠地である京セラドームは色を紺に塗り直してから三振が増えて、打者に不利になった。ナゴヤドームも三振が多い球場であり、ＭＬＢでも紺色の壁のコメリカ・パークは同様の傾向があるので、青や紺系統のフェンスには打者がボールを見にくくなる効果があるのかもしれない。

また、同じチームでも1軍と2軍の本拠地でＰＦが大きく異なるケースが、比較的多く見受けられる。例えば、ロッテ2軍の浦和球場は狭く、イースタン・リーグで最も打者有利の球場となっているが、1軍の本拠地ZOZOマリンスタジアムはフィールドが広くファールグラウンドも異常なまでに広く、海沿いの立地で風が強く、気圧も高いため打者に不利な球場となっていた。そのため、例えば2軍で結果を出している野手を昇格させようと考えた際には、打者有利の狭い球場で結果を出しているにすぎない可能性を考慮する必要がある。パ・リーグの1軍投手相手に、広いZOZOマリンスタジアムで2軍時代と似たような結果を出すのは容易ではない。阪神の鳴尾浜《なるおはま》と甲子園でも似たような現象が起こりうる。1軍と2軍の本拠地は、サイズや環境を完全に一致させるのは難しくても、打高か投高かのバランスくらいは統一しておいた方が効率的だと考えられる。選手の見極めや入れ替えも的確に行えるし、チームの戦い方が統一される。可能であればサイズやファールグラウンド、フェンスの高さや色を一致させるのが望ましい。ZOZOマリンスタジアムも2019年シーズンからラグーンを設置して外野フェンスを前にズラし、ファールグラウンドも小さくする決定をしたが、当然の判断と言える。

MLBにも特徴的なフィールドがいくつかある。コロラド・ロッキーズの本拠地クアーズ・フィールドは標高1600メートルの高地にあって、気圧が平地の約85パーセントと低

図表6-6　2018年MLB各球団本拠地のパークファクター

順位	球場名	球団名	得点	本塁打	単打	二塁打	三塁打	四球
1	グローブライフ・パーク・イン・アーリントン	テキサス・レンジャーズ	1.352	1.273	1.171	1.165	1.957	1.096
2	クアーズ・フィールド	コロラド・ロッキーズ	1.271	1.280	1.233	1.475	2.025	1.005
3	ナショナルズ・パーク	ワシントン・ナショナルズ	1.134	1.173	1.084	1.219	0.821	1.051
4	グレートアメリカン・ボールパーク	シンシナティ・レッズ	1.128	1.395	1.023	1.038	1.364	1.160
	プログレッシブ・フィールド	クリーブランド・インディアンス	1.128	1.019	1.031	1.040	1.000	1.027
6	ヤンキー・スタジアム	ニューヨーク・ヤンキース	1.126	1.166	1.103	0.912	0.714	1.140
7	サントラスト・パーク	アトランタ・ブレーブス	1.120	0.802	1.011	0.979	0.774	1.014
8	リグリー・フィールド	シカゴ・カブス	1.079	1.025	0.996	1.007	1.199	1.039
9	フェンウェイ・パーク	ボストン・レッドソックス	1.078	0.969	1.057	1.366	1.276	0.910
10	カウフマン・スタジアム	カンザスシティ・ロイヤルズ	1.060	0.895	1.037	1.123	1.321	1.072
11	チェイス・フィールド	アリゾナ・ダイヤモンドバックス	1.057	0.955	1.033	0.962	2.136	1.069
12	シチズンズ・バンク・パーク	フィラデルフィア・フィリーズ	1.042	1.190	0.980	0.967	0.879	0.943
13	ペトコ・パーク	サンディエゴ・パドレス	1.032	0.983	1.028	1.090	1.000	1.250
14	AT&Tパーク(2019年からオラクルパーク)	サンフランシスコ・ジャイアンツ	1.012	0.752	1.008	1.060	1.483	1.025
15	ミラー・パーク	ミルウォーキー・ブリュワーズ	1.011	1.116	0.952	0.929	0.893	1.012
16	ターゲット・フィールド	ミネソタ・ツインズ	1.004	0.916	1.019	1.128	0.920	1.016
17	ミニッツメイド・パーク	ヒューストン・アストロズ	0.987	1.040	0.948	0.858	0.857	0.992
18	オリオールパーク・アット・カムデンヤーズ	ボルティモア・オリオールズ	0.982	1.121	0.997	0.847	0.690	0.978
19	エンゼル・スタジアム	ロサンゼルス・エンゼルス	0.969	1.138	0.918	0.898	0.615	1.019
20	ロジャース・センター	トロント・ブルージェイズ	0.958	1.125	0.984	1.087	0.092	0.989
21	コメリカ・パーク	デトロイト・タイガース	0.945	0.867	0.995	1.029	1.300	0.931
22	ギャランティード・レート・フィールド	シカゴ・ホワイトソックス	0.943	0.969	1.007	0.834	0.778	0.905
23	トロピカーナ・フィールド	タンパベイ・レイズ	0.926	0.880	0.921	0.817	1.172	0.994
	ブッシュ・スタジアム	セントルイス・カージナルス	0.926	0.856	0.979	0.907	0.750	0.857
25	PNCパーク	ピッツバーグ・パイレーツ	0.880	0.849	0.991	1.081	0.693	1.075
26	ドジャー・スタジアム	ロサンゼルス・ドジャース	0.872	1.057	0.939	1.003	0.285	0.808
27	セーフコ・フィールド(2018年12月からT-モバイル・パーク)	シアトル・マリナーズ	0.846	0.984	0.911	0.799	0.833	0.939
28	オークランド・コロシアム	オークランド・アスレチックス	0.840	0.756	0.919	1.100	0.696	0.950
29	マーリンズパーク	マイアミ・マーリンズ	0.747	0.650	0.941	0.885	0.732	0.988
30	シティ・フィールド	ニューヨーク・メッツ	0.731	0.888	0.840	0.643	0.758	0.862

※各イベントの発生確率を平均を1とした比率で表記

出典：ESPNなどのデータを基に筆者作成

い。高地で空気密度が低くなると変化球が曲がりにくくなる上に、空気抵抗が弱くなるため打球が伸びやすくなる。そのため打者に有利な球場の代表と言われており、ここで１９９６年にノーヒット・ノーランを達成した野茂は驚異的である。クアーズ・フィールドを本拠地としてある程度の成績を残せる投手は相当優秀だと言える。一方、ロッキーズの打撃陣は表面上の打撃成績こそ豪快に見えるがアウェーではチーム打率が.225にまで落ち込むので、本拠地の形状や特性、環境に特化した打撃スタイルであることが想像できる。

サンフランシスコ・ジャイアンツの本拠地ＡＴ＆Ｔパーク（２０１９年からオラクルパークへ名称を変更）はサンフランシスコ湾に面した美しい球場で、ライト後方の海にホームランが飛び込む「スプラッシュヒット」が名物だ。バリー・ボンズ*は現役時代にこのスプラッシュヒットを量産していたが、実際はホームランのとても出にくい球場である。ライトポールまでの距離は94メートルと短いがフェンスが７・６メートルと高く、右中間の最深部は１２８メートルもある。また、海風で打球が押し戻される。ただその分、外野は広いこともあり三塁打などは出やすいようだ。イチローが２００７年のオールスターでフェンス直撃のランニングホームランを放っている。シアトル・マリナーズの本拠地Ｔ‐モバイル・パーク（元セーフコ・フィールド）やＺＯＺＯマリンスタジアムなども含め、海に近い球場は基本的に標高も低く海から強風が吹いているため、ホームランが出にくく投手有利の球場となりやすい。

また、気温も打球の飛距離に大きな影響を与える。気温0度に対して30度の場合は空気密度が約10パーセント低い。空気密度が低いと打球が飛ぶようになるから、暑い夏場やデーゲームには、寒い春先やナイトゲームより打球が飛ぶ。ダルビッシュが所属していたテキサス・レンジャーズの本拠地グローブライフ・パーク・イン・アーリントンは夏になると気温40度を超える灼熱の暑さで、かつ球場は狭く、マウンドも暑さでコンクリートのように固まっている、極めて投手に不利な球場だ。だからレンジャーズは昔から打撃のチームであり、投手はなかなか移籍してきたがらない。ダルビッシュの投手成績も、実態より低く見えていた可能性がある。ちなみに、気温を考慮して補正をかけたＤＲＡという指標もあるようだ。

＊バリー・ボンズ　父ボビー・ボンズもメジャーのスター選手というサラブレッド。年間30本塁打30盗塁の30－30を通算5度達成し、父ボビーと並んで史上最多。史上4人しかいない40－40も達成したオールラウンダーの天才だが、90年代後半のマグワイアとソーサの本塁打王争いに嫉妬したとされ、薬物使用が疑われるほど身体が巨大化。２００１年には年間73本と本塁打数年間新記録を更新し、通算でもハンク・アーロンを抜いてメジャー最多本塁打記録を達成した（７６２本）。最後の方はまともに勝負するだけ無駄だからと、ほとんどの打席で歩かされ、年間２３２四球、１２０敬遠、出塁率.609というテレビゲームのような成績を残した。

◆球場のデザインが試合に与える影響

以上を踏まえると、ＰＦに影響を与える要素は次のようにまとめられる。

単純な球場特性
・外野とファールエリアの広さ
・フェンスの高さや色
・マウンドの硬さや傾斜

空気の密度
・気温
・海抜高度

風向き
・立地
・気候特性（アメリカ西海岸の偏西風など）

・太陽の向き
・球場の吹き抜け場所
・打球の転がり方
・芝の種類
・地面の含水比（天然芝の場合）
・芝の刈り揃え方と気候

今でこそボールは全球団統一されており差はないが、昔は自軍がやりやすいように飛びやすいもの、飛びにくいものを使い分けていた。MLBでも乾燥した砂漠地帯に本拠地チェイス・フィールドがあるアリゾナ・ダイヤモンドバックスはボールに水分を吹き付けたり、アストロズは敵チームの投手になるべくツルツルの状態のボールを渡したりなどの細工を行っている。そうした小細工がしにくい日本で自軍有利に調整できるのは、フェンスの位置とマウンドの高さや硬さ、芝の材質などである。

ソフトバンクは広くてフェンスが5・8メートルもあったヤフオクドームにホームランテ

ラスを設置し、球場を狭くしてホームランを出やすくした。広すぎる球場は試合がつまらなくなるから是正する目的もあるが、戦略的なものでもあると思われる。三振を多く奪ったりゴロを多く打たせたりできるレベルの高い投手陣であれば、球場が狭くなることによる被本塁打の増加はある程度抑えることができ、野手のホームラン増加分のプラスが上回ると考えたのだろう。

阪神も甲子園球場のラッキーゾーン復活を検討しているが、私もこれは何年も前から主張してきた。大型で球速の速い阪神の投手陣は相対的に優秀であるから、広い球場でなくてもある程度は抑えられるし、ラッキーゾーンを設置してもそこまで被本塁打は増加しないだろう。一方で、野手は守備範囲が狭く打力が低く、広くて浜風が吹いていて天然芝で土のグラウンドという甲子園の環境もあり投手の足を引っ張っている。関東の他の狭い球場ではレベルの高い投手陣が狭さに関係なく抑え込み、打線も爆発することが多いから、明らかに狭い球場向きのチーム構成なのだ。２０１８年には本拠地の甲子園で勝率が３割台というホームアドバンテージが全くない状態であり、早急に是正する必要がある。

また、芝の材質をいじることも最近は積極的に行われているようだ。打球の勢いが弱まりやすい材質の人工芝を採用することによって、選手が大型化して守備範囲が狭まった際のデメリットが小さくなる。巨人は後楽園球場時代から、球場を狭くしてホームランバッターに有利にし、芝を長くして打球の勢いを殺すような球場作りをしていた可能性が高い。ボールをいじれなくなった今ではフェンスと芝、マウンドの高さや硬さを調整することによりホームアドバンテージを作るチームが増えてきている。

最後に触れておきたいのが、ボールについてだ。ボールの反発係数はパークファクター以上に選手やチームの成績を大きく変化させる、極めて重要な要素である（だからこそ、あまりコロコロと変えるべきではない。縫い目の高さや革の材質も同様だ）。

ボールが成績に大きな影響を及ぼしたわかりやすい例が「加藤球」とも呼ばれた、2011～12年に使われた統一球だ。日頃のリーグ戦からWBCなどの国際大会と反発係数を合わせることで世界基準の打力をつけることと、ボールが球場や球団によって異なることの是正を目的としていたが、実際は反発係数が基準値を下回っており、さらにこのシーズンからストライクゾーンも広がったため、ボールが全く飛ばず毎日のように2点差以内のロースコアの接戦が続いた。3時間半ルール*での時間稼ぎも横行したし、長打を諦めたスイングや、逆

＊3時間半ルール　試合開始時刻から3時間半が経過したら、新しい延長回には入らない時間制限ルール。東日本大震災の影響による節電対策として、2011年のレギュラーシーズンで導入された。

に異常な反動をつけてボールを飛ばそうとする選手が増えた。投手はそれほど力を込めたボールを投げなくても抑えることができてしまうので、力を抑えたボールをコントロール重視で投げ込むだけとなっていた。これでは、投手も野手も大きく育たない。理念は素晴らしかったが結果が芳《かんば》しくなく、真逆の方向へいってしまった。例えば2013年以降の中日の低迷には、加藤球によって「球威不足の投手でもなんとかなる」と味を占めて、同系統の投手を獲得し続けたことに一因があるように思う。

これからもボールはある程度飛び、球場は広すぎるよりはある程度狭い方がレベルアップに繋がると思う。投手は打たれないように強いボールを投げ、それができない選手は淘汰されるし、野手は小さくまとまらない打撃を心がけることで大きく育っていくのだろう。

第7章

球団経営・補強論

この章では球団経営とチームの補強という、よりマクロな視点から野球を捉えたい。最近は編成が重視されすぎているきらいもあるが、ビジョンにそった綿密な球団経営と適切な補強がチームを中長期的に強くすることは間違いない。

◆ソフトバンクモデルと日本ハムモデル

私が本書で常々強調している「持っている手札で結果を最大化する」ことは、選手個人だけでなくチーム全体の視点でも全く同じだ。球団ごとに都市の規模や人気、それに伴う予算金額は異なる。大都市の資金力が豊富なチームは人気や注目度も高く、スター選手を獲得したり選手層を分厚くしたりしやすいのは事実だが、常に勝利が求められるので勝って当たり前の中で勝つ難しさがある。NPBに関して言えばペナント3位のチームですら日本一のチャンスがあり、1位チームに与えられたアドバンテージはホームで全試合できることと1勝のみである。プレーオフ制度は興行的に必要だが、3位狙いの小さな野球でも良しとする風潮が生まれる懸念がつきまとう。本来、最も称えられるべきは長期戦のペナントレースを制したチームだが、長丁場の栄光がたった数試合で覆される怖さがある。一方、2、3位のチームは失うものもないから「当たって砕けろ」の精神でぶつかっていける。

そういう意味でも、ここ10年の日本ナンバーワンの球団はソフトバンクであると断言できる。豊富な資金力や的確な戦略による巨大戦力を誇り、常に勝って当然のプレッシャーの中でハイレベルな戦いを繰り広げている。彼らの「勝者のメンタリティ」は素直に称えるほかない。２０１６年の大谷&栗山ブーストのかかった日本ハムや２０１８年の山賊打線の西武のようなチームが現れて苦杯をなめることもあったが、勝率では６割前後を維持して２０１７年には王者を奪還し、２０１８年にはＣＳで西武を倒し２年連続で日本一となった。ソフトバンクと優勝争いをしたチームは翌年軒並み不振に陥るほどであり、彼らと対等以上に張り合うには相当な無理が必要だ。かつての巨人にはソフトバンクのような勝者のメンタリティが備わっており、球界の盟主に相応しい球団であったが、昨今ではそれが薄れてきているようである。

一方、日本ハムのようなスモールマーケットのチームは限られた予算の中で、チームを解体しては作り直すことを繰り返している。ある程度の結果を数年おきに出しては、選手の年俸が高額となったら他球団に移籍させたりする。弱者にもある程度有利な野球という競技においては彼らのようなやり方もひとつの手であり、クレバーさは群を抜いている。選手の見切りのうまさも素晴らしい。ただ、**若い選手を確かな目で獲得して大物に育て上げていく手**

法は、育成の大好きな日本人には大受けするようだが、苦肉の策である面も否めない。本来は育成と補強の両翼を掲げるのがベストである。補強で主力クラスを獲得して責任を負わせることで「防波堤」とし、若い選手をのびのびとプレーさせることで育成は進むものでもある。**定期的に冷酷に選手を見切り、チームを解体するやり方は本来もう少し賛否両論があるところで、目利きを誤ったり育成に失敗したりすれば途端にチームは競争力を失ってしまう、リスキーな球団経営手法である。**札幌ドームの使用料などが高額で経済的余裕のない事情もあるから、自前の新球場を建設して資金力がつけば、経営戦略もまた変わってくるだろう。

広島もかつては資金力が乏しく、また逆指名制度で有力な選手を補強できず、ＦＡで中心選手を「強奪」される苦しい時期を過ごしていた。だが、逆指名制度*がなくなり、確かな見る目で有力な選手を獲得して育成し、外国人を的確に補強し、黒田には4億円（その後は6億円）の年俸を払って復帰させるなど資金力でもかつてほどのディスアドバンテージはなくなってセ・リーグ3連覇を果たす黄金期を迎えている。だが、彼らの内面に染み込んだ弱小球団のメンタリティが邪魔をして、王者の野球をやりきれていないように見える。客観的に見ても自分たちが「格上」だと気づいたのは２０１６年以降だが、名実ともに日本一となって勝者のメンタリティを得られるかどうかの瀬戸際に来ている。このまま日本一になれないまま、徐々に主力が高齢化して戦力がダウンしていくと「リーグ優勝止まりのチーム」となりかねない。丸佳浩がＦＡで巨人に移籍したが、今後はより「追われる側の苦悩」が広島の前に立ちはだかる。主力選手のピーク年齢も重なっており、その足取りにも注目である。

◆アイビーリーグ人材の参入

「メジャーリーグはビジネスというにはスポーツでありすぎ、スポーツというにはビジネスでありすぎる」。元カブスのオーナー、ウィリアム・リグレー・ジュニアの言葉である。

この言葉からもわかるように、野球はスポーツであると同時に、投資やビジネスと似た側面を強く持っている。個々のプレーもそうだし、監督の采配、フロントの編成もリスクとリターンを天秤《てんびん》にかけた上で、手持ちの資源に応じたトータルでの結果の最大化が求められ、局面ごとの判断が連続していく。人生とも通じており、面白い。

そのため野球は数字とも親和性が高く、昨今では高いレベルでの野球経験を持たない金融関係者やアイビーリーグ出身の理系の人間の数多くが、球団フロントに採用されるようにな

＊逆指名制度　ＮＰＢのドラフト会議において、ドラフト上位候補選手が希望球団に入団できる制度。かつての名称は「自由獲得枠制度」。１９９３年に導入され、２００６年を最後に廃止された。

ってきている。例えばドジャースのフロントはアナリスト型のファーハン・ザイディGM（2019年からサンフランシスコ・ジャイアンツの編成本部長に就任）と、選手の交換、契約、交渉、駆け引きなどを担当するアンドリュー・フリードマン社長の二頭体制になっていたのは興味深い。

球団経営で私が最も重要だと考えるのが「戦略的撤退」である。「全体の戦況を不必要に悪化させず、長い目で見て勝利を得るために、戦術的には不利であっても一旦撤退すること」だ。元々は軍事用語だが、今ではビジネスなどでもよく使われる。「負けるが勝ち」と大意は同じで、「逃げる」ことをカッコよく言い換えているだけでもある。

私はあらゆる章で野球における「大局観」の重要性をしつこく強調してきたが、野球の経営においても同様で、だからこそ戦略的撤退の考え方が欠かせない。**バッテリーがピンチの場面で敬遠したり、監督が敗戦処理で若手を起用したりするように、球団経営者も時にはシーズンを「捨てる」判断をして、将来への投資に切り替える。それにより短期的には負けるが、長期的な戦力強化を目論むのである。手遅れになる前に方針転換すること、それまでの考えが誤っていた場合には瞬時に改めることも必要で、敗北や失敗は必要なコストと「ある程度」まで割り切り、最終的に勝利して儲かれば良いわけである。**当然だが、毎年は優勝できない。

ただし、プロ野球は興行でもあるから、いつも負けていたり、勝つにしてもつまらなかったりすると、ファンは離れて儲けも減ってしまう。ビジネスとエンターテインメントのバランスを取らなければならず、正々堂々とぶつかる姿勢も時には必要である。

MLBの球団経営は、大まかに3年と6年のサイクルがある。選手は年俸調停権*を得るのに3年、FA権*を得るのに6年のメジャー経験が必要だ。だから、ドラフトで獲得した選手がメジャーに定着し、成長してキャリアのピークを迎えると同時に、年俸が徐々に上がり始め、引き止めることが難しくなる。年俸は上がる一方で選手は段々とピークを過ぎていき、投じた金額に対するパフォーマンスが鈍っていく。そして、黄金期が終わった後にはトレー

*年俸調停権　大型契約で目のくらむような高額年俸を稼ぐメジャーリーガーも、メジャー昇格したばかりの頃は最低年俸に毛が生えたような金額しかもらえないことがほとんど。メジャーリーグサービスタイム（MLS。選手がメジャーに在籍している期間）が3年になると、球団側との年俸交渉で不満がある際に第三者へ調停を持ち込めるようになる。

*FA権　フリーエージェント権の略で、自由契約権を意味する。野球界は球団側の権利が強く、球界への入り口はほぼドラフトだけだし、保留権という球団権利によって一定期間、選手の自由が拘束される。ある意味では6年（日本では7～8年）貢献することで回復する一般的な権利であり、選手のわがままとは言えない。日本とアメリカのFAは厳密には異なるので注意が必要。

ドなどで若手を放出し尽くしたマイナーの焼け野原と、高額年俸でピークを通り越したベテラン選手たちが残ることになる。後述するようにレギュラーシーズンの順位が高いとドラフトの指名順位は下がるから、新たに獲得する若手の質も落ちてしまう。黄金期の後のフィラデルフィア・フィリーズやヤンキース、タイガースはまさにこの状態だった。私見だが、今のMLBではチームの全盛期は3年までかもしれない。事実、ワールドシリーズ連覇は1998～00年のヤンキース以来ない。現代野球は選手の身体へ大きな負担がかかるし、精神的にもモチベーションを保つのが難しいのかもしれない。優勝するとオフシーズンは短くなる上に、イベントなどへの出演も増える。また、所属する地区があまりに低レベルだと、劣勢の展開や接戦の試合に慣れておらず、対等以上の相手と戦うポストシーズンで勝つことが難しくなる。

◆アメスポは社会主義なのか

ＭＬＢでは前コミッショナーのバド・セリグ氏の下で戦力均衡策が推進され、経済力の小さなスモールマーケットのチームでも有力な若い選手を獲得できる仕組みが整えられている。また、放映権やグッズの収入などもＭＬＢでは全球団でプールされた後に各球団へと配分される仕組みが取られている。こうした制度のおかげで、どのチームにもある程度均等に勝てる機会が与えられていて、どのチームのファンも「そろそろうちのチームも勝てるかもしれない」という希望を抱くことができる。

MLBの戦力均衡策

・完全ウェーバー制のドラフト……シーズン終了時の順位を基準とし、1巡目以降のどの指名順位でも常に、シーズン最下位の球団から順番に選手を指名する。他球団との競合（抽選など）は起こらない。

・FA選手の補償、ドラフト権の譲渡……FAとなった選手が他のMLB所属球団と契約した場合、一部のFA移籍に関しては、補償として流出元球団にドラフト指名権が与えられる。

・海外FA選手への投資制限……25歳未満の海外選手との契約に使える金額は、契約金や年俸などを含めてマックス年間475万～575万ドルまでに制限される。

・収益分配……各チームの純収入（総収入から球場経費を除いた額）に一定の税率（31パーセント）で課税して集めたお金を、各チームへ均等に分配する。それに加えて収入の高いチームに課税して、一定の規則のもと収入の低いチームに再分配する。

・贅沢税《ぜいたく》……球団が選手に支払う年俸総額が一定額を超えた場合、超過分に課税する。4年間で一定額を超えた回数に応じて税率を引き上げられる。2019年の上限は2億6000万ドルで、金満と言われる各球団が贅沢税回避や税率のリセットに躍起になっている。

・ルール・ファイブ・ドラフト……有望選手がマイナーリーグで半ば飼い殺し状態になることを防ぐため、他チームの所属選手を指名し獲得できる制度。メジャー40人枠に登録されていない選手、日本で例えると育成選手のみが指名の対象となる。

昔はアメリカだとヤンキース、日本だと巨人が名門人気球団として圧倒的な戦力を誇り、優勝を重ねていた。とはいえ今の時代は、あまりにも戦力や人気が一極集中し、常に同じチームが勝ち続けたらファンは希望を失い、マンネリ化が進み野球全体の人気が廃《すた》れていってしまうだろう。巨人Ｖ９時代ですら、後半には（当時生きていたわけではないので実際のところはわからないが）、「また巨人が勝つのか……」という冷めた空気もあったと聞く。

面白いのは、資本主義の権化であるアメリカのスポーツ界で「共存共栄」の考え方が浸透していることだ。強者ほどより富んでいく一方の資本主義の仕組みをスポーツにそのまま適用すると、格差が開きすぎて競技全体のファンが減ってしまうからだろう。

例えば欧州サッカーの世界では格差をある程度までは放置しているが、これはＭＬＢのように国内でほぼ完結している「ドメスティック・スポーツ」と、世界的に横展開されることが前提の「グローバル・スポーツ」との違いでもあると言えるだろう。

◆戦力均衡策が「タンキング」を生む逆説

しかし、２０１８年のＭＬＢのデータを見ると、はたして本当に「戦力均衡」がなされているのか、大きな疑問が生じる。

２０１０年代にシーズン１００勝以上をあげたチームは、２０１６年以前には２０１１年のフィリーズ、２０１５年のカージナルス、２０１６年のカブスしかなかったのに、２０１７年と２０１８年は3チームずつ現れている。また、２０１８年はナ・リーグの中地区と西地区以外はどの地区も6ゲーム差以上、1位と2位の差が開き、ア・リーグ中地区に至っては91勝のインディアンスが2位に13ゲーム差をつけた独走である。これだけ勝つチームがあるということは、それだけ負けているチームもあるわけで、レッドソックスと同地区のボルティモア・オリオールズはなんと首位と61ゲームもの差をつけられ、ダントツの地区最下位に沈んだ。ＭＬＢでは、戦力均衡策が徹底されているのではなかったのか？

矛盾しているように聞こえるが、**戦力均衡策が徹底されているからこそ、大きすぎる差が生まれているのである**。

昨今ワールドチャンピオンに輝いたチームに共通しているのが「タンキング」である。**タンキングとは早くから優勝を諦め、選手を放出し、年俸総額を下げ、「わざと負ける」ことで自チームの順位を下げ、ドラフト上位の指名権を狙う戦略である**。勝率5割前後の平均的なチームが果敢に大規模補強に乗り出したり、金満チームが積極補強したりするよりも、

図表7-1　2018年MLBのレギュラーシーズン順位表

アメリカンリーグ				ナショナルリーグ			
順位	球団名	勝	負	順位	球団名	勝	負
	東地区				東地区		
1	ボストン・レッドソックス	108	54	1	アトランタ・ブレーブス	90	72
2	ニューヨーク・ヤンキース	100	62	2	ワシントン・ナショナルズ	82	80
3	タンパベイ・レイズ	90	72	3	フィラデルフィア・フィリーズ	80	82
4	トロント・ブルージェイズ	73	89	4	ニューヨーク・メッツ	77	85
5	ボルティモア・オリオールズ	47	115	5	マイアミ・マーリンズ	63	98
	中地区				中地区		
1	クリーブランド・インディアンス	91	71	1	ミルウォーキー・ブリュワーズ	96	67
2	ミネソタ・ツインズ	78	84	2	シカゴ・カブス	95	68
3	デトロイト・タイガース	64	98	3	セントルイス・カージナルス	88	74
4	シカゴ・ホワイトソックス	62	100	4	ピッツバーグ・パイレーツ	82	79
5	カンザスシティ・ロイヤルズ	58	104	5	シンシナティ・レッズ	67	95
	西地区				西地区		
1	ヒューストン・アストロズ	103	59	1	ロサンゼルス・ドジャース	92	71
2	オークランド・アスレチックス	97	65	2	コロラド・ロッキーズ	91	72
3	シアトル・マリナーズ	89	73	3	アリゾナ・ダイヤモンドバックス	82	80
4	ロサンゼルス・エンゼルス	80	82	4	サンフランシスコ・ジャイアンツ	73	89
5	テキサス・レンジャーズ	67	95	5	サンディエゴ・パドレス	66	96

出典：MLB公式サイトを基に筆者作成

スモールマーケットのチームが徹底的に「負けまくって」ドラフトで有力選手をかき集め、資金をプールして、選手たちが育ってきた時期に貯めていたお金を使い弱点を補強することで頂点に輝く、鉄板のパターンができつつある。サンディエゴ・パドレス、シアトル・マリナーズ、シカゴ・ホワイトソックスなどの中堅チームが大型補強に失敗して低迷する一方、10年〜5年前には下位で徹底的に負けていたロイヤルズやカブス、アストロズはタンキングによって成功した。さらに強豪金満球団の補強のコスパの悪さを見れば、タンキングの有効性は明らかではある。

タンキングを行わずに黄金期を作ったジャイアンツやカージナルスは見事であると同時に、その中心にはポージーやモリーナといった、リーグの行方さえ左右するレベルの捕手の存在があったし、今はその後処理に苦しんでいるとも言える。**ＭＬＢの戦力均衡策は、ある意味どのチームも最初から勝負を捨てずに、果敢に勝利ひいては優勝を狙うはずという、性善説にもとづいた制度だったのかもしれない。**

　だが、ここまで最初から勝つことを放棄したチームが増えてしまい、シーズンの前から結果がほぼ決まっている状況（特にア・リーグ）は、スポーツ的な観点から見て好ましいものではない。単純に、見ていてつまらない。今ではシーズン中にチームのエースや主力が、しかも同地区で優勝を狙ういわばライバルチームへ平然とトレードで放出されている。明らかに、長期のペナントレースの価値が損《そこ》なわれてしまっている。本当に不人気で金のない球団が必死に色々なアイデア、トレンドを生み出していることは尊重すべきだが、金がある球団までタンキングに近いことをやりだすとリーグ全体が縮小してしまうため問題である。

　こうなると、選手としても困る。２０１７年のＦＡ市場ではダルビッシュやアリエッタなどの大物選手ですら、契約がなかなか決まらなかった。これはタンキングの有効性と比較して、大物ＦＡ選手と契約するリスクが高いと考える球団ばかりだからだろう。この状況には豪腕代理人のスコット・ボラス氏*も「最初から勝つ気のない球団が多く存在している」と批判しているが、大型契約の費用対効果が悪いことがわかってしまった上に各球団の収益増加と贅沢税の上限増加のペースが合っていないため、仕方ない側面もある。事実、収入に占める人件費の割合は減る一方だし、今シーズンも数々の大物選手たちの移籍先がなかなか決まらない。ボラス氏も選手の売り込みに苦戦中である（２０１９年2月現在）。第１章でも述べたように、今では各球団の目利き力や育成能力が上がっているので、若手をより早く、着実に活躍させられるようになっている。その点からも、タンキングによって質の良い若手を多く獲得する方法は「コスパ」が良いのは間違いない。ＦＡになる前の20代半ばに選手がピークを迎えることもわかってしまったので、早めにある程度の大型契約を結んで引き止めるケースも増えている。ＦＡになって実績の後払い的に大金を稼ぐ今のシステムが実態とそぐわなくなってきているのだ。

＊スコット・ボラス　アメリカでＭＬＢを中心に数々の巨額契約を締結してきた豪腕代理人。松坂や菊池雄星の代理人も担当した。大型契約を勝ち取る手法は球団フロントやファンに恐れられ、選手からは頼りにされてきたが、ＦＡ選手に大金を払わない昨今ではその脅威が薄れつつある。金額や好条件のみを引き出すために話を引き伸ばしすぎて交渉失敗した例もある。

ちなみに、こうしたタンキングは同じアメリカンスポーツのＮＢＡなどでも横行しているようである。タンキング対策にはドラフト指名順を成績だけでなくクジによって決めるロッタリー制ウェーバーや、各球団が必ず使わなければならない年俸の最低総額を設定するサラリーフロア制の導入、あるいはタンキング税などが考えられるが、どれも決定的とはなりそうもない。勝つことへのインセンティブを高め、わざと負けることへの制裁、選手への資金の投入を促すような施策が求められる。単純だが、ワールドシリーズ制覇の賞金を増やすことも有効かもしれない。

他には最低年俸自体の引き上げや年俸調停権、ＦＡ権取得の短期化なども考えられるが、金満球団が有利になりすぎないようなゲームバランスの設計が求められる。

◆タイミングが命の「コンテンダー」

確かにタンキング戦略は効率的だが、誤解を恐れずに言えば、プロスペクト（期待の若手）を集めることだけなら、そこまで難しくはない。後は、そうした選手を各ポジションにバランス良く配置できるか、余ったポジションの選手を放出して弱点を補強できるかの勝負であり、**厳しい見方をするなら「黄金期を作った上でどれだけ戦力を維持するか」「地区優勝す**

るだけでなくワールドチャンピオンにまでたどり着くか」がGMの評価基準となる。前者が黄金期のブレーブスや最近のドジャース、後者がレッドソックスやジャイアンツのような数年間で複数回のチャンピオンになる球団である。ある程度長期での安定を選ぶか、瞬間最大風速の最大化を求めるか（そこまでしないとワールドシリーズでは勝てない面もある）は、ホームタウンの気質も影響してくるだろう。ロイヤルズのようなスモールチームは1回勝てたらおしまいで、その後は現在のような惨状ともなりがちである。

　GMにもタイプがあって、低迷期には育成や発掘に優れたタイプを、黄金期には大型選手の補強やチームを完成させる能力のあるGMが好ましい。レッドソックスはこのスタイルで、昨今は地区最下位と優勝のどちらかだけという極端な戦績だ。勝てる時期には将来を犠牲にしてでも勝ちにいく必要があるものの、将来を完全に捨てるのは怖い。若手を最低限はキープしておくべきでもあり、難しい判断を迫られる。

　コンテンダーという概念がある。プレーオフ進出を狙えるレベルで、トレードデッドラインなどで買い手に回るチームのことを指す。チームも再建か勝負のどちらかという「ゼロヒャク」ではなく、状況によって部分的には解体してコアを残すバランスが重要である。シーズンの最初からスター選手を放出して結果を「捨てる」姿勢を見せると、やはり客足は遠のくし、人気球団にはなおさら難しい。また、徹底された戦力均衡策を逆手に取るからこそタンキングも成り立つのであって、日本では簡単に完全解体などできやしない。MLBでも、確かな見る目やプロジェクト実行能力、資金力などが揃っていないと遂行《すいこう》は困難だ。

野球はプレーも采配も球団運営も投資と同じで、タイミングが命である。いくら自チームを強化しても、同一の地区やリーグに強豪チームがいたら優勝が叶わない可能性もある。他球団の力が落ちる頃を見計らって、自軍がピークを迎えられるように計算する必要もある。

個人的にコンテンダーとなるタイミングがうまいと感じるのが日本ハムだ。2018年にリーグ優勝した西武が主力の浅村栄斗や炭谷銀仁朗をFAで、エースの菊池雄星をポスティングで失い、ソフトバンクと優勝争いをした後遺症から落ちると踏んでいるのだろう、積極補強でコンテンダーに名乗りを上げている。

◆「目利き」が基本の日本球界

ここまでは主にMLBを見てきたが、日本ではどうだろう。

NPBでは伝統的に、選手の移籍が他のスポーツと比べて少ない。これは良し悪しではなく制度的・精神的な問題であり、日本企業の終身雇用制度や、ひとつの組織へ生涯を捧げることが美徳とされる「生《は》え抜き至上主義」的な考え方ともリンクしている。

日本でＦＡ権を取得するまでには7～8年、海外ＦＡ権を取得するには9年の出場選手登録が必要であり、また自ら「ＦＡ宣言」をする必要がある。選手に入団時に忠誠を誓わせ、ＦＡ移籍をすると「裏切り者」「金の亡者」と扱われ、獲得した球団は「強奪」と叩かれる。移籍した選手も外様《とざま》の傭兵であるから、結局は生え抜きと扱いが異なり、結果を残せなければ冷たく切られることも少なくない。生え抜き選手は多少実力で劣っていても優遇される。はっきり言って、こんな状況では選手もよほどの大物だったり、条件の良い意中の球団だったりしない限りはＦＡ宣言して移籍したいとは思わないだろう。

また、トレード市場も活発ではない。どちらかと言えば、不要な選手を引き取ってもらうネガティブなイメージがつきまとう。大物選手の移籍（あるいは大物同士の交換）は少ない。

このように選手の流動性が乏しく、戦力の入れ替えが頻繁には行われない日本球界では自《おの》ずと、ドラフトでの新人獲得と外国人補強の重要性が高まる。ドラフトで後の主力となる選手を多く獲得できれば、チームはかなり強くなる。また、うまく日本にフィットする外国人を連れてこられたら、大活躍が期待できる。強いチームには素晴らしい外国人選手が複数在籍していることがほとんどである。移籍が活発で選手層も厚いＭＬＢの方が、多少はドラフトで失敗しても編成で挽回できる余地が大きい。

昨今広島が強くなったのも、清貧球団が地道に選手を「育成」したというよりは、逆指名制度が撤廃され、ある程度有力な大卒や社会人の選手を獲得できるようになったことが大きい。もちろん、そこにはスカウトの確かな見る目がある。また、クリス・ジョンソンやブラッド・エルドレッドをはじめとした外国人選手の補強も的確だ。広島の躍進はこうした確かな目利きによる外国人の補強と育成、ドラフト、故障対策が主な理由であると言える。

ちなみにドラフトの成果は大体7年後に現れると言われ、２００６年に田中将大、永井怜、嶋基宏、渡辺直人を同時に獲得した楽天が２０１３年に頂点に立ったのも偶然ではないだろう。エースやレギュラー捕手を同時に獲得し、主力に育ってきた段階でアンドリュー・ジョーンズやケーシー・マギーといった外国人選手の補強と組み合わせて日本一になった。ＮＰＢで勝つためにはいかに「目利き」が重要かを思い知らされる。

ドラフトにも言えるが、野球全てに共通しているのは「王道から逃げてはならない」ということである。例えばドラフト候補には高確率で活躍する完成品と大化けするかもしれない素材、60～70点レベルは計算できるタイプなど様々な選手がいて、指名にはバランスが必要となる。しかし、過度なスモールベースボールや小技信仰の弊害とも共通しているが、結局は根幹の部分で王道を貫かなければ勝てないから、勝手に活躍する「完成品」「超大物」の獲得は何よりも重要である。そう考えると、日本ハムの「ミーハードラフト」は、ある意味においてはドラフトの王道である。逆に、独自路線や注目されてはいない穴場を見つけて育成するには、それこそよほどの目利きが求められる。

長期的に見れば、単純に最高の選手を多く指名していき、編成でポジションなどのバランスを取る方が戦力は最大化できると思われる。例えば野球の華であるショートは野手の全てのポジションの上位概念であり、後から外野を含めた他のポジションへコンバートすることも容易だ。逆に、外野手に内野を守らせることは難しい。もちろん外野にも固有の能力は必要で下に見るわけではないが、内野は求められるセンスや負担の大きさが段違いだ。同様に投手も大型の先発投手をリリーフに転向させる方が、その逆よりも容易である。ただし、どうしても似たようなタイプが増えてしまうので、育成や編成が必要なのだ。

◆成功体験の幻影

ビジネスにも通じるが、誰しも成功体験をするとそれにこだわってしまい、なかなか捨てられない。一般人でも超一流の野球人でも同じである。各球団、フロントもファンも未だにその幻影を追いかけている選手がいる。誰が見ても最初から素晴らしいスターよりも、ちょっと小柄だったりドラフト下位指名だったりすると、なおさらその傾向がある。

この象徴と言えるのが、元阪神の赤星憲広である。1年目から新人王と盗塁王に輝くと、その後セ・リーグ記録となる5年連続盗塁王、2003～05年には3年連続で3割60盗塁以上をマークする、球界最高峰のスピードスターだった。守備でもその脚力を活かして6回のゴールデングラブ賞を獲得。「小柄な韋駄天《いだてん》」という、まさに日本人が好む最高の選手だ。しかし、試合中のダイビングキャッチでかねてからの故障を悪化させた赤星は、09年に33歳の若さで突如現役を引退した。それ以上プレーをしたら、最悪生命に関わるほどの重症であったそうで、苦渋の決断だったのだろう。

赤星は全盛期のまま、衰えていく姿を見せずに突然消えていったから、人々の脳内には輝いていた姿だけが残っている。その後の阪神はどうも赤星の幻影を追いかけて、小柄な左のスピードスターを探しているように見えるが、赤星はそうそう簡単に出てくるようなレベルの選手ではない。スピードスターというだけでなく、打撃や守備にも優れている。ただ足の速い選手を獲得しても、赤星のようにはなれない。阪神は赤星の幻影を追い求めて既に10年近く経過している。日本球界全体が、イチローの幻影を追い求めているようなものだ。

他にも杉内俊哉のように大柄ではないが、力感のないフォームからボールがピュッと伸びてくる投手も、日本では理想として追い求められやすい。あるいは、育成選手から這い上がり9年連続60試合以上登板という金字塔を打ち立てた山口鉄也も、真似ができない存在だ。先発もできるような左投手が、中継ぎで力を絞りきったイメージで、回跨ぎもノーアウト満塁からの火消しも、左も右も関係なく抑え込める圧倒的なリリーバーだった。第2次原監督時代の巨人黄金期の競争力の源泉である。だが、山口が引退した後、普通の左の中継ぎ投手に同じような貢献を求めるのは酷であるし、実現不可能であろう。

世の中には同じ選手は一人とおらず、能力と陣容に応じた起用法が求められるのは、第6章でも述べた通りである。各球団、主力の年齢が上がってくると徐々に後継者を探し始めるが、例えば「大砲の後釜」という触れ込みの選手がパワーヒッターとは限らず、実はアベレージヒッターの場合もある。そこを間違えてレジェンドの幻影を追い求めて育成すると、痛い目を見る。前任者が偉大なほど、後継者は同じような働きをするのはほぼ不可能だから苦労するし、ファンも目線が上がりすぎて厳しく当たってしまう。例えば阿部慎之助の後は誰が捕手をやっても物足りないし、坂本勇人の後のショートもおそらく苦労するだろう。

とはいえ、そもそも前提としてまず成功体験を得ることは重要だ。一度成功すると自信が持てるようになり、物事は好転していきやすくなる。スポーツで重要な「勝者のメンタリティ」も、**結局は勝つことによって得られるものだ**。おかしな表現だが、**勝つためには、一度勝つ必要がある**。これは決して精神論ではない。

◆「球界の盟主」争奪戦

毎年のように交流戦の時期になると、パ・リーグが大きく勝ち越してその強さが取り上げられる。近年は日本シリーズでもパ・リーグの方が強い。理由はＤＨ制度*などいくつか考えられるが、球団経営に関してもパ・リーグの方が優れていると感じる。

パ・リーグでは２００４年にオリックスと近鉄が合併し、１リーグ制への移行の流れが進行する、いわゆる「球界再編問題*」が勃発した。この時、球団が合併して消えてしまったり、リーグ自体が消滅したりする危機感を、パ・リーグのチームはより強く感じたはずである。それまでのプロ野球経営は、球団自体は赤字で親会社からの「広告宣伝費」という名目の支援で成り立っていることが多かったが、球界再編問題以降、各球団は球団単体で収益をあげることが課題となり、パ・リーグの球団は人気上昇のための様々な手を打ち、スポーツマネジメントを徹底するようになった。それまでの経営がガバガバだったからこそ、手の打ちようはいくらでもあったのだろう。努力の積み重ねによって、巨人に一極集中していた人気や観客が、地元のパ・リーグのチームに移動したとも言える。それまでは「球界の盟主」巨人が実質的なコミッショナーとなっていたが、それが崩れた。

その点を考えると、ソフトバンクの存在も見逃せない。経営難に陥っていたダイエーから球団を買収したソフトバンクは広告宣伝や節税の効果も狙っているだろうとはいえ、「金は出すが口は出さない」理想的な孫正義オーナーの下、豊富な資金力と確かな球団経営手腕でチームを確実に強化していった。今では巨人以上の常勝球団だ。**球団経営も時代の潮流を表すものでもあるから、かつては新聞の巨人やホテル、土地、百貨店の西武が球界の中心であったのが、今ではソフトバンクのようなIT通信企業が中心となりつつある。自前でデータ**

＊**DH制度**　指名打者制度。Designated Hitter の略。投手は自分に打順が回って交代になることがなく、相手打線も強力になるので力が伸びやすい。また野手の層も厚くなるため、DH制を採用しているパ・リーグやア・リーグの方が交流戦の成績が良い。

＊**球界再編問題**　近鉄が経営難に陥り、オリックスと近鉄の合併構想（近鉄の球団保有権をオリックスへ売却した上で統合）が表面化。パ・リーグの各球団がセ・リーグ球団からの救済を求めたことに加え、巨人の渡邉恒雄オーナー（当時）をはじめとした一部球団が球団を削減し、8〜10球団の1リーグ制へ以降する構想を抱いていたことが判明。ライブドアの参入は認められず、楽天の参入が認められた。あまりに早急な展開に多くの野球ファンやプロ野球選手会が反対し、当時の古田選手会長が涙のストライキを行った。

分析や設備投資が行えるのも大きいだろう。巨人、阪神、中日といった「伝統球団」が枠に縛られて、徐々に時代の潮流から取り残されかけているのも偶然ではない。人気にあぐらをかくことなく、より合理的な「球団経営」をする必要に迫られている。

◆セイバーメトリクスの落とし穴

ほぼ全てのプレーを統計化できる野球はデータ分析との親和性が高く、テクノロジーの進化の恩恵を受けて発展してきたのは間違いない。近年のＩＴの発展はすさまじく、今後もさらに新たなトレンドや革命がここから生まれる可能性も高いだろう。

しかし、そんな時代だからあえて言いたいのが、データ分析の危険性である。**データは決して万能ではなく、どんなに高度な統計技術を用いても、主観やバイアスが入るリスクは消し去れない。元々のデータ自体が事実を１００パーセント表現しているとも言いきれない**。

球種の判定もそのひとつで、自動判定が間違っていたり、似たような質の球種が違う球種に分類されたりすることも多い。球場ごとに球種の判定が偏ってしまう「機械の癖」のようなものもあり、こうしたデータの誤計測まで全てクレンジングした上で分析しなければ、本当に正確とは言えない。例えば、大谷が初めてＭＬＢの舞台で登板したアスレチックスの本拠地ではフォーシームがカッターと計測されやすく、大谷はカッターを投げないにもかかわらず多くがカッターに分類されていた。また、スラッターも変化が小さければカッターに分類されたり、大きなスライダーはカーブに分類されたりする。もしくはこれら2つのスライダーを同じ球種として集計すれば当然、スライダー全体の平均球速はやや低下して変化量はやや大きくなる。あえて変化をやや小さくしているボールと単なる失投で曲がりの小さくなったボールを同様にカウントしても実態とは異なるし、このようなデータで分析をすると、不正確な結論を導いてしまう可能性もある。**変化量や回転数、xwOBAのような「結果」ばかりを見ていると、本質を見失ってしまう**。例えば第3章でその威力を説明したジャイロ成分は、変化に影響を与えないから、変化量しか見ない人間には存在すら感知できない。

また、相関関係と因果関係は異なり、相関関係は証明できても因果関係は簡単には証明できない。巷には相関関係を誤って解釈して因果関係のごとく説明されている怪しいデータ分析が少なくない。意図的になされている場合もあるだろうし（この場合は悪質である）、自分では客観的だと思っていても、主観の入り込んだ分析になっているケースが多くある。**データ分析それ自体はそこまで客観的ではないため、その解釈やセンス、切り口が重要なのである**。

ところが、昨今ではデータ分析の客観性を過信して、指標が全てであるかのように野球を見ている人が少なくないように見受けられる。ＯＰＳのようなセイバー的な指標は客観的で選手の能力を正しく表していて、打率・打点・ホームランといった「旧指標」は主観が入り込んでいて選手の能力を正確に示さない「欠陥指標」であるという誤解も多い。実際にはセイバー指標も打率も打点もホームランも全て、過去に起こった出来事の集計に過ぎず、性質としては同じものである（打球速度や角度、回転数や回転軸などは結果ではなく、プレーそのものの生データである点で異なる）。

ビル・ジェイムズ曰く「野球のデータは、じつは選手ひとりひとりの純粋な数字ではなく、状況との組み合わせに左右される」ので、こうした影響を排除して選手の能力をより客観的に見ようとするセイバーメトリクスの目線は、確かに一理ある。打点は前の打者の出塁率や得点圏打数の多さに左右されるから、打点が多い＝良い打者だとは言いきれない。だが一方で、最低限の打撃をして打点を稼げるかどうかも重要であるため、打点数が指標に使えないという考えは誤っている。あるいは、得点圏打率はサンプル数が少ないから意味をなさないというのもおかしい。チャンスやピンチの場面での精神力や対応力は決して運や偶然ではなく、人によって差があることは、人生を経験すれば誰だってわかるだろう。

２０１８年のワールドシリーズを制覇したレッドソックスのジョン・ヘンリーオーナーも、

過去には組織の意思決定の場面においてデータ分析を重視しすぎており、昨今は修正した旨の発言をしていた。データ分析を極めると意外にも忠誠心や文化、対応力やバランスのような項目が紙一重の差を生んでいることに気づくのかもしれない。より組織論的な話になるが、結局のところ組織はリーダーの器以上にならないという意味ではGMと同様に、オーナーの質も球団の力を左右する。数字を見てリスクを回避ばかりしていると肝心なところで勝てないし、かといって湯水のように金を使えば良いわけでもない。どの球団も緊縮財政で贅沢税を気にしてプロスペクトの確保に走る中、目利きをした上で開花しなさそうなプロスペクトは容赦なく放出し、贅沢税を覚悟の上でJ・D・マルティネスの獲得にゴーサインを出したヘンリーオーナーのような的確な判断もまた、称賛されるべきだ。どこもやらないことをやって周りを出し抜いた、相対思考の極みである。

◆バレンティンのWARと本当の価値

数字は重要だが、数字ばかり過剰に追い求めて本質を見失うことはままある。一塁到達タイムの数字を追い求めるがあまり、走り打ちのようになったり、クイックタイムばかりを気にしてボールが乱れたり、というのも同様だ。2013年のWBC準決勝、日本対プエルトリコの8回裏、４番の阿部に打たせるべきチャンスの場面で相手投手のクイックタイムが遅いことだけを理由に、無謀な重盗を仕掛けて失敗したのも典型的なケースである。

ＭＬＢでもトップスピンをかけて縦に落とす変化球が効果的で流行しているが、ワンバウンドになるようなボールが増えすぎ、フレーミング重視のキャッチャーと相まってワイルドピッチやパスボールが増加する一方だ。しかし、それについては無頓着《むとんちゃく》なように見える。プレーオフでもアストロズやドジャースのようなデータ重視の球団がこうした罠に陥って、ワイルドピッチでの失点が多かった印象を受けるのだ。数字がどのようにして出てきたかという過程をしっかり考慮する必要がある。打たれにくい指標の球だけ投げれば良いわけではないことは、第3章にクルーバーのピッチングで説明した通りだ。

投手や野手、ポジションが異なる土俵の選手を総合的な貢献度で比較しようとする「ＷＡＲ」という指標がある。もちろん、ＷＡＲのような相対的な考え方は重要であるし、きちんと理解して使えば大きな武器になるが、一方でポジションによる補正や算出法にはどうしても恣意性が入り込みやすく、完璧とは言い難い。具体的には、ＮＰＢの選手だと異様にセカンドの補正が高く、捕手は打撃力ばかりで評価されるイメージである。

２０１８年、ヤクルトのウラディミール・バレンティン*のＷＡＲは０・７であった。ＷＡ

Rが0とは貢献度が0という意味ではなく、「代替可能選手」との差がほぼない、1軍レベルにおいてマイナスを作らないレベルの選手ということで、意外とハードルが高い。1軍でマイナスにならないだけのレベルの選手がどれだけいるかを考えればわかるだろう。とはいえ、バレンティンの価値を0・7という額面通りに受け取るのは低く見積もっているように思う。

2018年のバレンティンは打率こそ.268と高くないものの、38本塁打131打点を記録して打点王を獲得した。WARはこうした打撃三部門の成績を評価せず、バレンティンの前の打者たちがよく出塁していたから多くの打点をあげられたと考える。また、狭い打者が有利な神宮球場で数字はかさ上げされているし、負担の少ないレフトかつ狭い本拠地ですら打撃のプラス分を相殺するほどのお粗末な守備である、と評価したと言える。首脳陣としても「あの程度の守備なら30本は打ってくれないとお釣りがこない」と考えるだろう。

しかし、バレンティンの貢献度はそんなに低いのだろうか。仮に守備力が高く打力は並程

＊ウラディミール・バレンティン　NPBシーズン本塁打記録（60本）保持者。飛距離はMLBを含めてもトップクラス。オランダ代表の4番でもあり、尊敬を集めている。調子の波が激しく守備にも難があるが、集中している時にはクレバーな反対方向への打ち分けも行う。

度の、バレンティンよりＷＡＲが高い選手を起用すれば、チームの順位はもっと上がるのだろうか。違うと思う。バレンティンが後ろに控えることで山田らが相手から勝負を避けられなくなり、その結果山田などが打ってチームは得点できる。そうして塁に出た坂口、青木、山田をバレンティンが返し続けた結果の打点王である。しかも、バレンティンは殊勲打（先制、同点、勝ち越し、逆転となる安打）数でも両リーグを通じて1位だった。バレンティンの優れた打撃力を活かせるように打順を組み、試合終盤に代走や守備固めで交代するタイミングを考えることこそが采配である。**数字だけではなく、単純にバレンティンがいる打線といない打線をイメージすれば、どちらが怖いか明白である。**

同じような話は、巨人がヤクルトからラミレスを獲得する際にも言われていた。ラミレスは打撃こそ素晴らしいものの守備が下手だったため「守備のマイナスが打撃のプラスを上回るから獲得してもチームは強くならない」といった声もあった。その後実際にどうなったかは誰もが知るところであり、小笠原道大とラミレスの強力3、4番コンビがチームを引っ張り、巨人は黄金期を迎えた。さらには彼らが盾となり、坂本を育成できた側面もある。

◆「三振以外は全て運」なのか

他にもＦＩＰ（Fielding Independent Pitching）という指標がある。投手はフィールドに飛ぶ打球をコントロールできず、アウトになるか否かは野手の守備力や運に左右されるから（いわゆるＢＡＢＩＰの概念）、それ以外の三振と四球、被本塁打だけが投手の責任であると考えて擬似的に算出される防御率である。

ところが実際に野球を見ると、ＦＩＰの通りにいくものではないとわかる。第2章で、楽天の則本がランナーを出すと力が落ちてしまうことを述べたが、このような投手はただ「運が悪い」のではない。セットポジションになると一気にボールの威力が落ちてしまうことで、ジャストミートされやすくなったり、打球速度が速くなったりしているのだろう。

２００イニング投げて２００三振を取ったとしても、残りの４００アウトは三振以外であり、「三振以外のアウトは全て運」という考え方はさすがに極端だと思わざるを得ない。もちろん、**運やめぐり合わせの要素もあるが、空振りが取れてバットに当たっても弱い打球となるようなボールを投げられるかどうかが分かれ目になるのではないだろうか。**三振「も」**取れる投手と三振「しか」取れない投手の違いは意外と大きいように感じられる。**（ストレートや変化球の質が高く、三振を奪えることは前提だが）制球力や技術があれば狙った通りの打球を打たせやすく、守備シフト分析の進んでいる現在ではなおさらそうしたボールを投げる重要性が増しているように感じられる。ＦＩＰは「結果」より「内容」を重視していると言われるが、実際には三振や四球、本塁打という「結果」ばかりを見ていると考えられなくもない。三振と四球は投手打者問わずその評価において重要な数字ではあるが、それもまた度合いの問題である。数は多くないが、リベラやマダックス、カーショウなど、ＢＡＢＩＰを低く抑えられる投手がいることはセイバーでも確認されているようだ。こうした、統計から外れた特異点的な選手こそ超一流と言えなくもない。

◆ピタゴラス勝率に表れるレベルの差

ピタゴラス勝率とは、得点と失点からチームの勝率を予測するセイバーメトリクスの計算式である。チームの実際の勝率とピタゴラス勝率を比較することで、どのくらい采配が優れていたか、またぐり合わせが良かったかを「多少」は見ることができる。

図表７－２によると、巨人は得失点差で見れば広島とそこまで大差があったわけでもない。しかし打順や継投の問題などで、勝つ時は大勝するが接戦に弱い、典型的な勝てないチームであり、得失点差ほどの勝率を残せていない。こうした部分にこそ、選手やチームの本当の

図表７-２　2018年NPBのピタゴラス勝率

順位	球団名	勝	敗	得点	失点	勝（ピタゴラス勝率）	敗（ピタゴラス勝率）
セ・リーグ							
1	広島東洋カープ	82	59	721	651	77	64
2	東京ヤクルトスワローズ	75	66	658	665	70	71
3	読売ジャイアンツ	67	71	625	575	74	64
4	横浜DeNAベイスターズ	67	74	572	642	64	77
5	中日ドラゴンズ	63	78	598	645	65	76
6	阪神タイガース	62	79	577	628	65	76
パ・リーグ							
1	埼玉西武ライオンズ	88	53	792	653	82	59
2	福岡ソフトバンクホークス	82	60	685	579	81	61
3	北海道日本ハムファイターズ	74	66	589	586	70	70
4	オリックス・バファローズ	65	73	538	565	66	72
5	千葉ロッテマリーンズ	59	81	534	628	60	80
6	東北楽天ゴールデンイーグルス	58	82	520	583	63	77

出典：デルタグラフなどのデータを基に筆者作成

力量や経験が見えてくるわけで、全て運だと切り捨てるのは良くない。２０１８年のワールドシリーズを戦ったレッドソックスとドジャースも、前者はピタゴラス勝率を上回っていたが、後者は下回っていた。コーラ監督とロバーツ監督、ひいては両球団の首脳陣の差であろう。

一般的に、データを見る人ほどその有効性を過大評価し、また全ての要素を均《なら》しすぎて個別具体的なケースを全て無意味だと切り捨てる傾向がある。逆に一般のファンや、野球経験者や現場首脳陣までもが、ミクロのシーンばかりを追いかけすぎて、マクロで見られていない印象だ。

データ分析も結局はセンスと感覚、切り口が重要であり、そのためには野球を深く理解している必要がある。表面上の数字だけ見ていてもわからないことは当然あるので、このような情報過多の時代においてはデータ分析も当然に理解しつつ、己の感覚がより重要になってくる。**得点をより多く、失点をより少なくすることが勝利に繋がるのは否定しないが、野球はWARの合計を最大化するゲームではない。近年の野球はいささかデータアナリストのおもちゃとなりすぎている。**シミュレーションゲームを回す感覚でペナントを見ている印象を抱くが、現実はもっと複雑だ。野球で食える層が拡大しているのは良いことでもあるが、フロントやアナリストなどにばかり資金をかけて、肝心の選手に回らないと不満の声も出始めている。

昨今は属人的な要素を嫌う傾向が強いが、レベルの高い才能の世界であればあるほど、その人にしかできないことの価値が高まるのである。それを理解した上で注意深くデータを扱うべきであり、これまたバランスの問題でもある。何かある度に指標ばかりに頼る人には「考えるな、感じろ!」と言いたくなってしまう。数字や指標は極めて大切だが、まずはスポーツの本質や野球という競技自体への理解が必要だ。

第8章

野球文化論

この章では野球を単なるスポーツ以上の「文化現象」と捉え、より広い観点から考察していきたいと思う。これまでは選手やチームの特徴など、少し引いた目線から書くようにつとめてきたが、この章では私の好き嫌いがより強く入っている。また、本書に出てくる話の総まとめのようにもなっていると思う。

◆「一発屋」と「作業ゲー」

スポーツでもビジネスでも、どの世界でも重要なのが「再現性」だ。

プロ野球の世界でも芸人のように、彗星《すいせい》のように現れて短期間で大活躍してから消えていく「一発屋」がいる。もちろん、プロの世界で一瞬でも活躍できるのだからすごいことではあるが、「3年続けて一流」という言葉もあるように、プロの世界では継続的に成績を残すことによって実力が認められる。一時的にフォームがハマって打ちまくっても、翌年はその状態を維持できなかったり、研究されたり、故障してしまったり、投手ならボールのスピードやキレが落ちてしまったりすれば、翌年以降も続けて活躍することは難しい。

ビジネスでも、運が良かったり世の中の流行に乗れたりして儲かることもあるが、それだけでは徐々に衰退してしまう。成功までのプロセスを振り返りエッセンスを抽出して対応策を練り、そこから洗練させたり、新たな事業を創出したりできる企業が、ビジネスにおいて再現性があると言える。「成果や結果の再現性」を出すためには、絶対的な土台や技術があった上で、引き出しの多さ、変化への対応力、正確な取捨選択が求められる。

野球も全く同じである。例えば打撃なら、フィジカルやスイングスピードが土台になるが、人間の身体は徐々に変わっていくものだから、毎年全く同じフォームでは打てず、微調整する必要がある。時には、トレンドに合わせてスタイルを変えることもあるだろう。こうした変化を繰り返しながらも、トップに入る形やタイミングには再現性が重要となる。投手もいつも同じようなフォーム、リリースで投げることができれば、制球も良くなるしボールの質も安定する。対応力という意味では、故障や年齢などにより徐々にボールの威力が落ちてきた時に、ガラッと投球スタイルや球種を変えて選手寿命を伸ばす投手もいる。若い頃から決め球が少しずつ変わっていくピッチャーこそ、超一流なのかもしれない。

再現性を高めた選手は、動きが似てくる。良い投手や打者の活躍する姿は常にどこかで見た覚えがあり、まるでリプレイを再生しているかのようだ。プロレベルでは簡単ではないものの、自分の形へ常にハメ込むことができるのならば、野球も「作業ゲー」のようになるだろう。

◆再現性により失われるドラマ性

　再現性を極めたカーショウや菅野はいつも同じフォームで同じようなボールを同じように投げて、同じように打ち取る。マイク・トラウト*や山田哲人はいつも同じフォームで同じようなバッティングをして、同じようにホームランを打つ。**こうしたトップレベルの選手は似たような形で、安定して活躍しているから、ある意味で「ドラマ」は失われやすい。**

　トラウトのライバルとされるブライス・ハーパー*は波の激しい打者で、トラウトと比べればワンランク落ちる面は否めない。肩を内側に入れて、軸足を浮かせて全体重をぶつけていくような打撃フォームだから当たれば最も飛んでいくし、単純にカッコいい。だが、どうしてもブレは大きくなるため再現性は落ちる。ただ、ハーパーの方が打ったり打たなかったりと波が激しいからこそ、見応えがあるとも言える。采配側や経営側からすればトラウトのように安定した選手が望ましいが、派手なドラマは起きにくい。いつも打っているから周りからも当たり前と思われて、案外と目立たない。実力の割には、スター性やカリスマ性に欠けてしまうのだ。カーショウも同様で、スピードや変化がド派手なわけでもないから、何がすごいのかわかりにくい。サッカーでもリオネル・メッシ*が派手なフェイントを使わないように、超一流選手の動き自体は小学生でもできるだろう。それを世界トップクラスの相手でも変わらずにやってのけるからとんでもないのだが……。

ちなみに王と長嶋、あるいは巨人時代の松井と清原も（それぞれの力関係は違うにせよ）、トラウトとハーパーのように対照的だったと言える。前者は安定していて調子が悪い時もボールをよく見て四球を選ぶ。後者は併殺なども多いが、打つ時には豪快に美しく完璧に打つから、人々の記憶にも残りやすい。人気やカリスマ性は、こうした面からも生まれるものではあるだろう。

＊マイク・トラウト　大谷の活躍で日本での知名度も上昇した、エンゼルスに所属する現在最高の野球選手。ホームランが打てて選球眼が良いので四球が多く、盗塁もできて守備も良い。弱点と呼ばれた肩や高めへの対応なども年々克服しており、欠点がない。WARやOPSといった指標が高く、現代で最も評価されるタイプ。安定感も能力も桁違いだが、チームはトラウトだけでは勝てない。

＊ブライス・ハーパー　子供の頃から天才的で、12歳の頃母親に「今日はまあまあ」と言った試合で12打数12安打11本塁打だった逸話を持つ。全米ドラフト1位で入団し弱小ナショナルズを救うスーパースターとなるはずだったが、ポテンシャルの割には不安定な成績で、評価が難しい。

＊リオネル・メッシ　アルゼンチン代表でFCバルセロナに所属する、史上最高のサッカー選手。バルセロナのポゼッションサッカーも、結局はメッシの存在で成り立っている。あまりに圧倒的な個の力のため、試合中の大半は歩いていて、ここぞでのみ動く。クリスティアーノ・ロナウドとの全盛期をリアルタイムで見られた我々は、おそらく歴史の証人となった。

◆伝説的名将、栗山英樹

第6章ではあまり触れられなかったが、監督で忘れてはならないのが、日本ハムの栗山英樹監督だ。現役時代の実績は他の大物監督と比べれば劣り、キャスターや野球解説者を経て、プロとしての指導者経験はないまま2012年に日本ハムの監督に就任した。絶対的エースのダルビッシュがMLBへ移籍し苦戦も予想される中、斎藤佑樹を開幕投手に抜擢《ばってき》する奇策や吉川光夫、中田翔*らを育て上げ、史上17人目となる新人監督でのリーグ優勝を果たした。

栗山監督の集大成はなんと言っても2016年だ。この年の日本ハムは開幕から不調で投打が噛み合わず、一時は開幕から独走していたソフトバンクに11・5ゲーム差をつけられながらも、奇跡的な大逆転優勝を果たし、そのまま就任後初の日本一に輝いた。私のような総《そう》花《ばな》的な考え方をする凡人が監督だったら、11・5ゲームも離されたら優勝は諦めて、CSに進出するために2位や3位狙いの野球をしていただろう。だが、栗山監督は違った。前年王者の最強ソフトバンクをどうしたら打ち負かせるかを模索し、勝てると信じ続けていた。

大谷、有原航平、高梨裕稔ら若いパワーピッチャーをソフトバンクにぶつけ続け、6月から徐々に流れが変わり始める。7月に大谷がマメを潰し投げられなくなると、シーズン終盤の勝負所に投手として復帰させるために2軍調整させるのではなく、1軍に帯同させて、打者に専念させ貢献させた。完璧主義になりすぎて開幕から不振に陥っていたクローザーの増井浩俊を大谷の代わりにシーズン途中で先発に転向させると、良い意味で力みの抜けた増井は「強めのキャッチボール感覚」でフォークの叩きつけが減り、カーブでの緩急も使えるようになった。先発転向後8試合で6勝をあげ、9月には5勝0敗防御率1・10、1完封を記録し月間MVPに輝き、逆転優勝に大きく貢献した。

就任以来4番で起用し続けていた中田翔が不振に陥ってふてくされたような態度が見られると、代打を送る非情采配も見せた。チームがサヨナラ勝ちした試合で自身は打てずに先に帰宅した中田を呼び、自ら2軍調整を申し出ようとしていた中田に対し、「お前で勝負してダメなら納得できる」と諭《さと》し立ち直らせると、中田は日本シリーズでホームランを放ち、最終戦でも勝利打点となる押し出し四球を選んでいる。

＊中田翔　肩の故障がなければ投手もできたほどの投球センスを持ち、守備もうまく野球センスが高い。超天才打者たちと比べればワンランク落ちるものの、打撃能力は高く最低限の仕事ができる野球脳も持ち合わせている。本拠地が札幌ドームでなければもう少し本塁打数も増える。過小評価されやすいタイプだが、再現性の低さとムラっ気が課題。強面で誤解されやすいが、気さくな人柄でも知られる。

他にも、前年の前半には打率1割台と不振に喘いでいたブランドン・レアードを信じ続けて起用し、2年目となるこの年には39本塁打を放ちホームラン王に輝いている。日本シリーズで不振に陥っていた西川遥輝がサヨナラ満塁ホームランを放った際には、ヒーローインタビューで栗山監督は目に涙を浮かべていた。前年には盗塁王のタイトルがかかりながら、態度や姿勢を見直させるために2軍落ちさせていた。一発を狙いすぎない1番打者として育てたが、その西川が勝負を決めるホームランを打ったのだからできすぎた話である。カット打法で相手投手のスタミナを削って大谷らの主軸に繋ぐだけでなく、バント成功率も10割を誇った中島卓也も貴重な存在だった。

そして、忘れてならないのは「不可能」と言われた大谷の二刀流を完全に成功させ、二刀流で勝たせてみせたことだ。

2016年中盤以降の日本ハムは、とにかく劇的な試合が多かった。6月の後半から15連勝したが、その途中、9回裏2アウトまで4対5で敗戦濃厚の試合でも、ベテランの田中賢介が「狙って」同点ホームランを放ち、延長でレアードがサヨナラホームランで試合を決め、大5点ビハインドをひっくり返して連勝を伸ばした。シーズン終盤のソフトバンク戦では、大谷が降板した後2対1でリードの9回裏2アウト二、三塁のピンチで少しだけ「後ろに下がるように」指示を出されていたセンターの陽岱鋼《ようだいかん》が背走しながら江川智晃の大飛球をキャッチし、試合終了となった。おそらく、この瞬間にソフトバンクは優勝できないと悟ったことだろう。

他にも、CSや日本シリーズでは第２先発で絶体絶命のピンチを凌ぎきったバースやメンドーサ、巧みな配球とブロッキング、確実なバントが光ったベテラン捕手の市川友也、度胸と冷静さをミックスした投球で度々ピンチを救った中継ぎの宮西尚生や谷元圭介、日本シリーズで信じられないようなファインプレーを見せたライトの岡大海……。**私の野球ファン歴を通じても、日米を通じてここまでエンターテインメントとインテリジェンスに満ちたチームは未だかつて存在しない**。主役と脇役のキャラクターも完璧に揃っていたし、映画や漫画だとできすぎた話でつまらなく感じるだろう。それほどリアリティに欠けるような伝説的なチームであり、劇的な展開だった。目が肥えて高望みになりすぎたファンをここまで感情移入させてくれた。これほどのチームを作り上げ、人々の予想を裏切って大谷の二刀流を成功させた栗山監督には脱帽するばかりである。

今はもうないだろうが、就任当初は現役時代の実績や指導経験の乏しさからその手腕を疑問視する声もあった。過度な実績主義ではなく、人物の中身そのものが何より重要だと思わされる例だ。生徒思いの学校の先生のようなスタイルは独特だが、選手を信頼し、選手のためを思い、信念を持ち、諦めない姿勢を持ち続けることの重要さを勉強させられる。今の選手は過度なしごきも良くないが、とはいえ放置も良くない。そのバランスが大切だと思わされる。

◆カーショウという名の怪物

現在のＭＬＢの投手トップはカーショウ、シャーザー、クルーバー、クリス・セールの四天王である。バーランダー、グリンキー、プライス、コール・ハメルズ、マディソン・バムガーナー、ジョン・レスター、クエト、フェリックス・ヘルナンデス、ＣＣ・サバシアら豊富な実績を持つ選手や、ストラスバーグ、カラスコ、ダルビッシュなどが次に続くイメージだ。若いシンダーガード、セベリーノ、サイ・ヤング賞を獲得したスネルやデグロムなどはこれから再現性を発揮してトップクラスの成績を残し続ければ、四天王の中に割って入れるかもしれない。

近年は怪我で離脱することが増え、全盛期と比べれば若干落ちてきてはいるものの、絶対的ナンバーワンがドジャースのエース、カーショウだ。メジャー最強「左腕」と紹介されることが多いので、サウスポーの中でナンバーワンと思われがちだが、そうではなく投手全体でナンバーワンである。

私も以前は、投手有利の球場が多く、ＤＨ制もなく、投げやすい西海岸のナ・リーグの西地区中心で残している成績だから、多少は割り引いて考えるべきだと思っていた。しかし、詳しく見れば見るほどカーショウという投手はよくできていて、簡単には打てないことがわかる。**通算防御率**（**投球回数１０００回以上**）**は２・39で現役トップ**。**２位のクリス・セールが２・89で３位のバムガーナー以降は３点台だから圧倒的である**。**成績は若干落ちてきたが、それでも２０１８年の防御率は２・73であり、まるで次元が違う**。ＰＦやＤＨなどを考慮したＥＲＡ＋という指標でも、マリアノ・リベラに次いでメジャー歴代２位であり、先発投手では１位だ。前田健太も「今まで見た投手でダントツナンバーワン」と評しているし、ダルビッシュも「ずっと勝っているのなんてカーショウくらいじゃないの」と発言している。それだけ圧倒的な存在であるカーショウだが、一体何がそこまで優れているのだろうか。

２０１８年のカーショウのフォーシームの平均速度は90・８マイル。平均93・６マイルのＭＬＢにおいては遅い。スピードが遅くなる以前でも92・７～95マイル程度だったから、ＭＬＢにおいては平均より若干速いくらいだ。はっきり言って、一見すると何がすごいのかわ

図表8-1　クレイトン・カーショウの投球マップ（2016〜18年）

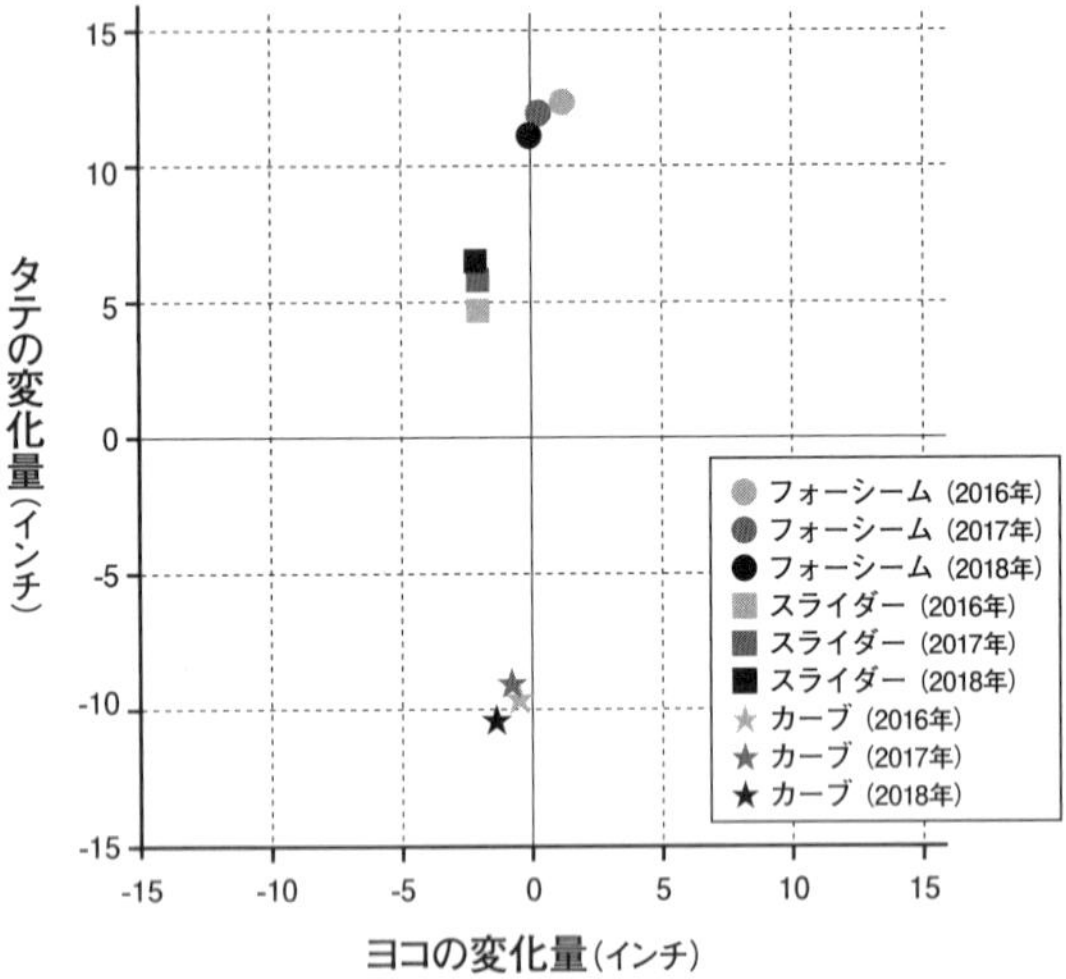

出典：Brooks Baseballのデータを基に筆者作成

かりにくい。だが、カーショウの最大のすごみはそこにある。機械的な投球で簡単に打者を打ち取る、つまりメジャーレベルにおいてピッチングを「作業化」できているところが普通ではないのだ。カーショウは「球速以外の要素は全て98点の投手」と評すると、わかりやすいかもしれない。何もかもが優れていてひとつも欠点がないがゆえに、すごさもわかりにくい。

◆スラット・カーブの極み

まず、カーショウのフォーシームは本当に綺麗で真っ直ぐだ。まさに「糸をひくようなボール」であり、回転角度はほぼ180度に近い。回転数や速度は落ちてきたが、それでも真っ直ぐなバックスピンで浮き上がるような軌道を描く。ここまで綺麗なバックスピンのストレートを投げる投手は、世界にも彼くらいしか存在しない。これはカーショウ独特の、身体を傾けて文字通り真上から投げ下ろしてくるアングルによるものだろう。

そして、カーショウの代名詞でもあるスローカーブの回転角度は、真っ直ぐなフォーシームとほぼ180度対称の360度前後。一旦真上に浮き上がってから、強烈なトップスピンがかかってほぼ真下に落ちていく。打者からすれば目線が大きく変わるので相当打ちにくいだろう。70マイル台という遅さで、コントロールも良い。カーブの制球は難しいのだが、これだけ遅くてスピンの効いたボールを風や球場に関係なく自由自在に操れるところがすごい。

そして、スライダー。第3章のスラッターの話で触れたような「88マイルの最適バランス」で、フォーシームに近いピッチトンネルから急激に落下しだす。ボールの性質としては、右投手のチェンジアップに近い。カーショウの投球の肝はこのスラッターであり、スライダーのスピードや割合が上昇するにつれて成績を伸ばしてきた。

ストレートに近い軌道と速度で急激に落下するスラッターを意識させ、空振りを奪い、バットに当たってもゴロとなる。落ちるボールを意識させてホップするストレートが決まる。

時おりストレートと真逆の回転のスローカーブが来て、緩急もすさまじい。わずか3つの球種の全てが決め球レベルであり、相互作用がはたらいている。シンプルを追求した投球スタイルで、かえって打者は全く的を絞ることができない。スラット・カーブ理論の投球の極みである。

カーショウは制球も素晴らしく、たまにボールを引っかけてワンバウンドしたり、抜けたりと投げミスをすると、マウンド上で放送禁止用語を連発しながら怒り狂う。それだけ、無駄なボールを投げることや思い通りに制球できないことを嫌っており、自分への高いハードルを課しているのだろう。大局観や「パーフェクトよりグッドを目指せ」といったマインドも必要だが、カーショウクラスまでいくと、こうした完璧主義も正確なプレーのために必要なのだと思わされる。田中将大も自分の投球への怒りを常に持ちながら投げているように見え、制球が良い投手にはこうした気質も関係しているのかもしれない。

カーショウの制球の良さは、その再現性の高さにもある。一旦足を上げてから下ろし、またそこから前にスタートさせていくフォームは、一見独特だが本当に精巧で常に同じである。当然打者はタイミングが取りにくい。そのためにこのフォームを若い頃から作り上げてきたそうだ。確かに、キャッチボールの段階から常に同じフォームで投げているように見える。

セットポジション時のクイックも素晴らしい。完璧な再現性が保たれていて、ボールの質や制球が通常時と全く変わらない。普通の投手はアウトカウントやランナーの有無によって多少は数字がばらつくものだが、カーショウはかなり安定している。

また、カーショウは常にクイックであると同時に、牽制も非常にうまく、走るのは非常に難しい。運動能力にも優れているため守備も良く、俊敏な動きでゴロをアウトにする。投手の守備力はやはり重要であり、自分を助けることになる。

余談だが守備シフトの発達や選手のアスリート化が進み、ファーストも一塁ベースから離れて守るケースが増えている。これは投手のカバーリングを計算してのことであり、投手の一塁ベースカバーの能力や正確性、サボらない姿勢の重要度は以前より増している。

長々と書いてきたように、カーショウにはひとつも欠点がない。パーフェクトである。ドジャースはカーショウがマウンドにいる間に4点以上の得点をあげたレギュラーシーズンの試合で、通算１０３勝０敗だ（ただし２０１７年のワールドシリーズだけ1度負けている）。ここまでの安定感は誰にも出せない。まさにレジェンドだ。フォーシームのノビは落ちてきている一方で、スラッターの回転軸の傾きは減少し、変化が小さくなってきている。90マイルのフォーシームと88マイルのスラッターの差がより小さくなり空振りは減っているが、打たせて取る技術が素晴らしい。テレビの実況はもちろん、解説者でさえもカーショウのフォーシームとスラッターの区別がつく人はなかなかいない。

しかし、このままスピードが落ち続けるようだとさすがのカーショウでも苦しい。故障が増えてきて2016年以降はフルシーズン投げきれていないのも不安要素である。稼働率やパワーの面ではシャーザーに抜かれつつある。若い頃から投げ続けてきたエースは30歳手前で一旦落ちることが少なくない。ドジャースの伝説的サウスポー、サンディ・コーファックスも似たようなスタイルの投手である。コーファックスは肘痛で全盛期の30歳に突然引退してしまった。カーショウも悲願のワールドシリーズ制覇を成し遂げたら突然引退してしまうのでは、と思わなくもないキャリアの歩み方である。プレーオフでの中1日や0日でのリリーフや酷使で、身体の負担は相当なものがあるだろう。

カーショウは黒田とメジャーデビューの時期が同じで一緒にキャッチボールをするペアを組んだり、マエケン、ダルビッシュともチームメイトだったりして、日本にも大変ゆかりの深い投手だ。そのキャリアを1日でも長く見守りたい。

なお、このカーショウと投球スタイルがそっくりなのが元巨人の岡島秀樹である。カーショウよりは制球やスピードが落ちるとはいえ、岡島がメジャーで一般の期待よりも遥かに活

躍したのはある意味当然でもある。

◆永遠のアイドル、ミゲル・カブレラ

私がツイッターのアイコンにもしているのが、デトロイト・タイガースの主砲、ミゲル・カブレラだ。２０１２年に打率.330、44本塁打、１３９打点をマークしてＭＬＢで45年振りとなる打撃三冠王を獲得した。

ＭＬＢは１リーグ15球団あり、単純計算で主軸クラスが各チームに２人いるとすると、タイトルを獲る力のある打者が30人以上いると考えられる。さらに１年単位で「確変」して驚異的な成績をあげる選手も少なくないから、三冠王を獲得するのは至難の業だ。実力に加えて、「運」も必要となるだろう。カブレラが三冠王を獲得したのも、ジョシュ・ハミルトン＊が開幕から驚異的なペースでホームランを量産していたが、ある意味「打ちすぎて」大振りとなってしまい、打撃を崩したことも大きい。カブレラの後ろを打ってプロテクトするプリ

＊ジョシュ・ハミルトン　全米ドラフト１位で指名される才能の持ち主だが重圧から薬物依存症とアルコール依存症に陥り、球界追放された過去を持つ。道を踏み外した荒くれ者の更生が得意なレンジャーズで実力を発揮し、ＭＶＰと首位打者を獲得。レンジャーズ黄金期の中心打者として活躍。

ンス・フィルダーのアシストもある。打撃の内容は翌年の２０１３年の方がさらに良かった感じもするが、この年にはクリス・デービス*が53本塁打１３８打点をあげたため、タイトルは首位打者のみに留まっている。２０１２年８月から２０１３年の８月にかけてが、カブレラの全盛期中の全盛期である。

私がカブレラに一目惚れしたのが、２００３年のワールドシリーズだ。ヤンキース対当時のフロリダ・マーリンズの対戦となったワールドシリーズ（メジャー1年目の松井秀喜が出場していた）。このシリーズでフロリダ・マーリンズの4番に座っていたのが、当時若干20歳のルーキー、カブレラだ。ヤンキースのエース、クレメンスのご挨拶のビーンボールにも、（まだルーキーなのであからさまには怒れなかったが）闘志を燃やしていた。そしてインコースのツーシームやスプリットをファールで粘った後に、95マイルのアウトハイのフォーシームを捉えてライトスタンドに打ち込んだ。この打席を見て、私はカブレラの打撃に惚れた。カブレラはプレーオフでクレメンスやマーク・プライアーなど、当時の球界を代表するエースを次々と粉砕し、マーリンズをワールドシリーズ制覇に導いた。

カブレラのスイングはとにかく柔らかく、美しい。これは持って生まれた素質も大きいだろう。個人的には当時から、将来は三冠王を獲れると本気で思わせるものだった。同時期に最強打者と騒がれていたアルバート・プホルス*よりも可能性は高いと感じていた。

カブレラ目当てに２００４年の日米野球にも足を運んだ。他にも好きな選手やすごいと思う選手はたくさんいるが、ミゲル・カブレラが私の最も好きな選手である。ダルビッシュからカブレラのバットやユニフォームをもらった時は本当に嬉しかった。一生の宝物である。ダルビッシュもカブレラの全盛期である２０１３年の対戦を振り返って、「こんな打撃ができるのは世界でカブレラしかいない」とインタビューで話していた。

２０１１年から15年までの５年間で４回首位打者を獲得したことからもわかるように、カブレラの本質はアベレージヒッターだ。１９３センチ１１５キロの巨漢であるが、決して大振りをせず、そのフィジカルを活かして柔らかなスイングで左右に強烈な打球を打ち分ける。強烈なパワーゆえにそれがフェンスを越えてしまうイメージである。**カブレラこそが８割の**

*クリス・デービス　第４章で紹介したクリス・デービスとは同姓同名の別人。かつてのホームラン王もここ数年は急激に衰え、２０１８年の打率.168は規定打席到達打者で史上ワースト。ＷＡＲはマイナス３・２。オリオールズと交わした7年約１８３億円（球団史上最高額）の契約がまだ４年残っている。ホームランか三振かのタイプは晩年これが怖い。
*アルバート・プホルス　イチローと同じ２００１年にデビューし、新人から10年連続３割30本１００打点以上を記録。10年連続２００本安打のイチローとは特別な絆で結ばれていると発言。打撃は徐々に衰え始め、カージナルスの見切りの良さは残酷ではあるが完璧。大谷の二刀流のためにＤＨだけではなく、ファーストも守ることになった。

力感を中心としてボールに逆らわず、センター返しを中心に自然に左右に打ち分ける究極のバッターである。三冠王というのは、元から粗っぽい打者が打率を上げるケースはほとんどなくて、打率を残せるバッターがホームランも稼げるようになって獲れるものだと思う。

カブレラの打撃に派手さは全くなく、柔らかなスイングで常に安定しているから、実力の割に人気はないと言われており、オールスターの出場回数などは意外と少ない。三冠王を獲得するまでは、プホルスの影に隠れていることが多かった印象も強い。ちなみにカブレラは悪童としても知られ、若い頃は飲酒トラブルなども多かったが、試合中はとにかく楽しそうにプレーをしている。例えるなら「楽しそうにプレーする落合博満」である。

◆オールラウンダーの時代

カブレラはその巨漢から足は速くないし、若い頃は守備に課題があり、味方選手ともトラブルになることがあった。その後トレーニングを積んで改善されたとはいえ、守備や走塁面は打撃ほど優れておらず、とにかく打撃に特化した選手である。守備や走塁も含めた総合的な評価指標のＷＡＲで見ると、トラウトより低いことが多い。「最高の打者」はカブレラやＪ・Ｄ・マルティネスで、「最高の野手」はトラウトやアルトゥーベ、２０１８年ＭＶＰのムーキー・ベッツといったイメージである。**２０１２年に三冠王を獲得してチームをリーグ優勝に導いたカブレラよりもトラウトの方がＷＡＲは高かったが、問題なくカブレラがＭＶＰに選ばれた。この頃までが、過度にセイバーが入り込みすぎずに評価される、ある意味では古き良き時代であったとも言える。**トラウトはセンターを守り足も速いしホームランも打つし、四球も選べて盗塁もできる。弱点と言われた肩なども克服して、非の打ち所のない完璧な「野球選手」だ。今の時代は負担の大きなポジションで守備も良くて打撃も良い、こうしたオールラウンダーでなければＭＶＰには選ばれにくいだろう。

カブレラと同じベネズエラ出身のホセ・アルトゥーベも素晴らしい選手だ。１６８センチ（実際はもう少し小さく見える）という一際小柄な身体から、ヒットを量産する。２０１４年以降の５年間で３回首位打者を獲得。打撃の柔らかさにおいてはカブレラの後継者だと、勝手に私の中で認定している。同じアストロズでショートを守るカルロス・コレアも、素質としてはＡ-Ｒｏｄことアレックス・ロドリゲス*に匹敵するものを持っているが、昨季は懸念通り腰を痛めて調子を崩してしまった。二遊間にこれほどのタレントを揃えているアストロズはやはりすさまじい。

レッドソックスを世界制覇に導いたＪ・Ｄ・マルティネスも、カブレラと同様に打撃だけでも大きく貢献できる選手である。ＦＢＲの考え方を取り入れつつ、カブレラの打撃も参考にしてセンター返しのライナーを中心としながら８割の力で打ち分ける打撃の境地に到達しつつある。決してエリートプレーヤーではない晩成型の選手だから、その打撃理論については、深く掘り下げて聞いてみたい。

同じくレッドソックスのムーキー・ベッツも素晴らしい。１７５センチと小柄ながら首位打者を獲得し、守備や走塁でも貢献して２０１８年のＭＶＰを獲得した。今後はこうした小柄なオールラウンダーの時代が続くのだろうか。アルトゥーベやベッツ、ブレグマン、ホセ・ラミレスなどを見ていると純粋なパワーだけの問題ではないと思わされる。

◆「見えすぎる時代」の功罪

野球に限らないが、現代のスポーツは数多くの高性能カメラやレーダーによってフィールドがくまなく「監視」されている。今後ますます、そうした傾向は強まっていくだろう。グラウンド上のプレーや練習風景、ベンチでの様子はおろか、ベンチ裏での何気ない行動やミーティングまで記録される。判定の領域にもテクノロジーの波は押し寄せており、ビデオ判定によるチャレンジ制度、リクエスト制度が導入され、審判の判定も常に監視されている。

何事にもメリットとデメリットがあるが、こうした大きな流れには逆らえないので、プレーする選手、審判はもちろん、我々ファンも対応していかなければならない。

高性能カメラとチャレンジ制度が導入されたことで、タッチプレーでのタッチが確実になされているか、きちんとベースを踏んでいるかなどの細かな点まではっきりと見られるようになったため、盗塁やタッチプレーにおける野手のタッチ技術（いわゆるタッグ）の重要性が増している。カブスのハビアー・バイエズの超人的に素早く正確なタッチプレーがその筆頭だ。タッチをかいくぐるために、盗塁やタッチプレーの際にヘッドスライディングをする走者も増えてきている。ストライク・ボールの判定もPITCHf/xの導入後、正規のゾーンに近づいてきたのは第2章で紹介した通りだ。正確な検証や事後的な評価が可能となった結果、選手や審判の技術向上が促されているとしたら、それは良いことだ。そうしたシステムは競技をレベルアップさせるだろう。フレーミングの評価や守備シフトの発達もトラッキングデ

＊アレックス・ロドリゲス　190センチ超の長身と高い身体能力でショートを守り通算696本塁打という、史上最高レベルの才能。2001年にレンジャーズと結んだ10年総額2億5200万ドルの契約は、今ならどれだけの価値になるのか。クリーンだと信じられていたが薬物の使用が発覚し、高額年俸も相まってヒール役となっていた。引退後は野球マニアとしての的確で歯に衣着せぬ解説で、評判を落としたジーターとは対照的に好感度上昇中。

ータなしではあり得なかった。また、微妙な判定の場合に両チームとも納得しやすいのも、ビデオ判定のメリットである。

一方で、枝葉末節のようなタッチプレーにまでいちいちビデオ判定が適用されると興ざめでもある。また、ダブルプレーは二遊間の腕の見せどころであり、かつてはセカンドベースを踏まなくても「流れで」アウトにする裁量判定もあったが、ベースをわずかでも離れていそうだと逐一リクエストがなされ、試合が止まる。正確な判定は重要だが、野球本来の爽快感やリズム感、観客との一体感が失われている気がしてならない。綺麗でスムーズな守備でタイミング的にアウトならば、そのままの判定で構わないのではと思う私は、古い人間なのだろうか。野球は試合時間が長すぎるから人気が出ないと分析しているMLBのロブ・マンフレッドコミッショナーは盛んに「時短」を主張し、申告敬遠などしょうもない仕組みは導入する一方、こうした些細な判定のために5分も10分も試合を中断するのは平気なようだ。

申告敬遠は試合時間の短縮にはほぼ繋がらない上に、試合から「物語」を奪っている。前の打者が敬遠されている間に次の打者がネクストサークルで怒りを抑え、自分を奮い立たせて打席に向かい、その結果を見るのがファンは楽しいのだ。稀に投手が敬遠球をミスしたり、打者が打ってしまったりするのも面白い。**こうしたドラマや「間」の楽しみを奪い、自分た**

ちのテクノロジーや権威を見せつけることが目的となっていないだろうか。あくまでプレーするのは選手、グラウンドの主役は選手であることを今一度思い起こす必要がある。

また、大量の高性能カメラで選手を丸裸にできるから、癖の分析やサイン盗みなども横行しやすくなる。２０１７年のワールドシリーズではダルビッシュが癖を盗まれ球種がバレていたし、昨季もレッドソックスのクローザー、クレイグ・キンブレル*が癖を盗まれていた。投手側もグローブの位置を変えるなどして対策する必要がある（キンブレルはそうしていた）。第3章で詳しく説明したジャイロボールの回転軸操作なら、同じ握りで変化や速度、タイミングを変えられるので有効だ。キャッチャーもコース盗みの対策として、直前まで構えないか、あえて逆に構えるコース偽装の技術も不可欠となってきている。確かに審判が見ていないところでの狡猾なプレーも必要だが、カメラ時代においてはバレやすくなっているので、表面上はよりクリーンなプレーが求められる。

ただ、色々な形で相手から「盗もうとする」動きがテクノロジーの進化により増長しすぎ

*クレイグ・キンブレル　小柄で低めのアングルから浮き上がるようなフォーシームとナックルカーブを武器とするクローザーで、安定感やキャリアの積み上げ方はリベラ級。88マイルのナックルカーブは、回転軸の先端が左側を向いたジャイロ回転のスラッターに近い。

ている現状は、いかがなものか。バレなければ何をやっても良い、勝つためには何をやっても構わないわけではないと思う。

◆意外と大きい「パワプロ」の影響

1994年にコナミから発売された人気野球ゲーム「実況パワフルプロ野球」、通称「パワプロ」。野球ファンの多くが一度はやったことがあるだろう、国民的野球ゲームだ。私も子供の頃はよく遊んでいた。それまでのファミスタとは違ってストライクゾーンが立体的で様々な球種を投げることができ、デフォルメされた二頭身のキャラクターで簡単な操作ながらもそれなりに野球の駆け引きを楽しめるところが人気の理由だろう。

パワプロは選手の能力を表すパラメータの設定が素晴らしい。走力やパワー、肩といった基本能力と弾道、ミート能力、特殊能力などが分かれていて選手の能力を的確に表すことが可能となっている。守備でも、守備の素早さ(守備力)や正確さ(捕球)と守備範囲の広さ(走力)は別物として設定されている。守備範囲の広さと守備自体の巧拙を区別できない人が多い中で、正確に野球を捉えている点は素晴らしい。野球はパワーやスピード、スタミナといった基礎能力を土台として、その上にミート力、グラブ捌き、プレーの柔らかさ、プレーの幅、正確性、タイミングといった技術、そして再現性や対応力、駆け引き、読みといった知性やメンタルが重なって成り立っている。いつの時代も物事の本質を理解できる人は理解しているのだ。

一方で、パワプロの弊害もある。私が一番良くないと思うのは、打撃において強振かミートのどちらかしか選べないことである。私が本書でそのデメリットを指摘してきた「ゼロヒャク思考」そのものだ。第4章でも述べた通り、60～80の力感を中心としてジャストミートすれば最も結果が残ると私は考えているが、この**「中間の力感」の重要性が理解されないばかりか、そもそも存在をなかなか認知されない一因はパワプロにもあるのではないかと疑っている**。小さい頃にパワプロをプレーして育った選手も多いことだろう。また、変化球の方向もスライダーとシュートは真横に変化し、フォークや縦のスライダーは真下に90度の角度で落ち、カーブやシンカーは斜め45度に曲がる設定となっている（ゲームだから仕方ないとは思う）が、実際にそのような変化はしない。パワプロの影響で、変化球も大きく誤解されている気がする。球数やイニングと疲労がそこまで比例するわけでもないし、ブルペンでの練習の疲労もある。

例えば、今後は投手のトラッキングデータと完全に連動して変化や軌道、速度のパラメータを反映させたゲームが出てくると思う。VRだけでなく、ゲームでも投手のボールのすごさや打ちにくさをリアルに体験できたら面白い。

◆蔓延する勝利至上主義

2018年は日本に蔓延した「勝利至上主義」の是非が問われる1年となった。

100回目の記念大会となった夏の甲子園で金足農業が「金足農旋風」を巻き起こした一方、酷暑の中での異常な連投や控えを一切作らないスタイルが賛否を巻き起こした。野球以外でも日大アメフト部の「悪質タックル」やボクシングの「奈良判定」、さらには「時短ハラスメント」といったハラスメントに関係する言葉が続々と新語・流行語大賞にノミネートされた。

野球界でもDeNAの主砲、筒香嘉智*が「勝利至上主義」の危険性を指摘しているが、**私はこの20年間の日本の低迷や閉塞感は、勝利至上主義に大きな原因があると考えている。**

勝利至上主義とはスポーツなどの競技において、相手に勝つことを絶対的な目標とする考え方で、中学や高校の部活動では過剰な指導や長時間の練習による生徒への影響、暴力・体罰の発生などが問題視されている。野球のみならず、勝つために子供たちが犠牲になるのは、日本の部活動が抱える大きな問題でもある。

スポーツは当然、勝つことが目的であり、そのために良いプレーをする必要があり、厳しい練習を乗り越えていく過程で精神力や人間性が培われていくものではある。ただ、それがいきすぎて「勝てば官軍」になりすぎているように見える。日本では「絶対に負けられない戦い」が続くトーナメント制の試合が特に多いため、この問題に拍車がかかっている。

勝利至上主義の厄介なところは、指導者はもちろん、子供たちの親までもが必要以上に感情を入れ込んでしまうことだ。必死で応援するあまり、猛練習を課したりミスを叱責したりして、精神的にも肉体的にも追い込んでしまう。**だが、ミスをしてはいけないと思うほど人間は萎縮してミスをしてしまう生き物だし、勝とうとしすぎるほど選手の肉体や精神が消耗し、長期的にはかえって勝てなくなることは本書で繰り返し述べてきた通りである。また、選手がその場しのぎのプレーばかり覚えて小さくまとまってしまうこと、自分で考える癖が**

＊筒香嘉智　日本の4番。トップに入るのがわずかに遅いので、結局どのような打ち方をしても微妙に速球に遅れやすく、コンディションと調子の波が大きくなってきている。二冠王をとった2016年以前の方が柔らかさもあり、相手から見たら怖いし嫌な打者だった。今季からは、メジャー移籍も見据えてなのかすり足、前傾姿勢の打法に取り組み、弱点を克服してさらなる高みを目指している。

ないので**応用力**が**身**につかないことも**問題**だ。**「ある程度」**のミスは**事前**に**織り込ん**で、リソースに**余裕を持って**おくことが**何**よりも**重要**である。例えば会社でも不良品ゼロを目指して完璧な品質管理や厳しいチェックをしすぎると、かえってコストが高くなるだけでなく社員も疲弊してしまうだろう。失敗を「ある程度」まで減らす努力は不可欠だが、費用対効果を考える必要がある。

近年では部活動だけでなくプロの世界でも、過剰な勝利至上主義が幅を利かせている。「プロ」であるから勝つことがアマチュア以上に優先されるのは当然だし、「勝つことが最大のファンサービス」であることも間違いない。ただ、それと同時に人々を魅了するようなエンターテインメントの要素も求められる。投手が酷使され、ボールの力が失われていく様子を誰が見たいだろうか？　これでは野球界もブラック企業とさして変わらない。選手は「いけるか？」と言われたら、たとえ本音では難しくても「いきます」と言ってしまうものであり、指導者側が配慮をすること、時には無理に出たがる選手を止めることこそマネジメントだ。「野球だけでなく、人生も勝ったり負けたりしながら進んでいくもので、最後に少し勝っていれば良い」と森祇晶氏が語っていた通りである。

◆「合成の誤謬」で負け続ける日本

話が大きくなってしまうが、日本人のデフレ思考もこの国に蔓延した「苦しまずして栄光なし」「欲しがりません勝つまでは」といった「縮小均衡脳」に侵された結果ではないだろうか。「猛練習」と「しごき」は異なるものだ。一流選手は故障をする手前で自制する、ほどよい力感を知っているものだし、知らない選手には指導者が助言する必要がある。

「合成の誤謬《ごびゅう》」という経済学の用語がある。ミクロの視点では正しいことでも、それが合成されたマクロの世界では、必ずしも意図しない結果が生じることを意味する。この20年、企業経営はひたすらコストカットとリストラ、バランスシートの改善と株主利益の最大化に奔走した結果、人々の賃金は減り消費が減少して、家庭を持つことへのハードルが上がり、結果として少子高齢化が進行していく負のスパイラルに陥った。いわゆる氷河期世代の採用を渋って、今になってからその世代の人材が不足していると喚《わめ》いたって取り返しがつかない。

不景気の時こそ実は積極的な消費が必要だが、誰もが逆をやってしまう。余裕がないから予算を削って、儲かる事業だけをやれ、成果に繋がる研究だけをしろと指示を出す。失敗を避けたいだけのおじさん全員の決裁を得られるようなアイデアから、イノベーションが生まれるはずもない。寡占が進み集約された大企業の規模に飲み込まれ、忖度するだけのイエス

マンが量産されていき、揚げ足取りと大きな声で挨拶するだけが取り柄の真面目系クズばかりが高く評価され増殖していった。今ではプロ野球選手にさえ「表面上の」礼儀正しさや良い子ちゃんばかりを求める有様である。

野球人口の減少も危惧されている。異常に厳しい軍隊式の練習や上下関係などを嫌って野球を始められない人、やらせたがらない親も多い。公園での野球禁止を高らかに宣言してゲートボールをしていた人たちはどこへ行ったのか？　既にこの世にはいないかもしれない。野球がスポーツの王様で人材がいくらでもいた時代なら、豊富な人材を「しごいて」残った人間だけ相手にしてもなんとかなったのだろう。だが、今は違う。一流の野球選手ほど日本の旧来的な価値観からは離脱しているのも面白く、日本的な価値観を反面教師にして成功したのではないかとさえ思える。**とにかくこの20年間の日本は「大局観」を失い、トータルで勝つことを放棄して、投資や拡大とは真逆の発想で運営されて沈んでいったと言える。**

こうした面では、やはりアメリカのすごさを感じざるを得ない。20年前にはMLBもNPBも市場規模は同程度であったが、その後の格差は見ての通りである。これは前コミッショナーのバド・セリグ氏の共栄共存政策によるところが大きい。セリグ氏は元々、スモールマーケットのブリュワーズのオーナーであり、経営に苦心した経験から小さなチームでも戦力を補強できるような施策を打ち出し、今日のＭＬＢの反映の礎を築いた。労使交渉のまずさから１９９４年に史上初のストライキによるワールドシリーズの中止という失態を招いたこともあるが、ミクロの目線だけではなくマクロの大局観をあわせ持っていた稀な人物である。

一方で、昨今のＭＬＢはエリートたちの人気就職先ともなっており、野球経験を問わず優秀なビジネス人材が多く流入しているせいか、過度にビジネス的な側面が幅を利かせすぎて、スポーツ的な側面が軽視されているのは否めない。人的要素を排除しすぎて野球がメタゲーム化しており、試合が味気なくつまらないものになりつつある。ちなみに、鳩山由紀夫元総理大臣は東京工業大学で助手を務めていた１９７９年の当時、セイバーメトリクスに近い内容の論文を書いているのだが、その最後にある「あまりに精巧なモデルを作ると、野球の面白さが減少する恐れがあるので注意されたい」という言葉の通りになってしまっている。人間がやる競技である以上、人的要素は最後まで無視できないはずなのだが……。

アメリカという国は豪快で大雑把《おおざっぱ》なイメージに反して、実際は綿密な計画を練って手順にしたがった計画的な野球を好み、ダメならあっさり諦めて引き下がる。とはいえ、ただ順番に出てきて振り回して三振しては「得点圏打率は運だから、運が悪かっただけ」と言い訳をして、オープナーを採用したりすぐにピッチャーを交代したりしては「試合時間が長い」と喚くのは本当にくだらない。カーショウ対シャーザー、ダルビッシュ対田中のような手に汗握る投手戦はどこにいった？

◆野球は輪廻を繰り返す

昨今のプロ野球のトレンドは、本書でも触れてきたように「FBRによる長打重視」「盗塁やバントなどの小技の減少」「ホームランか三振かの二極化」「高めにホップするフォーシーム」「スラット・カーブ理論」「投手の平準化」「継投の緻密化」「守備シフトの多用」「2番強打者論」「アスリート性の上昇」「若い選手・監督の台頭」「データ重視」「編成重視」といった辺りだろうか。全ての要素は相互に密接し、関連しあっている。

よく「野球には他のスポーツと比べて戦術がない」と言われる。それはある意味では正しく、また間違っている。野球は個人戦を多分に兼ね備えた独特な競技であり、サッカーやバスケットなどとは性質が異なるし、こうした競技と比べれば監督の介入効果やチームの戦術による影響は少ない。一方で、長期戦と短期戦それぞれでチームの「戦略」の差はそれなりに出るものであることも、繰り返し触れてきた通りだ。

野球とはイタチごっこや化かし合いの連続で成り立つゲームであって、新しい時代へ進むにつれて選手のフィジカルや技術レベルが上昇し、データ分析によってプレーや戦術の最適化が進んでいく。だからこそ、結局は実行能力すなわち「個の力」に回帰していくだろうし、実は過去と同じようなことをぐるぐると繰り返しているのかもしれない。**昔と同じとは言わずとも似たような時代は来るだろうから、過去のトレンドやその推移、変遷を研究することは有効だろう**。王貞治のアッパースイングと王シフト、稲尾や金田正一の投球、川上監督のドジャース戦法、野村監督のクイック開発、森監督の采配、三原マジック、根本マジック、仰木マジック……実は昔の選手や監督の方が優れたイノベーターであったとも言える。

今では各チームや選手の分析や対策が進んでいるため、トレンドの転換速度も加速している可能性が高い。全てフライを打ち上げるような流れはいきすぎであり、間違いなく「揺り戻し」が来るだろう。第４章の脚注で触れたブレグマンのような、スタイルの意識的な「使い分け」が増えていくことも予想される。オープナー戦略も元々は２番に強打者を置く厚みのある上位打線への対抗策であるから、あえて２番と５、６番を入れ替えて２回以降に勝負するチームが出てくるかもしれない。

◆開幕オーダーは所信表明演説

もうすぐ、今年もプロ野球のシーズンが開幕する。本書を手にとってくれた多くのファンも胸を躍《おど》らせていることだろう。今季は5人の新監督が誕生した。3度目の現場復帰を果たした巨人の原辰徳監督、最下位からの巻き返しを狙う阪神の矢野燿大監督、捲土重来《けんどちょうらい》を狙う中日の与田剛監督、ヘッドコーチから昇格したオリックスの西村徳文監督、監督代行から正式に就任した楽天の平石洋介監督である。彼らがどのような野球を見せてくれるのか、今から各チームのファンが期待と不安を胸に、かたずをのんで見守っている。

我々ファンは監督や首脳陣と直接話すことはできないが、キャンプや練習、オープン戦、そしてシーズンの試合を見て、監督がどのような野球観を持っているのか、どのような野球を展開しているのかを推察する。そして、ニュースでのコメントやインタビューと照らし合わせながら、その真意や考えを探っていく。そうすると、100パーセントとは言えないにしろ、思考や哲学がおぼろげながらも見えてくる。

新監督に限らないが、開幕戦は確かに「所詮は143分の1に過ぎない」ので過度に重視する必要もない。もちろん普通の試合よりは重要だが、開幕に無理に合わせて故障するよりは、徐々に馴らしていきシーズン後半の重要な時期にピークを持っていく方が望ましい。

開幕戦で注目すべきはオーダー（及びローテーション、ブルペン、人員の配置）だ。チームは生き物であり、開幕時点で完成しているわけではない。補強選手の活躍や故障者の発生具合、選手の調子などによりシーズン中にも調整や手術が求められ、チームの輪郭は徐々にはっきりとしていく。その前段階として、まずは選手の能力を適切に把握し、ある程度決まった型を作れているかどうかが問われる。私は、開幕オーダーを監督の「所信表明演説」と位置づけている。ここであまりに意味不明なオーダーや不可解な配置をしているようだと苦しい。最初から完璧とはいかないまでも、ここで狂っているようだと先が思いやられる。

個人的には原監督が３度目の就任でどのように変わっているのか、ともすると退任前はヒステリックに勝負や采配にこだわりすぎていた面もあったから、どう修正されているかが気になる。また、中日の与田監督は意識して捨て試合を作ることや投手に長いイニングを投げさせること、全員先発をやるつもりで調整することなどを指導しており、注目している。矢野監督もカウント０－２からの遊び球の廃止を表明していた。仮に２ストライクから打たれて負けても方針を貫けるか、それとも怒りに任せてボール球で１球外すことを義務づけるのか、理想と現実の間でどのような対応をして「最適バランス」を見つけていくか注視したい。

◆世界の野球を見る意義

プロ野球選手が引退すると、「色々な野球を見て勉強した方が良い」と言われる。将来指導者となるために、MLBの傘下のチームにコーチとして留学したり、フロントの見習いとして勉強したりする。あるいは2軍コーチとなったり、いきなり1軍の監督やコーチとなったりする例も少なくない。評論家としてグラウンドの外から野球を勉強する人もいる。いずれにせよ、これまでと違った視点で野球を見ることで視野を広げる武者修行は欠かせない。

これは、将来的に指導者となるような野球人だけでなく、我々一般のファンとて同じである。野球は試合数が多く試合時間も長く、全ての試合を最初から最後まで見ることはできないし、途中からダラダラと見られるのも良さではある。野球の試合と一言にしてもNPBやMLB、ウィンターリーグ、少年野球、学生野球、社会人野球、韓国や台湾のリーグ、欧州リーグ……など色々とあり、全てを見ることは物理的に不可能だ。だからこそ好きなものを吟味《ぎんみ》したり、ある程度客観的な評価基準で選手を評価したりしながら、感覚を磨いていく。球団フロントとて、様々な人間が担当を持ちながら、分担して野球を見ている。

私も偉そうなことを言いながらも、それほど様々な野球に精通しているわけではない。MLBが好きなのも別にメジャー至上主義というわけでもなく、単純にハイレベルな競技を見るのが好きなミーハーだからである。ものすごいフィジカルや技術を持った選手が、ものすごい駆け引きをしてプレーしている姿を見るのが大好きなのだ。メジャーでもどちらかと言えばア・リーグが好きだし、日本ではセ・リーグが好きである。アマチュア野球はほとんど見ないので、私より詳しい方はたくさんいる。私ももっと色々な野球を見て勉強し、感じ取らなければならないと思っている。

広島が3連覇する前の弱小時代、あるファンを見ていると、失礼だが正直レベルが低いなと思うことがあった。勝っていないチームにはそれなりに勝てない理由があり、戦力が劣るだけでなく試合の進め方や考え方も未熟であることが少なくない。ファンもその一部だ。ところが、広島が強くなってきて優勝し、日本シリーズなどでパ・リーグのチームと戦って苦汁を舐めさせられるなど様々な経験をしていく過程で、そのファンも徐々にレベルが上がって色々なことが見えるようになっていた。ファンもチームと一緒に、すさまじい速度で成長するのである。今では広島の良いところも悪いところも見えていて、勝つために何が必要なのか、今後のチームの運営など様々なことを考えているようだ。

誤解を恐れずに言えば、**弱いチームのファンでそれしか見ていないと、低レベルな野球がその人の知っている全てになってしまう。古参のファンや低迷期でも支え続けたファンは確**

かに**「真のファン」**であるし重要だが、だからといって偉いわけでもないし、**多様な野球を知らないと周囲へ悪影響を及ぼすことさえあり得る。レベルが高い野球＝正義というわけではないが、良い野球や良い選手を見ることでその共通点や、弱いチームに足りないものを感じ取れるようになる。**カテゴリーや階級、文化の異なる野球を見て、自分たちに取り入れることで他者と差別化できるし、逆に日本の良い部分を再認識することもできる。もちろん一番大事なのはレベルの高低ではなく、楽しめるかどうかではある。

ドラフトやアマチュア野球のマニアも多くいるが、アマチュアの野球だけを見ていては、プロでの活躍を予想できないこともあるだろう。プロ野球も見つつ、どのような選手が活躍しているか、どのような能力や素質が必要かまで考えられると、さらに精度が上がってくるはずだ。プロ野球のスカウトは地元のアマチュア野球ファンや草の根スカウトの意見も聞くという。いつも地元の野球を見ている中で、ある時プロレベルの選手が現れるとまるで次元が違うため、すぐにわかるのだそうだ。

◆野球にも「感想戦」を

「感想戦」とは、囲碁や将棋、麻雀などのゲームにおいて、勝負がついた後に対局開始から終局まで、またはその一部を再現し、指し手の良し悪しや、どうすれば良かったかなどを検討することである。対戦した当事者だけでなく、観戦者も参加することが多い。感想戦によって試合を客観的に見直すことができ、レベルアップに繋がる。野球でも、試合の翌日にはバッテリーコーチとキャッチャーの間で前日の配球を振り返り検討する、感想戦が行われている。投手が参加することもあるだろう。

以前、テレビ番組で阿部慎之助と小林誠司*が感想戦をしている様子が放送されたことがあった。阿部は、中日の藤井淳志にスコット・マシソンがフォークをホームランされたシーンの、小林の配球を問題視していた。それまでの投球でも追い込まれているのにストレートに反応しない藤井に対して、変化球狙いだと察知せず、なぜフォークを選択したのかと小林に問い詰めていた。これは結果論とは言いきれず、ある程度正しい指摘のように思う。それまでの反応を見ながら配球を考えるべきだと指導していたが、もっともである。

＊小林誠司　強肩やフレーミングを含めて守備面では日本最高クラスの能力を持っている捕手だが、線が細く打撃が弱く、スタミナや集中力が切れると定期的にミスをして悪目立ちをしてしまうため、両極端な評価をされやすい。菅野と組んでいるからフレーミング数値が高く、スライダー偏重にもなりやすい。盗塁阻止率が高く、盗塁被企図数が少ないのは巨人の投手のクイックが優れていることも一因。

野球には正解がない。だからこそ、その場で様々な思考を巡らせながら、後で答え合わせをしていくのが面白い。私もツイッターで試合を「実況」して展開を予想することがある。当たることもあれば、当然外れることもある。でも試合を見ながら経験を積み、センスを養《やしな》っていくことが重要だと思うのである。

私の場合はダルビッシュ選手のおかげで、それまでわからなかった投球のことやキャッチャーのことを教えてもらい、少しはレベルアップを自覚できた。ファンの間でも感想戦を実施して試合を振り返り、ああでもないこうでもないと語るのも一興だと思う。本音を言えば、マスコミももっとこうした部分を掘り下げてほしい。毎回ワンパターンのおちゃらけたインタビューばかりではつまらない。選手も、コーチや当事者のみになるとどうしても「身内ノリ」になってしまうから、第三者の目を挟んで「感想戦」を実施して、次に繋げていくのはレベルアップに効果的だと思う。

日本は野球大国でこそあるが、実のところ日本人はそこまで野球の中身自体を好きなのではなく、「阪神」や「カープ」、青春に汗を流す「高校球児」や海外で活躍する「侍」を見ているのでは、と思うことも少なくない。近年のセ・リーグの野球は正直レベルの高いものではなく、徐々に力の落ちてきた広島に独走を許し、また広島も劣勢の試合や緊迫した場面が少ないから、短期決戦で自分たちのやり方に執着して負け続けている面も否めない。こうした野球をしながらも観客は増え続けており、ブーイングもあまり起こらない。球場に足を運んでもらうには理屈を超えたカルト的な人気も重要ではあるが、一方で野球の内容そのものを吟味している人がどれだけいるのだろうか。

必要以上の罵声や根拠のない批判はもちろん無用だが、健全な批判や評論はレベルアップに本来欠かせないものである。全てのファンがそうなる必要はないが、野球の質を厳しい目線でチェックする層も、もう少しいるべきだと思われる。スペインやイタリアなどのサッカー大国で、選手やチームが厳しく評論されているのと似たイメージである。

おわりに

人生はまさかの連続である。小さな頃から本や人の作り話が大嫌いだった私が、まさかこうして本を執筆することになるとは思わなかった。それもほとんど本格的に取り組んだことのない、趣味の野球の話である。子供の頃はピッチングや守備は得意だったが、高校以降は野球部ですらない。こうした素人が偉そうに語って申し訳ないと思う。特に、好き勝手語らせてもらっているプロの方々にはそういう気持ちが強い。彼らに「できもしないのに」と言われるのはもっともだし、甘受するつもりだ。

しかしながら、野球選手とは周りに見られる仕事でもあるし、一流はどんな人の意見でもまずは聞いてみる姿勢を持っている。その象徴がダルビッシュ選手だ。たまたま彼の目に留まり、自分の名前を広めてもらったから、こうした機会に恵まれた。自分はｒＷＡＲが高かっただけでｆＷＡＲは低いのかもしれない。日本史上最高の投手には、感謝の念しかない。一生応援し続けるだろう。

その自由奔放《ほんぽう》な言動や高いハードルを課されていることから物議を醸《かも》すことの多いダルビッシュ選手だが、ＭＬＢでもトップと互角にわたり合えるだけの力と技術を持っている。ポスティングでアメリカに渡ってから最初の6年契約を全うし、再び大型契約を締結。トレード期限で優勝請負人として移籍したり、奪三振王、サイ・ヤング賞2位、オールスター4回選出など本当に華々しい活躍をしている。あれだけすごい人なのに、人間味にあふれていてこちら側に降りてきてくれるから勘違いされている。怪我なく、再現性を発揮して、目標である世界最高の投手に名実ともに到達できるよう祈っている。

好きだった野球が、最近段々と、面白くないなと感じるようになってきていた。そのなんとも言えない違和感の正体が、本書を執筆していく中で少しずつわかってきた。要するに野球がビジネスになりすぎて、エンターテインメントや美しさが消えつつあるのだ。なんでも数字で捉え、指標ではこうだからとしか言えない人が多い。普通に考えたら誰でもわかるようなことですら、数字を妄信して間違った方向に進んでいることも少なくない。論理や数字だけではやはり限界があるなと確信しつつある。客観的で独創的だと思っている多くの人の考えが、実は同じ目線になっている。専門家が株価予想やトランプ大統領の当選、イギリスのEU離脱など当てた試しがないように、現実は複雑で小説よりはるかに奇妙であり、怖い。何が起こるかわからないし、しばしば大勢の逆をいく。それが野球の面白さでもある。誰もが言い出したりNHKが特集を組んだりしたら終焉《しゅうえん》である。ダルビッシュや大谷のようなエンターテイナーの価値もまた見直され、上がってくる日が来るだろう。

第5章で紹介した松下幸之助の言葉にもあったが、習練を経て身についた直感には科学もまだ及ばない。本当に深い。ただの山勘や当てずっぽうではなく、膨大な試行経験や感覚から直感的に超一流は判断しているのだ。私の理論も全てが私のオリジナルなのではなく、多くの一流選手のプレーや解説を見聞きしながらその発言、書籍を読み、実際に自分でプレーを見てきた経験や感覚と照らし合わせて作り上げたものだ。

そういう意味では、一流選手だけでなく、ツイッターの方々からも数多く勉強させていただいた。特に、初期の頃から私の野球話に耳を傾けてくれ、また多くの野球理論・感覚や考え方を教えていただいたお股クラスタのかっしーたん、ＮＰＢ脳駆逐ｂｏｔ、磐田さん、rami さん、侑さん、unknown さん、ゴジキさんらには感謝の気持ちでいっぱいだ。今では最高の仲間である。また、sami さんにもパークファクターの考えを教えてもらっただけでなく、データも使用させていただいた。球場の特性や相対思考から、落合中日や川上巨人、森西武の野球の本質についてもご教示くださり、大変お世話になった。ジャイロ回転についてお話を聞かせてくれたらすくさん、ラミレスや落合の采配論について教えてくれたいーづか。さんにもお力添えいただいた。

（株）ネクストベースの神事努・國學院大学准教授と森本崚太アナリストにも感謝したい。神事先生の書籍を読んだり出演番組を見たりして、ボールの変化について詳しく学ぶことができた。そして実際にミーティングの機会では様々なことを教えていただいた。また、ＦＢＲに関してもネクストベースが運営するサイト、BASEBALL GEEKS の記事を引用させていただいた。古澤英輔編集長にもお礼を申し上げる。良い意味での「データドリブン」は、野球をより進化させていく。國學院の講義でバイオメカニクスやデータ分析を学び、球界で活躍できるような人材も出てくるだろう。彼らのデータや知識を学ぶことは、指導者や野球少年の親御さんに、より必要な気がする。

また、私のツイッターを初期から見て「面白い」と、書籍化の可能性を後押ししてくれたPHENOMENON氏やnobu氏にも感謝したい。特にPHENOMENON氏には見出しや構成の面でも大いに助けていただいた。

なんと言っても、元々本が嫌いで生まれて初めて本を書く私の手助けをしてくださり、またこうした機会を下さった光文社新書の高橋恒星さんにも大変お世話になった。その過程では、もはやスポーツ好きの友人同士のように楽しみながら仕事を進めることができた。

私がツイッターを始めたのは余命わずかと宣告された母の病気をなんとかしたいと思ったからであるが、今ではすっかり完治し、そのツイッター経由でこのようなこととなった。私が道を踏み外しかけた時にも唯一信じ続けてくれた母にも感謝したい。

こんな私だが、今では本を読んで人の人生や考え方を学ぶことの楽しさが少しずつわかってきつつもある。若い頃は気づかなくても、年をとってくると「あの時あの人が言っていたのはこういうことだったのか」と少しずつわかってくるようにもなる。本書は私のエッセンスを抽出した「お股ニキ入門」のような位置づけとなっており、スペースの関係で半分近くは掲載することができなかったが（特に技術論はまだまだ書き足りないので、これからも書いていきたい)、野球の奥深さや難しさ、全体像、バランスや大局観の重要性などを、素人のありそうでなかった目線から少しは伝えられたかなと思う。「あの時、お股が言っていたのはこういうことだったのか」と、後から思ってもらえることがあれば幸いである。本書の冒頭でも述べたが、もちろん私の言っていることが全て正しいわけではない。理想論や机上の空論にすぎないこともあるだろうが、色々な概念や視点を知ってもらえればと思う。自分ではできないが、実際にプレーで私たちを魅了してくれる野球選手に夢を託しているのである。現場とファンを繋げられるような存在となるべく、私自身も中途半端な曲がりのスライダーではなく、カッターのような鋭さでスラッターのようにプロの素人、プロウトとして尖っていけたらと思う。

2019年2月

球春到来を前にして　お股ニキ（@omatacom）

お股ニキ（@omatacom）（おまたにき）
ネット上で人気を博す野球評論家。プロ選手にアドバイスすることもあり、中でもツイッターで仲良くなったダルビッシュ有選手に教えた魔球「お股ツーシーム」は多くのスポーツ紙やヤフーニュースなどで取り上げられ、大きな話題となった。本書が初の著書となる。

セイバーメトリクスの落《お》とし穴《あな》 マネー・ボールを超《こ》える野球論《やきゅうろん》

2019年3月30日初版1刷発行
2019年4月10日　　3刷発行

著　者 —— お股ニキ（@omatacom）
発行者 —— 田邉浩司
装　幀 —— アラン・チャン
印刷所 —— 近代美術
製本所 —— 榎本製本
発行所 —— 株式会社光文社
東京都文京区音羽1-16-6（〒112-8011）
https://www.kobunsha.com/
電　話 —— 編集部03（5395）8289　書籍販売部03（5395）8116
業務部03（5395）8125
メール —— sinsyo@kobunsha.com

 ISBN 978-4-334-04401-5

992
子どもが増えた！
明石市　人口増・税収増の自治体経営《まちづくり》

湯浅誠　泉房穂
藻谷浩介　村木厚子
藤山浩　清原慶子
北川正恭　さかなクン

普通の地方都市で人口、税収ともに増え続けているのは、「誰も排除しない」支援策が要因だ。どこでもできる「やさしい社会」のつくり方を、元市長、社会活動家が論客とともに示す。

978-4-334-04398-8

993
日本のものづくりを支えた
ファナックとインテルの戦略
「工作機械産業」50年の革新史

柴田友厚

強いものづくりの背後には、強い工作機械産業が存在する。日本の工作機械産業が「世界最強」であり続けられたのはなぜか。二つの企業を切り口として、創造と革新のプロセスを描く。

978-4-334-04399-5

994
協力と裏切りの生命進化史

市橋伯一

ヒトはなぜ単細胞生物から現在のかたちとなったのか。生命と非生命を分けるものとは。生命はどこへ向かうのか。進化生物学の最新研究でわかった、「私たちの起源」と「複雑化の過程」。

978-4-334-04400-8

995
セイバーメトリクスの落とし穴
マネー・ボールを超える野球論

お股ニキ
(@omatacom)

データ分析だけで勝てるほど、野球は甘くない。多くのプロ選手から支持される独学の素人が、未だに言語化、数値化されていない野球界の最先端トレンドを明らかにする。

978-4-334-04401-5

996
仕事選びのアートとサイエンス
不確実な時代の天職探し

山口周

「好き」×「得意」で仕事を選んではいけない――『世界のエリートはなぜ「美意識」を鍛えるのか？』の著者が贈る、幸福になるための仕事選びの方法。『天職は寝て待て』の改訂版。

978-4-334-04403-9